南朝研究の最前線

ここまでわかった「建武政権」から後南朝まで

日本史史料研究会 監修　呉座勇一 編

朝日文庫

本書は二〇一六年七月、洋泉社より刊行された
ものに加筆・修正しました。

南朝研究の最前線

ここまでわかった「建武政権」から後南朝まで ● 目次

図版／谷口正孝

【天皇家系図】

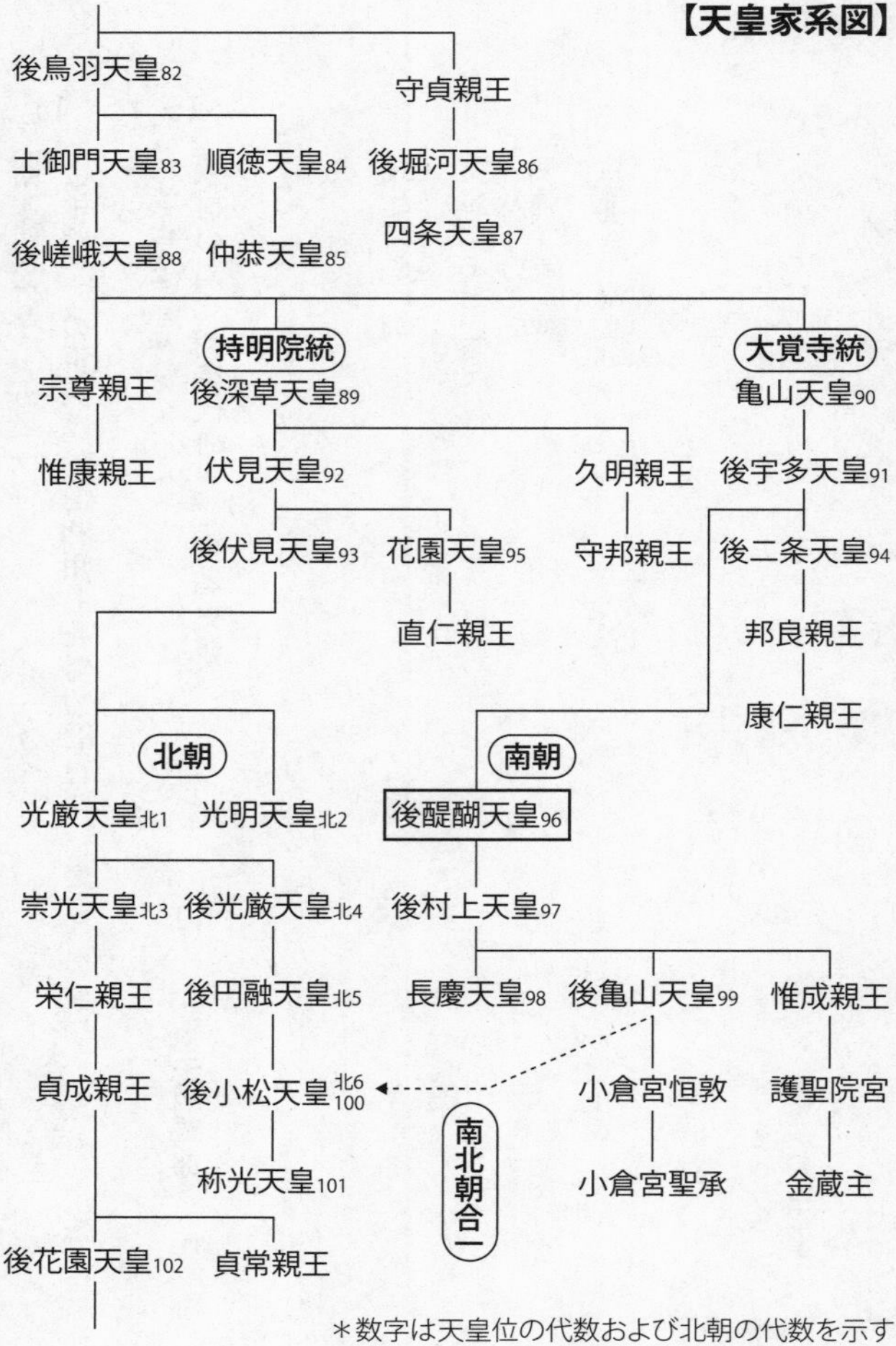
後鳥羽天皇82
守貞親王
土御門天皇83
順徳天皇84
後堀河天皇86
四条天皇87
後嵯峨天皇88
仲恭天皇85
持明院統
大覚寺統
宗尊親王
後深草天皇89
亀山天皇90
惟康親王
伏見天皇92
久明親王
後宇多天皇91
後伏見天皇93
花園天皇95
守邦親王
後二条天皇94
直仁親王
邦良親王
康仁親王
北朝
南朝
光厳天皇北1
光明天皇北2
後醍醐天皇96
崇光天皇北3
後光厳天皇北4
後村上天皇97
栄仁親王
後円融天皇北5
長慶天皇98
後亀山天皇99
惟成親王
貞成親王
後小松天皇北6 100
小倉宮恒敦
護聖院宮
南北朝合一
称光天皇101
小倉宮聖承
金蔵主
後花園天皇102
貞常親王

＊数字は天皇位の代数および北朝の代数を示す

【北条氏系図】

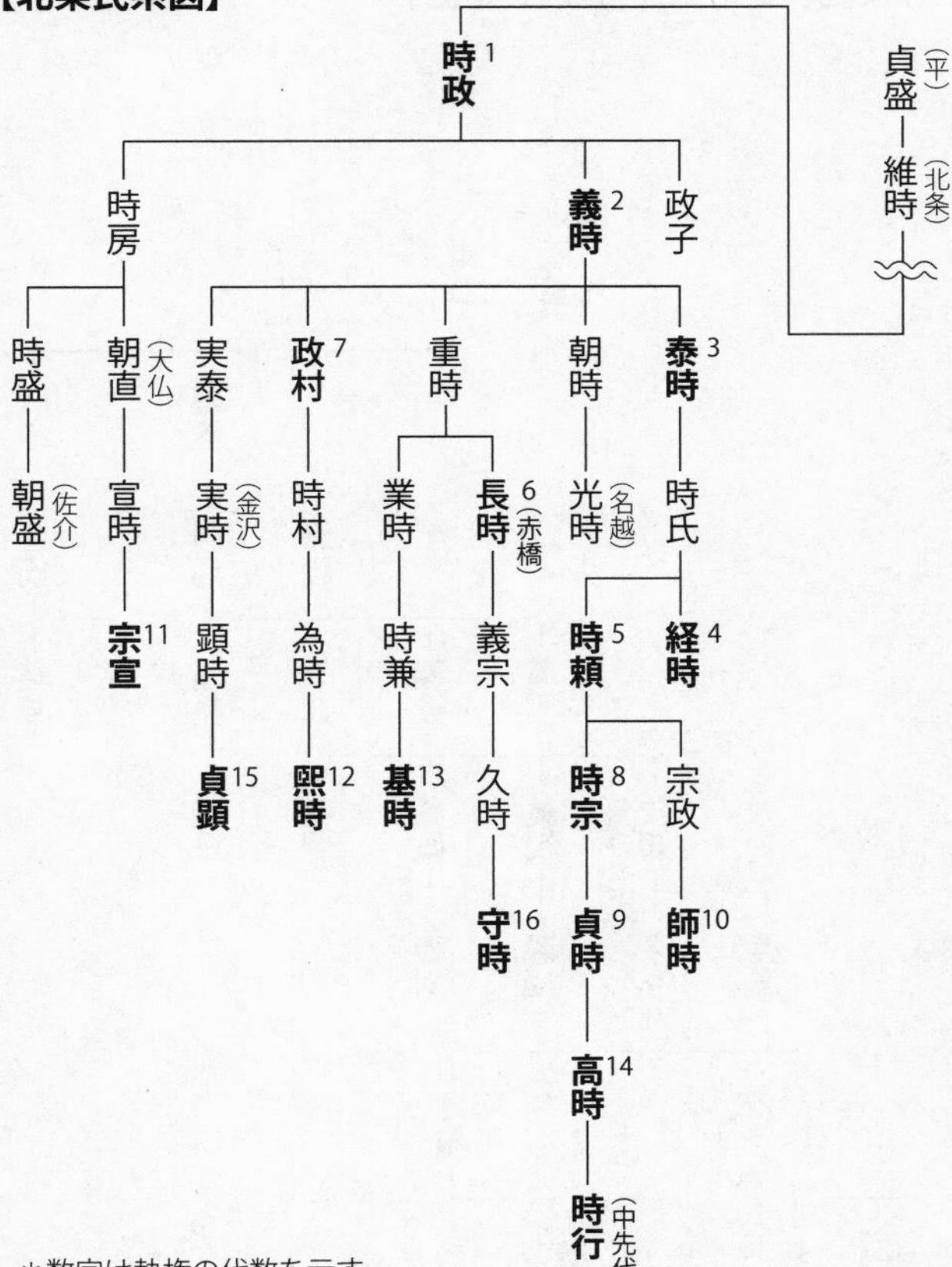

＊数字は執権の代数を示す

【足利氏（室町幕府将軍家）系図】

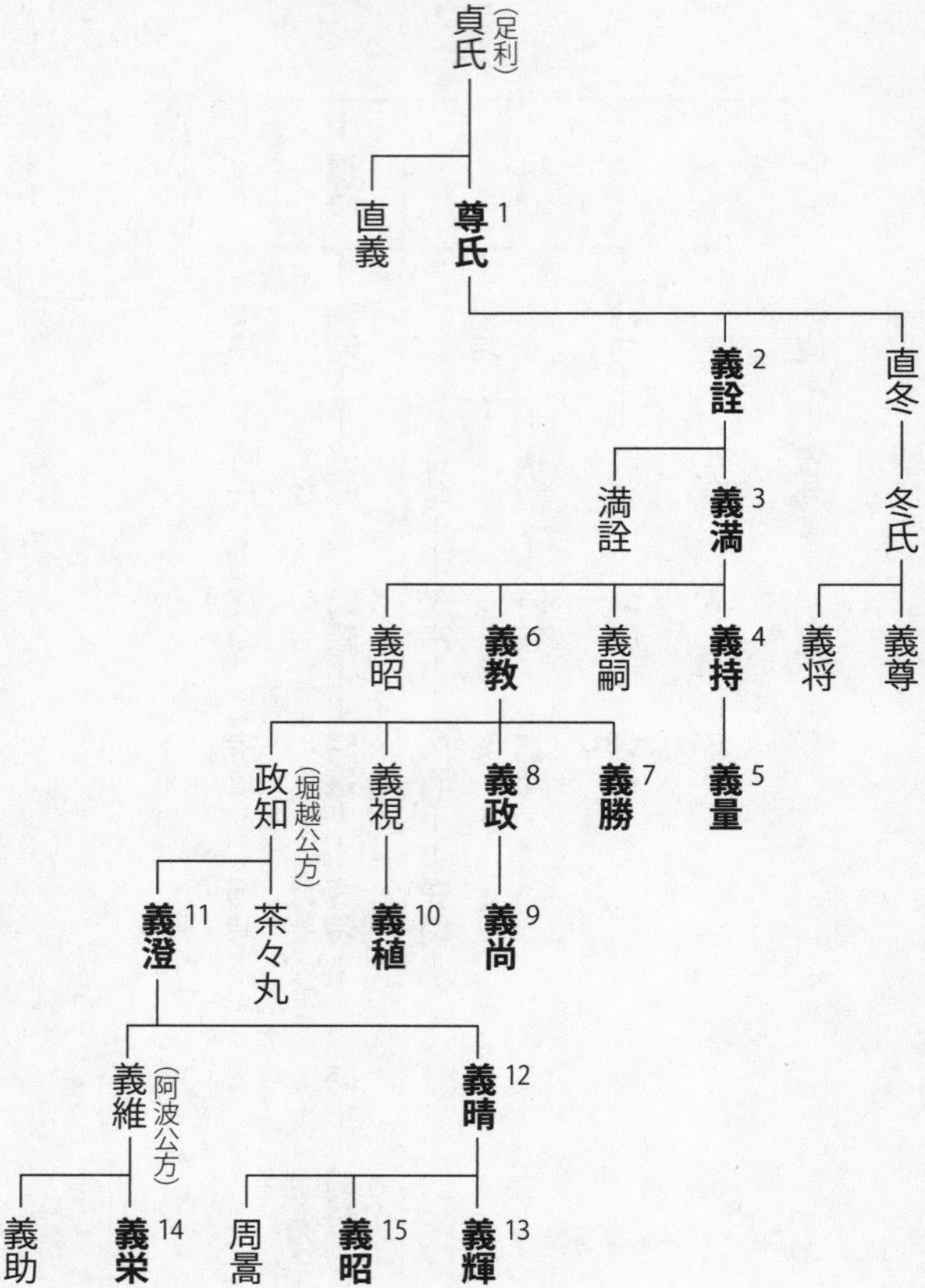

＊数字は室町幕府の将軍歴代数を示す

南朝研究の最前線

ここまでわかった「建武政権」から後南朝まで

はじめに――建武政権・南朝の実像を見極める

南朝とはなにか

本書は、日本史史料研究会監修の「最前線」シリーズの新機軸である。本会はこれまで『信長研究の最前線』（朝日文庫）、『秀吉研究の最前線』（洋泉社・歴史新書y）などを刊行してきたが、織田信長や豊臣秀吉を知らない人はいないだろう。これに対し、「南朝」といわれてもピンとこない方はいるかもしれない。

南朝とは、一言で述べるなら、後醍醐《ごだいご》天皇（一二八八～一三三九）が吉野に樹立した、もう一つの朝廷である。北の京都、南の吉野に二つの朝廷が併存し、互いに自らが正しい朝廷であると主張して争った。だから、この時代を「南北朝時代」という。同時に二つの朝廷、二人の天皇が並び立つ時代は、なんと六〇年近くも続いた（一三三六～九二年）。

では、南朝と北朝が並立する異常事態はどのように発生し、どのように解消されたのか。その経緯を簡単に押さえておこう。

後鳥羽《ごとば》上皇（一一八〇～一二三九）が承久《じょうきゅう》の乱《らん》（一二二一年）で鎌倉幕府に敗れて以降、朝廷は多くの権力を鎌倉幕府に奪われた。次の天皇を誰にするかという、朝廷にとって最も大事な事項でさえ、幕府の許可なく決めることはできなくなったのである。

身分卑しい武士によって皇位を左右される状態は朝廷にとって苦々しいことだったはずだが、皇族や公家たちは幕府を敵視するどころか、その歓心を買うことに躍起《やっき》になった。鎌倉時代後期になると、天皇家は持明院統《じみょういんとう》と大覚寺統《だいかくじとう》という二つの皇統に分かれ、皇位を手にするために、双方が競い合うように幕府に自派への支持を求めたのである。

このような状況に強く反発したのが、後醍醐天皇である。文保《ぶんぽう》二年（一三一八）に大覚寺統の中継ぎの天皇（甥《おい》の邦良《くによし》親王〈一三〇〇～二六〉が成長するまでのつなぎ）として即位した後醍醐は、自身の息子を次の天皇にするため、皇位の実質的な決定権を握る幕府の打倒を決意する。

後醍醐天皇は全国の武士に倒幕の檄《げき》を飛ばした。呼びかけに応じた足利尊氏《あしかがたかうじ》（一三〇五～五八）、新田義貞《にったよしさだ》（一三〇一～三八）、楠木正成《くすのきまさしげ》（？～一三三六）らの活躍により、苦難の末、後醍醐は鎌倉幕府を滅ぼすことに成功した。元弘《げんこう》三年（一三三三）五月のことである。

後醍醐天皇は幕府の復活を認めず、天皇中心の新しい政治を開始した。これを「建武《けんむ》の新政」という。しかし、建武二年（一三三五）には早くも中先代《なかせんだい》の乱という旧幕府勢力による大規模な反乱が勃発《ぼっぱつ》した（本書の鈴木由美論考を参照）。足利尊氏が京都から関東に下って乱を鎮圧したものの、そのまま鎌倉に居座りかってな行動をとったため、後醍醐は新田義貞に尊氏討伐を命じた。これ以降、後醍醐方（建武政権）と足利方との間で戦争が繰り広げられた。

足利尊氏は天皇に反逆した「朝敵」の烙印《らくいん》を押されたため、後醍醐方の北畠顕家《きたばたけあきいえ》（一三一八～三八）に敗れるなど、苦戦を強いられた。そこで尊氏は、持明院統の光厳《こうごん》上皇（一三一三～六四）を擁立することで、自らの正統性を確保した。

足利方は勝利を重ね、湊川《みなとがわ》の戦い（一三三六年）で楠木正成を滅ぼし、勢いを駆って京都を制圧した。尊氏は光厳上皇の弟を天皇に立てて（光明《こうみょう》天皇）、後醍醐への軍事的攻勢をさらに強めていった。

進退窮《きわ》まった後醍醐天皇は尊氏に降伏し、「三種の神器《じんぎ》」を光明天皇（一三二二～八〇）に引き渡した。これによって、光明天皇が正統な天皇になったのである。ところが建武三年十二月、後醍醐は京都を脱出し、吉野に居を構えた。そして、光明天皇に渡した三種の神器は偽物であり、自分こそが正統な天皇であると宣言した。かくして、京都の北朝と吉野の南朝という二つの朝廷が対立する、南北朝時代の幕が開いたのである。

京都奪還を目標として発足した南朝であったが、北朝の優位はかなり早い段階で確定してしまう。暦応《りゃくおう》元年（南朝年号では延元《えんげん》三年）（一三三八）に南朝の有力な軍事指揮官である北畠顕家・新田義貞が相次いで戦死し、足利尊氏は征夷大将軍《せいいたいしょうぐん》に就任、いわゆる室町幕府を京都に開いた。翌年には後醍醐天皇が吉野で病没する。北畠顕家の父である親房《ちかふさ》（一二九三〜一三五四）が関東の南朝勢力を立て直そうと奔走したが、これも最終的には失敗に終わった。

その後、室町幕府で観応《かんのう》の擾乱《じょうらん》（一三四九〜五二年）と呼ばれる内紛が発生し、南朝はこれに乗じて息を吹き返した。けれども観応の擾乱が終息すると、南朝は衰退の一途をたどり、北朝―室町幕府による全国支配を覆すことは不可能になった。ただし、後醍醐皇子の懐良《かねよし》親王（一三二九〜八三）が九州に築いた「征西将軍府《せいせいしょうぐんふ》」は、なお大きな勢力を保持していた（本書の三浦龍昭論考を参照）。

そこで室町幕府三代将軍の足利義満《よしみつ》（一三五八〜一四〇八）は今川了俊《いまがわりょうしゅん》（一三二六〜？）を九州探題に任命し、征西将軍府を攻略させた。さらに明徳《めいとく》三年（一三九二）、「南北朝の合体」を果たした。義満の説得により、後醍醐の孫にあたる南朝の後亀山《ごかめやま》天皇（？〜一四二四）が上京し、三種の神器を北朝の後小松《ごこまつ》天皇（一三七七〜一四三三）に引き渡したのである。この事実からもわかるように、「合体」といっても対等合併ではなく、北朝による南朝の吸収合併であった。

軍事的にはすでに脅威ではなかった南朝の吸収に足利義満がこだわったのは、幕府に反抗する勢力がしばしば「宮方（南朝方）」と称して反乱を正当化したからである。つまり「南北朝の合体」は、反幕府勢力から大義名分を奪うことを目的としていた。

だが室町幕府は、「合体」交渉時に南朝側に提示した約束を守らなかったため、これに怒った畿内《きない》近国（近畿地方）の旧南朝勢力はたびたび蜂起《ほうき》した。これを「後南朝《ごなんちょう》」と呼ぶ（本書の久保木圭一論考を参照）。関東でも、「宮方」を呼号する勢力が反乱を起こした（本書の石橋一展論考を参照）。応仁《おうにん》の乱（一四六七～七七年）においても山名宗全《やまなそうぜん》（一四〇四～七三）率いる西軍が南朝皇族の末裔《まつえい》を擁立しており、幕府は「南北朝の合体」以後も南朝の影に怯《おび》えつづけたのである。

〝負け組〟研究の難しさ

明治四十四年（一九一一）に起こった「南北朝正閏《せいじゅん》論争」以後、戦前の歴史教育の場では南朝が正統とされた（本書の生駒哲郎論考を参照）。足利尊氏は「逆賊《ぎゃくぞく》」として論難され、一方で楠木正成や新田義貞らが「忠臣」として顕彰された。彼ら「南朝の忠臣」は、今でも郷土の英雄として全国各地に存在するゆかりの地域で親しまれている。お年寄りなどの間で南朝への関心が高いのは、このためである。

戦後歴史学は南朝を正統とする歴史観を否定し、北朝と南朝を客観的かつ公平に研究しようとした。もちろん中立公正な研究姿勢は正しいが、これが南朝研究の退潮につながった。

俗に「歴史は勝者が作る」という。南朝は〝負け組〟であるから、南朝に関する史料は元来乏しい。それでも戦前は南朝こそが正統な朝廷であると考えられていたから、歴史家は少ない史料をつなぎ合わせて懸命に研究を行っていたのだ。

だが、南朝に道義的な優越性がないのだとすると、〝負け組〟の研究を苦労して行う必要はない。史料が多い室町幕府を研究するほうが楽だし、達成感も味わえるからである。自然と南朝を研究対象とする論文は減っていった。

加えて南朝正統史観の衰亡にともない、〝負け組〟である南朝、そして南朝の前提である建武政権への評価は一転して厳しいものになっていった。戦前以来の公武対立史観と戦後歴史学の基調である階級闘争史観が結びついて、復古的な公家と進歩的な武家が対立する図式が強調され、「建武政権・南朝は、武士の世という現実を理解せず、武士を冷遇したから滅びた」という評価が浸透した。

恩賞目当てに打算的に動く武士たちを非難し、天皇への忠義を唱えた公家の北畠親房は、南朝の守旧性の象徴として批判的に言及された（本書の大薮海論考を参照）。足利尊氏が建武政権から離反した原因も、天皇親政にこだわる後醍醐天皇と幕府再興を求める足利尊氏との間の政権構想の対立に求められた。

建武政権・南朝は時代の変化に対応できずに滅びたと切り捨てる通説と異なり、歴史学者の佐藤進一や網野善彦は、後醍醐天皇の政治の革新性を評価した。だが彼らも、後醍醐が目指した理想は当時の社会の現実から遊離したものであったために新政は挫折《ざせつ》した、と論じている。

佐藤は後醍醐天皇を観念的と批判し、網野にいたっては「ヒットラーの如《ごと》き人物像」（『異形《いぎょう》の王権』平凡社ライブラリー）と論評した。すなわち、建武政権を非現実的な政権と捉え、政権崩壊の責任を、後醍醐の異常な性格に帰する点では通説と変わらない（本書の亀田俊和論考を参照）。

なお、戦前に南朝第一の忠臣として美化された楠木正成は、戦後には建武政権・南朝の異端性の象徴＝「悪党」として特筆大書され、戦前とは違う形で実像とかけ離れたイメージが独り歩きすることになった（本書の生駒孝臣論考を参照）。

右に見た戦後の建武政権論・南朝論には、一次史料（同時代に作成された信憑性《しんぴょうせい》の高い史料）が乏しく実証的な検証が難しいという事情もあって、建武政権・南朝が敗れたという結果から逆算して建武政権・南朝の問題点を列挙するという傾向が顕著である。

要するに「建武政権・南朝は滅びたのだから、制度・政策に欠陥があったにちがいない」という先入観に基づいて史料を解釈するので、建武政権・南朝の悪いところばかりが目についてしまうのである。

たしかに後世の人間から見れば、武家政権こそが中近世の〝正常な〟支配権力であり、建武政権や南朝のような天皇・公家優位の権力機構には、もともと無理があったように映る。しかしながら、同時代人もそのように考えていたかは疑問がある。

実際、最近の研究によれば、足利尊氏は建武政権内で厚遇され、後醍醐天皇とも良好な関係を築いており、主体的に武家政権の樹立を志向していたとは考えられない（本書の細川重男論考を参照）。「建武政権・南朝は異常な政権」という思い込みから自由になるべきだろう。

『太平記』と歴史学

これに関連して、『太平記《たいへいき》』史観の問題もある。『太平記』は、南北朝の戦乱を描いた軍記物語である。洞院公定《とういんきんさだ》（一三四〇～九九）という南北朝時代の公家の日記には、応安《おうあん》七年（一三七四）四月末に「太平記作者」の小島法師《こじまほうし》が死去したと記されているので、このころには『太平記』が成立していたことがわかる。

したがって『太平記』は同時代史料といえるが（巻末の関連年表を参照）、物語ならではの創作や脚色が多分に含まれている。このため、明治時代の歴史家である久米邦武《くめくにたけ》は「太平記は史学に益なし」とまで言ってのけた。

以後、歴史学では『太平記』を二次史料と見なすようになったが、一次史料だけでは南北朝内乱の全体像がなかなか見えてこない。そこで歴史研究者は、慎重に扱うという留保付きで『太平記』を利用してきた。

しかし結局のところ、戦後歴史学も知らず知らずのうちに『太平記』の歴史観に影響されてきたといえよう（本書の谷口雄太論考を参照）。一例を挙げれば、建武政権の恩賞配分が不公平で武士たちが不満を持ったという通説的理解も、『太平記』の記述に依拠しているのである。

近年の研究動向

ところが近年、鎌倉後期の幕府・朝廷、室町幕府に関する実証的研究が深化し、これと連動して、建武政権・南朝の実態解明も進んだ。その結果、建武政権・南朝が前後の時代の政権と隔絶した、特異で非現実的な政権であるという旧来の見解は修正を迫られつつある。

まず、鎌倉後期の朝廷において「公家徳政《くげとくせい》」と呼ばれる政治改革が盛んに行われたことが示され、建武政権の諸政策が鎌倉後期の「公家徳政」の延長線上に位置していたことが明らかになった（本書の中井裕子論考を参照）。

また、敗因として槍玉《やりだま》に挙げられることの多い恩賞政策に関しても、具体的な分析によってイメージが一新され、建武政権・南朝はむしろ武士たちに積極的に恩賞を与えていたという評価が学界で広がっている（本書の花田卓司論考を参照）。

それどころか、室町幕府が建武政権や南朝の訴訟制度・恩賞政策に学んだ形跡すらうかがえる。こうした事実がわかってきた以上、〝負け組〟であることを理由に、建武政権・南朝を軽視することは、もはや許されないだろう。

後醍醐天皇の信仰についても再検討が進んだ。網野善彦は、後醍醐天皇が怪しげな呪《じゅ》法《ほう》にのめりこんだと説き、異端の宗教によって自己の神格化を図った後醍醐の振る舞いを「異形の王権」と評した。

しかし、その後の研究の進展によって、後醍醐天皇の宗教政策は、鎌倉後期の歴代天皇、特に後醍醐の父である後宇多《ごうだ》上皇（一二六七～一三二四）のそれをおおむね引き継いでおり、後醍醐の「異形」性には限界があったことが浮き彫りにされた（本書の大塚紀弘論考を参照）。

見直しが進んだのは政策面だけではない。人材面でも前後の政権との連続性が指摘された。

従来の研究では、後醍醐天皇というと、身分や家格を無視した大胆な人材登用の印象が強かった。有能な人材を取り立てる抜擢《ばってき》人事として肯定的に評価する人もいれば、お気に入りで周囲を固める側近政治として否定的に評価する人もいて、賛否は分かれるものの、前後の政権とは異なる型破りの人事という認識は共通していた。

だが建武政権には旧幕府の武家官僚が多く参加し、政権崩壊後、彼らは室町幕府に活躍の場を求めた。したがって、鎌倉幕府―建武政権―室町幕府の三者の間でスタッフの連続性が認められる（本書の森幸夫論考を参照）。

公家官僚に関しても、後醍醐天皇が用いた者の多くは、後宇多上皇に仕えた廷臣たちの子孫であることが解明された（本書の杉山巖論考を参照）。建武政権・南朝は大覚寺統系の公家たちによって支えられた朝廷だったのであった。

むろん楠木正成の重用など抜擢人事も一部存在したが、寵臣《ちょうしん》の専横によって政治が混乱したという『太平記』の描写には誇張が含まれている。後醍醐天皇の人事は良くいえば堅実、悪くいえば平凡なものだったのだ。

建武政権が中世社会の常識に沿った政権である以上、その崩壊を必然と決めつけることはできない。幕府政治とは異なる形の政治形態が中世社会に定着した可能性もあったのではないだろうか。

本書では、気鋭の研究者十五人に依頼して、最新の研究成果をふまえたうえで、建武政権と南朝の先進性・合理性・現実性を解説してもらった。興味あるテーマから読み始めても支障はないが、南北朝時代にそれほど詳しくない場合には、最初から順に読んでいったほうが主旨を把握しやすいと思う。

本書の諸論考によって、建武政権や南朝がけっして〝歴史のあだ花〟ではないことが明確になるだろう。

これをきっかけに、読者の皆さんが南北朝時代への興味関心を深め、本書が掲げる参考文献を手にとってくださるならば、本書の企画者として望外の幸せである。

二〇一六年五月二十三日（二〇二〇年八月二十四日、加筆・修正）

編者・日本史史料研究会主任研究員（二〇一六年当時）　呉座勇一

第1部

建武政権とは何だったのか

1 鎌倉時代後期の朝幕関係
朝廷は、後醍醐以前から改革に積極的だった！

中井裕子

歴史教科書でも触れない朝廷の実態

鎌倉時代は、武士が台頭した時代である。新しい時代を築いた武士は、小説・ドラマなどでも明るく力強いイメージで描かれることが多い。一方、公家はこそこそと悪口を言い合うような陰湿なイメージが付きまとい、その公家たちが集う朝廷も閉鎖的な空間に思われがちであろう。

歴史教科書の叙述でも、鎌倉時代の部分は、幕府内の組織や権力闘争など武家政権を中心に話が進められ、朝廷の話はほとんど出てこない。

研究史上でも、鎌倉時代の武家政権の研究は早くから進められたが、朝廷のほうは政治に対する重要度が低いと考えられ、長らく研究が停滞していた。鎌倉時代の朝廷についての研究が本格化したのは、一九八〇年代に入ってからである。

本稿では、近年の研究成果をもとに、鎌倉時代後期（十三世紀後半〜十四世紀初期）の朝廷の実態を述べてみたい。悪いイメージが先行する公家・朝廷の印象を変えるきっかけとなればと考えている。

そして、本書のメインテーマである南朝を打ち立てた後醍醐《ごだいご》天皇（一二八八〜一三三九）も、鎌倉時代後期の朝廷で政治を行っていた。鎌倉時代後期の朝廷に関する研究が進んだことで、後醍醐天皇に対する評価も変化してきている。その研究成果も紹介してみたい。

政権を担う朝廷と幕府

鎌倉時代の朝廷に関する事件で有名なものは、承久《じょうきゅう》三年（一二二一）に起こった「承久の乱」であろう。後鳥羽《ごとば》上皇（一一八〇〜一二三九）が鎌倉幕府の中心的人物である北条義時《よしとき》（一一六三〜一二二四）の追討を呼びかけた。それに対し、北条氏が東国武士を結集して反撃したため、後鳥羽方が敗れ三人の上皇が配流となった事件である。これで、朝廷に対する幕府方の優位が決定的になった。

次に幕府が支配を拡大する契機となったのが、蒙古襲来《もうこしゅうらい》である。文永《ぶんえい》十一年（一二七四）十月に蒙古軍が九州に攻撃を加えた。鎌倉幕府は蒙古軍の侵略を食い止めるため、守護・地頭などの御家人だけでなく、西国の本所領家一円地《ほんじょりょうけいちえんち》の住人にも動員をかけた。本所領家一円地の多くは公家や寺社が支配する荘園で、それまで幕府は公家・寺社の荘園にいっさい介入できなかった。戦時体制を敷くなかで、幕府の影響力が拡大したのである。

しかし、鎌倉時代後期になっても、鎌倉幕府が唯一の政権となったわけではない。朝廷も依然として政権を担っていたのである。例えば、鎌倉幕府が定めた法である御成敗《ごせいばい》式目《しきもく》は、幕府の御家人にのみ適用されるもので、朝廷の法や裁判・慣習に触れるものではなかった。土地訴訟でも、畿内《きない》や西国の荘園領主どうしの諍《いさか》いや、荘園の境をめぐる争いは、朝廷が裁許することになっていた。朝廷と幕府はそれぞれ棲《す》み分けをしながら統治して、一つの国家を形成していた。

複合国家論と権門体制論

この時代の国家の見方については、主に二つの説がある。

一つは「複合国家論」で、異なる特質を持つ二つの国家が存在し、それぞれの法・裁判権で統治していたとする考え方である。つまり、律令《りつりょう》国家から派生した王朝国家（＝朝廷）と、土地所有を基盤とする御恩《ごおん》・奉公の関係で成り立つ封建国家（＝幕府）があったとする（佐藤：一九八三）。一九六〇年代には古代的な権力である朝廷と封建政権である幕府が対立しつつ共存したとされていたが、近年では朝廷と幕府が協調関係にあったと考えるのが主流である。

もう一つの見方は「権門体制論《けんもんたいせいろん》」である。権門とは、国の政治に影響力を持つ家のことを指している。天皇家・公家・武家、そして寺社勢力などが権門とされる。一つの権門で他の権門を圧倒し、服従させることができなかったため、それぞれの足りない部分を補い合いながら、一つの国家を形づくったとする考え方である（黒田：一九六三）。現在、どちらの見方も決定的な説とはなっていない。

このように、鎌倉時代の国家は複雑で、全貌《ぜんぼう》を捉えるのは非常に難しい。しかし、国家を考えるうえで、朝廷の存在が大きいことは感じてもらえたであろう。では次に、本稿の主題である鎌倉時代後期の朝廷がどのような政権であったのかをみてみよう。

院評定制の導入

鎌倉時代後期の朝廷については、あまりよく知られていないので、朝廷政治に関わる主な出来事を紹介していこう。

承久の乱後の朝廷では、鎌倉幕府将軍藤原頼経《ふじわらのよりつね》（一二一八～五六）の父である九条道家《くじょうみちいえ》（一一九三～一二五二）が権勢を強めた。そのころ、治世者のなかで、悪い行いをすると天変地異や災害が起こるという考え方があり、災害等を防ぐために良い政治（＝徳政《とくせい》）を志した。九条道家も徳政を掲げ、積極的に朝廷政治の改革を進めた。

ところが寛元《かんげん》四年（一二四六）、道家は将軍頼経の失脚とともに蟄居《ちっきょ》させられた。「道家―頼経」の権勢が強大化したため、鎌倉幕府執権方の勢力に警戒されたのである。

道家政権の末期に天皇になったのは鎌倉幕府の支持を受けて践祚《せんそ》（天皇の位につくこと）した後嵯峨《ごさが》天皇（一二二〇～七二）であったが、道家の失脚と同じ年に後嵯峨は息子の後深草《ごふかくさ》（一二四三～一三〇四）に譲位《じょうい》し、院政を開始した。

幕府は、後嵯峨院政が開始されて間もない朝廷に、徳政政策に力を入れ朝廷政治の刷新を図るよう申し入れた。それを受け、朝廷では公家のなかから評定衆《ひょうじょうしゅう》を選び、その合議で重要事項を決定することにした。このとき導入された評定衆による会議のことを「院評定《いんのひょうじょう》」という。幕府では、すでに評定衆を置いていたので、朝廷も同様の制度を取り入れたと考えられる。

それと同時に、院評定制は朝廷の伝統的な会議を継承している面もある。朝廷では、長らく大臣・納言《なごん》・参議などの議政官《ぎせいかん》による会議が最高議決機関であった。後嵯峨院政の評定衆は、大臣クラスや参議クラスからも選ばれており、朝廷の議政官会議に倣《なら》った制度であったともいえる。

承久の乱前の院政期（十一世紀末～十三世紀初頭）には、重要な事案でも院がごく少数の近臣に諮問をするだけで決めてしまい、議政官会議が十分に機能していなかった。そのため、後嵯峨より前の院政は、院一人の思惑に左右される専制的な院政であった。それに対し、後嵯峨以降の院政は評定衆の合議の結果をふまえているため、「制度的な院

制で政治が行われていたのである。

天皇親政期には、議定衆《ぎじょうしゅう》が置かれその合議制がとられた。そしてこの時代、政治を執っている院・天皇は「治天《ちてん》の君《きみ》」と呼ばれた。院政でも、天皇親政でも、同じような体制で政治が行われていたのである。

協力して進められた朝廷政治

それでは、評定衆や議定衆は、朝廷政治のなかでどのような役割を担っていたのであろうか。評定では、評定衆の一人ひとりが意見を述べたあとで議論を行い、その結論を「評定目録」に記した。評定目録には全員の意見が一つに集約されて載せられた。そして治天の君が評定の結果を受けて、最終決定を下したのである。

佐藤進一は、律令国家の議政官会議が天皇の専制を封じる働きがあったことを前提に、鎌倉時代後期に導入された院評定制も院と対抗関係にあったと考えた（佐藤：一九八三）。

院評定制の研究の基礎を築いた橋本義彦は、議政官会議と院評定制を比較し、その違いを述べている。議政官会議では、それぞれの意見が報告されるのみで治世者（天皇・院・摂関）が決定する際、参考にするだけであった。しかし、院評定制は意見が集約されるため決定事項の効力が強く、院の意見に左右されない独自の議決機能を持っていたとする（橋本：一九七〇）。

これに反論をしたのが、美川圭《みかわけい》である。美川は評定の進め方を検証した。それによると、院も評定に出席しており、評定の結論は院の意見に沿って出されることがほとんどであった。評定では、院の主導権や決定権が確保されていた。院評定を開く理由は、院の決定が専断ではなく、評定衆の合議をふまえているという公平性を加えるためである。それにより、院の権威を高めたと述べた（美川：一九九一）。

現在では、美川の考えが多くの支持を得ている。朝廷の政治は、政権を担当する院・天皇と評定衆（議定衆）が協力して進められていたのである。

徳政と訴訟制度の改革

後嵯峨は、二人の息子、後深草・亀山《かめやま》（一二四九～一三〇五）の在位中に院政を行った（8ページの「天皇家系図」参照）。後嵯峨は亡くなるとき、治天の君の座を誰に譲るかを明言しなかった。鎌倉幕府の意向に任せようとしたのであろう。幕府は、後深草・亀山の母である大宮院《おおみやいん》（一二二五～九二）に後嵯峨の遺志を確認した。その結果、亀山が治天の君となることになった。これが先例となり、治天・天皇・皇太子の決定には幕府の意向が問われるようになる。

亀山は、自身が天皇に在位している間と、息子の後宇多《ごうだ》（一二六七～一三二四）が天皇に就いているときに、治天の君として政治を行った。亀山は政治改革をどんどん進めた。

先ほど述べたように、鎌倉時代後期の為政者《いせいしゃ》たちは、徳政を意識して政治を行っていた。このころ徳政政策の代表格とされていたのが、増加する土地訴訟への対応であった。幕府では安達泰盛《あだちやすもり》（一二三一～八五）が訴訟制度の改革に乗り出した。それに呼応するように、亀山も弘安《こうあん》八年（一二八五）に「新制」と呼ばれる朝廷政治の進め方を示した法令を制定した。この新制は、朝廷で扱う訴訟の範囲や再審に関する規定、訴状《そじょう》・陳状《ちんじょう》の提出期限など、裁判についての条項が多数を占めている。そのため「弘安八年新制」は、朝廷の訴訟手続きを初めて成文化した法令として高く評価されている。

その翌年には院評定を、国家的な事案を話し合う「徳政沙汰」と、土地訴訟を扱う「雑訴沙汰《ざっそさた》」に分けた。雑訴沙汰では訴訟の当事者を呼んで、その主張を述べさせるなど革新的なことを行っていた。

この時期は、まだまだ試行錯誤を繰り返す段階で、亀山の改革は定着した制度にはならなかったが、亀山上皇は訴訟制度の改革に一生懸命に取り組んでいたのである（中井：二〇一六）。

このように公武が手を携えて同じ方向へ進んでいた。その結果、朝廷と幕府の裁判制度が似通ったものになっていった。この素地があったからこそ、鎌倉幕府が倒れたあと、建武《けんむ》政権が曲がりなりにも緒に就くことができたのである。

幕府の調停と「両統迭立」

ところが、幕府では改革の立役者であった安達泰盛が弘安八年に平頼綱《たいらのよりつな》（？～一二九三）に殺害されたことで、改革が中断された。亀山院政は安達の没後もしばらく続いたが、弘安十年に幕府が治天の君を後深草に替えるよう申し入れたため、亀山院政は終焉《しゅうえん》を迎えた。村井章介は、朝廷の変革を見た幕府が、亀山院政の続行を警戒したためと述べている（村井：二〇〇三）。

こののち、後深草・亀山それぞれの子孫から天皇を出すことになる。後深草の皇統は「持明院統《じみょういんとう》」、亀山の皇統は「大覚寺統《だいかくじとう》」と呼ばれる。以降、鎌倉時代の終わりまでの治天の君を書き上げると次のようになる。

弘安十年（一二八七）～正応《しょうおう》三年（一二九〇）　後深草（持明院統）
正応三年（一二九〇）～正安《しょうあん》三年（一三〇一）　伏見《ふしみ》（持明院統）
正安三年（一三〇一）～延慶《えんきょう》元年（一三〇八）　後宇多（大覚寺統）
延慶元年（一三〇八）～正和《しょうわ》二年（一三一三）　伏見（持明院統）
正和二年（一三一三）～文保《ぶんぽう》二年（一三一八）　後伏見（持明院統）

文保二年（一三一八）〜元亨《げんこう》元年（一三二一）　後宇多（大覚寺統）
元亨元年（一三二一）〜元弘《げんこう》元年（一三三一）　後醍醐（大覚寺統）
元弘元年（一三三一）〜正慶《しょうきょう》二年（一三三三）　後伏見（持明院統）

それぞれの皇統は、政権を握ろうと激しく争った。そのつど、幕府が調停して天皇交替のタイミングや皇太子の選定を指示した。その結果、持明院統と大覚寺統の間で政権が何度も移動することになった。このことを「両統迭立《りょうとうてつりつ》」という。

両統迭立というと、両統から天皇を交互に出すことが既定路線であったと思われるかもしれないが、実際はそのようなことはなかった。天皇の即位順（8ページの「天皇家系図」参照）や治天の君の順を見てもらうとわかるように、同じ皇統が連続して政権を握ることもあった。幕府との駆け引きを優位に運んだ側が、政権をもぎとることができたのである。

政権を勝ちとるために有効な方法と考えられたのが、訴訟制度の充実である。持明院統の伏見天皇（一二六五〜一三一七）は記録所の改革を行った。このころの記録所は、法律の専門家が集まり訴訟文書の審議などを行っていた機関で、天皇の親政を下支えしていた。その記録所に、訴訟当事者が口頭弁論をする「庭中《ていちゅう》」と呼ばれる法廷を設けた。大覚寺統の後宇多院政期（一三〇一〜〇八）には、院への取り次ぎ役である伝奏《てんそう》を訴訟処理の中枢に起用することで、より早く裁許が出せるよう改善した。

どの政権も徳政に取り組んでいることをアピールするため、訴訟制度の整備に心血を注いだのである。

後醍醐天皇の登場

文保二年（一三一八）二月に後醍醐天皇が践祚した。後醍醐天皇の皇位継承は、もともと予定されていたものではなかった。後醍醐の兄に後二条《ごにじょう》天皇（一二八五〜一三〇八）がおり、父の後宇多は、後二条の血筋に皇位を伝えたいと思っていた。

しかし、後二条の子である邦良《くによし》親王（一三〇〇〜二六）は体が弱かったため、このとき皇太子に据えるのは見送られ、それまでのつなぎとして後醍醐が天皇位を継ぐことになった。そのため後宇多は後醍醐に、ゆくゆくは皇位を邦良親王の系統に伝え、荘園などの財産も邦良に譲るように言い渡したのである。

後醍醐の践祚と同時に後宇多が院政を開始した。後宇多は院政を三年間つづけたあと、後醍醐が自ら政治を執ることになった。それでは、鎌倉時代後期の朝廷で後醍醐天皇はどのような政治を行ったのだろうか。

後醍醐は朝廷内の異端児か?

後醍醐のことを少しでも知っている人は、後醍醐について従来の天皇家の人間とは違う型破りなイメージを持っているだろう。その後醍醐像は、佐藤進一と網野善彦《あみのよしひこ》の研究によるところが大きい。次にそれぞれの説を挙げてみよう。

佐藤は、律令国家の系譜を引いた鎌倉時代後期の朝廷の慣習を、後醍醐が次々に壊していったとする。その代表的なものが官司請負制《かんしうけおいせい》の破壊である。

鎌倉時代の朝廷では、特定の公家の家が決まった官職を世襲していく慣習が広まっていた。例えば、小槻《おづき》氏が弁官局《べんかんきょく》の左大史《さだいし》を世襲したり、中原氏が外記局《げききょく》の大外記や造酒司《ぞうしゅし》(みきのつかさ)の長官である造酒正《みきのかみ》を独占したりしていた。後醍醐は、特定氏族で独占されていたポストに寵臣《ちょうしん》を送り込んで官司請負制を破壊した。

ほかにも、本来なら低い位の人が任命される官職に高い位にある公家を就かせたり、特定の公家の家が、家臣を国司にすることによって、その家の所領のようになっていた国(知行国《ちぎょうこく》)を召し上げたりしたという(佐藤:一九八三)。

この佐藤説を発展させる形で、網野が後醍醐の持つ特異性を強調した。網野によると、後醍醐は後宇多から政権を譲り受けた途端、京都とそこに集中する商工民を天皇の直轄下に置く政策を打ち出した。全部の政策を挙げる余裕はないので、その代表的なものを二つ挙げる。

- 洛中酒鑪役賦課令《らくちゅうしゅろやくふかれい》　朝廷の機関である造酒司が、洛中の酒屋に対し恒常的に課税することを認めた。納税しない酒屋に対しては、洛中の警察権を持つ検非違使《けびいし》に命じ、厳重に徴収させた。
- 神人公事停止令《じにんくじちょうじれい》　この時代の商工民は寺社に公事（税）を納め、寺社に所属する人間と認められることで、商売の権利を保護されていた。後醍醐は商工民に寺社への公事納入をやめさせ、天皇に直属する供御人《くごにん》に組織しなおそうとした。

いずれも、それまでの朝廷の政策とは一線を画す強硬策で、建武新政時に顕著になる後醍醐の専制的な政策が、鎌倉時代後期の親政期にもみえるとする（網野：一九七七・一九七八）。

また後醍醐が真言密教のなかで異端とされた文観《もんかん》（一二七八～一三五七）を重用したこと、その文観を介して、鎌倉幕府の機関である六波羅探題職員《ろくはらたんだいしょくいん》の伊賀兼光《いがかねみつ》を味方に引き入れていたことから、後醍醐天皇は政権を執った当初から倒幕に向けての活動を始めていたという（網野：一九八六）。

これらの論では、後醍醐の際立った個性が強調されている。突然朝廷のなかから異端児が現れ、騒乱を巻き起こした。そんな印象さえ受ける。しかし近年、これらの説に疑問が呈され、後醍醐像の見直しが進められている。

新しい後醍醐への評価

佐藤と網野の論が出されたあとに、鎌倉時代後期の朝廷に関する研究が進展した。それによって、同期の後醍醐親政の評価にも変化が出てきた。評価の方向性を大きく変えたのが市沢哲《いちざわてつ》である。

鎌倉時代後期、荘園社会の動揺などで朝廷に持ち込まれる訴訟が増え、それを裁決する治天の君が果たす役割が大きくなった。しかし天皇家が分裂してしまったことで、治天の君の裁許が対抗する皇統の院・天皇により覆される可能性が出てきてしまう。そこで後醍醐は、治天の君に強い力を持たせようとした（市沢：一九九二）。

市沢の考え方は、鎌倉時代後期の朝廷から、後醍醐に連なる流れを意識したところが画期的である。市沢説を批判する論も出ているが、鎌倉時代後期の朝廷政治をふまえて、後醍醐政権を理解しようとする姿勢は踏襲されている。

また市沢は、佐藤の述べた官司請負制破壊を否定している。官司には専門職としての技能が求められるものと、特定の技能が求められないものがある。前者はそれを世襲している家に技能が蓄積されているので、後醍醐の時代も世襲（＝官司請負体制）が続いていた。

一方、後者は収入が重視され、後醍醐以前から治天の君が近臣に給付することで、請負体制は崩れていた。そのため、後醍醐が制度を変えたわけではなかった（市沢：一九九二、遠藤珠紀：二〇一一）。同様に知行国制も、後醍醐以前から特定の家が家領のように持ちつづけるという慣習が動揺していた（遠藤基郎：一九九一、市沢：一九九二）。このように佐藤説に修正が加えられた。次いで、網野説にも再考を迫る説が出されている。

網野が取り上げた洛中酒鑪役は、後宇多院政期に臨時課税として成立していた。後醍醐は後宇多の例に任せ、造酒司に恒常的な酒鑪役徴収権を認めた。そこから、後醍醐は後宇多院政期の経済政策を継続・発展させたといえる。

そして、洛中酒鑪役賦課令も神人公事停止令も、朝廷が支配権を持っている範囲内で実行されたものであるから、寺社勢力を敵に回すものではなく、すべての商工民を天皇の直轄下に再編するような強硬的な政策ではなかった（渡邊：二〇〇九・二〇一一）。

洛中の警察権を持つ検非違使を洛中支配に活用する手法も、後醍醐が特別なのではなく、後宇多院政期にも、洛中の治安維持に関する命令が検非違使庁に出されていた。検非違使庁は洛中の土地裁判も担当していたのであるが、後宇多のときから院の裁判機構と検非違使庁が連携している事例がみられ、それも後醍醐は踏襲していた。

検非違使庁を活用した洛中支配の方式は、後宇多院政期にできあがっており、後醍醐はそれを受け継いだのである（中井：二〇〇六）。

後宇多は、邦良親王に皇位を継がせようと考えていたため、後宇多と後醍醐は不仲であったといわれているが、政治の手法に関しては、後醍醐が後宇多を見習っていたことがわかってきた。

否定される真言密教と倒幕の関係

宗教史からも新たな説が出されている。内田啓一《うちだけいいち》によると、後醍醐は後宇多の影響下で真言密教の灌頂《かんじょう》を行い、そのときの導師《どうし》を後宇多が重用していた道順《どうじゅん》（?～一三二一）が務めた。その後、道順が没したため、後醍醐はその高弟である文観を召し出した。宗教面でも後醍醐は後宇多と同じ路線を歩んでいたのである。

また網野が、後醍醐の倒幕運動に六波羅探題の伊賀兼光が加担していた証拠とした般《はん》若寺《にゃじ》の文殊菩薩《もんじゅぼさつ》像の銘文《めいぶん》（「金輪聖王《こんりんじょうおう》の御願成就」を後醍醐の倒幕と解釈）に関して、西大寺流の経蔵《きょうぞう》の本尊として造られた文殊菩薩像に、倒幕の願意を託すとは考えにくいという。そして、後醍醐が当初から倒幕を目指して活動していたという見方を否定している（内田：二〇一〇）。

裁判記録と後醍醐の実像

本稿の最後に、鎌倉時代後期の朝廷で盛んに取り組まれていた訴訟制度改革に後醍醐がどう向き合ったのかをみておこう。

『太平記』などの物語には、後醍醐が記録所に出御《しゅつぎょ》して、人々の訴訟に耳を傾けている姿が描かれている。しかし、実際の裁判に関する史料はほとんど見られなかった。そのため、後醍醐は倒幕に向けて邁進《まいしん》し、訴訟制度にはあまり目を向けていなかったと考えられていた。しかし、後醍醐親政の裁判を記録した「覚英訴訟上洛日記《かくえいそしょうじょうらくにっき》」（勝山：二〇〇七）が紹介されたことで、その裁判の様子が具体的にわかるようになった。

その日記によると、記録所の法廷では、大納言クラスの公家が進行役を務め、訴訟の当事者の口頭弁論が行われた。後醍醐自身も記録所の法廷に臨席し、当事者の話を聞いていたことが書かれている。

そして、同日に開かれる議定で判決が出され、その結果が後醍醐天皇綸旨《りんじ》で当事者に伝えられる。午前十時ごろに開廷して、一日に数件の口頭弁論が行われ、判定が出るのは日付が変わるころであった。信じがたいほどのハードなスケジュールで訴訟処理が行われていたのである。このように後醍醐天皇は積極的に裁判に取り組んでいたのである（中井：二〇一六）。

今まで、後醍醐は先例を無視して独断で人々の度胆を抜くような政策を打ち出したとされてきたが、鎌倉時代後期の朝廷に関係する研究が進んだことで、後醍醐が行った政策の類型がすでに前代からみられることが明らかになり、後醍醐が特異な存在であるという評価は見直されるべき段階にきている。

〔主要参考文献〕

網野善彦「元亨の神人公事停止令について——後醍醐親政初期の政策をめぐって」(『網野善彦著作集　第十三巻』岩波書店、二〇〇七年、初出一九七七年)
同「造酒司酒麴役の成立について——室町幕府酒屋役の前提」(『網野善彦著作集　第十三巻』岩波書店、二〇〇七年、初出一九七八年)
同「異形の王権——後醍醐・文観・兼光」(『網野善彦著作集　第六巻』岩波書店、二〇〇七年、初出一九八六年)
市沢哲「鎌倉後期の公家政権の構造と展開——建武新政への一展望」(『日本中世公家政治史の研究』校倉書房、二〇一一年、初出一九九二年)
内田啓一『後醍醐天皇と密教』(法藏館、二〇一〇年)
遠藤基郎「鎌倉後期の知行国制」(『国史談話会雑誌』三二号、一九九一年)
遠藤珠紀『中世朝廷の官司制度』(吉川弘文館、二〇一一年)
勝山清次編『南都寺院文書の世界』(思文閣出版、二〇〇七年)
黒田俊雄「中世の国家と天皇」(『黒田俊雄著作集　第一巻』法藏館、一九九四年、初出一九六三年)

佐藤進一『日本の中世国家』（岩波書店、二〇〇七年、初版一九八三年）
中井裕子「検非違使別当の人事からみる鎌倉後期の朝廷」（『日本史研究』五二八号、二〇〇六年）
同「鎌倉後期の朝廷訴訟制度について」（『史泉』一〇四号、二〇〇六年）
橋本義彦「院評定制について」（『平安貴族社会の研究』吉川弘文館、一九七六年、初出一九七〇年）
本郷和人『中世朝廷訴訟の研究』（東京大学出版会、一九九五年）
美川圭「院政をめぐる公卿議定制の展開――在宅諮問・議奏公卿・院評定制」（『院政の研究』臨川書店、一九九六年、初出一九九一年）
森茂暁「後醍醐天皇前期親政期の記録所」（『増補改訂　南北朝期公武関係史の研究』思文閣出版、二〇〇八年、初出一九七九年）
同「鎌倉後期における公家訴訟制度の展開」（『鎌倉時代の朝幕関係』思文閣出版、一九九一年、初出一九八六年）
村井章介『南北朝の動乱』（吉川弘文館、二〇〇三年）
渡邊歩「後醍醐親政初期の洛中酒鑪役賦課令をめぐって」（『アジア文化史研究』九号、二〇〇九年）
同「後醍醐親政初期の神人公事停止令再考」（『アジア文化史研究』一一号、二〇一一年）

2　建武政権の評価

「建武の新政」は、反動的なのか、進歩的なのか？

亀田俊和

定説はいつごろから形成されたのか？

天皇中心の新政策は、それまで武士の社会につくられていた慣習を無視していたため、多くの武士の不満と抵抗を引きおこした。また、にわかづくりの政治機構と内部の複雑な人間的対立は、政務の停滞や社会の混乱をまねいて、人びとの信頼を急速に失っていった。

これは、高校日本史教科書『詳説日本史　日本史B』（山川出版社、二〇一六年）の「建武《けんむ》政権」に関する記述である。同政権に関する定説的な評価は、この記述に尽きるといっても過言ではない。

後醍醐《ごだいご》天皇（一二八八～一三三九）が、時代に適合しない非現実的な改革を独裁的に推進し、日本社会を大混乱に陥れた結果、建武政権は半ば自滅する形で崩壊した。こうした見解は、学校教育だけではなく、学界においても基本的には現在なお有力である（桃崎：二〇一四など）。

こうした建武政権に関する定説は、いつごろから形成されたのであろうか。

ここに注目すべき見解がある。平泉澄《ひらいずみきよし》が昭和九年（一九三四）に刊行した『建武中興の本義』の序文である。ここで、平泉は「建武中興の議論は古来多数存在し、忠臣烈士の事蹟《じせき》が顕彰されているのはまことにけっこうなことである。しかし、中興の原因が後醍醐天皇の私意にあり、その失敗の理由が天皇の失徳によるとの妄説は、いまだ十分に論破されていない」と嘆いた（原文は文語調。現代語で要約している）。

平泉澄は、「建武政権―南朝」を正統として賛美する皇国史観を完成させた歴史学者である。本書が刊行された昭和九年当時は、東京帝国大学助教授として快進撃をつづける気鋭の研究者であった。

そして昭和九年といえば、日本がまさに軍国主義の道を歩んでおり、南朝正統史観や楠木正成《くすのきまさしげ》・北畠顕家《きたばたけあきいえ》ら南朝忠臣に対する賛美教育・研究も非常に活発だった時期である。しかも、建武中興のちょうど六百年後にもあたり、右の『建武中興の本義』刊行などの事業が大々的に行われていた。

当時の商工大臣中島久万吉《くまきち》が、「逆賊」足利尊氏《あしかがたかうじ》（一三〇五～五八）を評価したために大臣辞任に追い込まれた事件が起こったのも、この年である。

「不徳の君主」と「けなげな忠臣」

そのような時代においてさえ、平泉によれば、後醍醐天皇が推進した建武新政自体に関しては、否定的に評価する者が多かったという。あまり意識されないことであるが、建武政権の研究史を考察するうえで、これはきわめて重要な指摘である。

建武政権研究史においては、「建武政権―南朝」を正統とする大義名分論《たいぎめいぶんろん》（主従関係において、臣下の分を尽くすべきことを主張する思想）およびこれを支えた「忠臣」論と、政権自体の評価はかなり厳密に区別されて論じられてきた。というより、後醍醐は暗愚で不徳の君主であり、その政治が愚劣極まりなかったにもかかわらず、神器《じんぎ》を保有する正統の君主であったがゆえに、彼を愚直に支えつづけた「忠臣」の悲哀が、いわば判官《ほうがん》贔屓《びいき》の形となって、南朝賛美をいっそう激烈にしてきたのである。

しかも、こうした「後醍醐＝暗君、忠臣＝正義」の構図は、実は十四世紀の南北朝時代当時から主流の見方であり、以降の研究や評価を根強く規定しつづけた。そして、現代の我々さえも、この呪縛《じゅばく》から完全には逃れきっていない。以下、建武政権を論じた研究史を瞥見《べっけん》することによって、このことを検証したい。

建武政権のマイナスイメージの原型──『太平記』『梅松論』

南北朝時代における建武政権批判として、真っ先に挙げるべきはやはり『太平記』であろう。これは、最終的に十四世紀後半に完成したとされる軍記物である。同記が建武政権の評価に言及しているのは、巻第十二・十三あたりである。

不公平な恩賞配分、無謀な大内裏《だいだいり》造営計画、地頭・御家人への重税や非現実的な貨幣・紙幣発行、御家人称号の廃止、千種忠顕《ちぐさただあき》（?～一三三六）・文観僧正《もんかんそうじょう》（一二七八～一三五七）といった近臣たちの奢侈《しゃし》・専横などに対する批判が続く。そして、これらについて後醍醐に諫言《かんげん》した硬骨の廷臣万里小路藤房《までのこうじふじふさ》（一二九五～?）が、諫言が聞き入れられなかったために出家・遁世《とんせい》した事件が描写される。

特に功績のある人間に適正な恩賞が与えられなかったとする点は、まさに現代人が同政権に対して抱く普遍的イメージそのものである。こうした「『太平記』史観」が原型となって、同政権に対する評価が確定的なものになり、後世の人々を呪縛しつづけたのである。

次いで、『梅松論《ばいしょうろん》』を見てみよう。同書は、南北朝内乱の真っ最中である貞和《じょうわ》五年（一三四九）ごろに成立したと推定されている歴史書である。足利氏寄りとされるが、同時代人の証言として貴重である。

同書によれば、記録所・決断所で下された正規の裁定が、後醍醐近臣の臨時の内奏によってたびたび覆された結果、朝令暮改《ちょうれいぼかい》の政治となったという。また、所領安堵《しょりょうあんど》政策の混乱や、足利尊氏が政権の中枢から排除されたこと（「尊氏なし」）にも言及している。これも公武の対立を強調している部分（「公武水火の陣」）が『梅松論』の特徴であり、これも冒頭引用の高校日本史教科書に窺《うかが》えるように、後世のイメージを決定的に形成した。

また、二条河原落書《にじょうがわらのらくしょ》（『建武記』）も看過することはできない。「此比《このごろ》都ニハヤル物」で始まるこの政治風刺は、あまりにも有名である。建武新政下の京都で巻き起こされた大混乱をおもしろおかしく長文で描写した落書《らくしょ》の記述には、建武政権を肯定的に評価する姿勢など微塵《みじん》も存在しないことは言うまでもない。

公家にとっては「狂気の政道」

建武政権を支えた内部の幹部貴族からも批判の声が出た。

万里小路藤房については前述したが、後醍醐死後に事実上の南朝総帥として室町幕府と死闘をつづけた廷臣北畠親房《ちかふさ》（一二九三〜一三五四）も、新政そのものには批判的であったことはかなり知られている。

彼の著書『神皇正統記《じんのうしょうとうき》』は、南朝の正統性を主張した日本全史として著名であるが、足利尊氏・直義《ただよし》（一三〇七〜五二）兄弟に分不相応《ぶんふそうおう》の莫大な恩賞を与えたことを厳しく批判している。足利兄弟だけでなく、武士層全体が優遇され、皇族・貴族の所領までもが恩賞所領とされたので、武士の世の中になったと評価する者までいたことが述べられている。

建武政権の恩賞充行《あてがい》といえば、『太平記』が述べるように後醍醐以下の皇族や近臣公家に偏っていたのが一般的なイメージであろう。だが親房は、恩賞は逆に武士層に手厚かったと述べる。なにより特筆すべきは、子息北畠顕家が事実上の首長を務めた陸《む》奥将軍府《つしょうぐんふ》の設置を例外として、建武政権の政策を具体的に高く評価する記述がまったく見られない点である。

なお、『職原抄《しょくげんしょう》』も親房の著書であるが、同書では名家《めいか》（朝廷の官職が大納言止まりの家柄）出身の吉田定房《さだふさ》（一二七四〜一三三八）が、先例を破って准大臣《じゅんだいじん》に任命されたことが「無念」と評されている。

北畠顕家も、建武政権を激しく批判した。延元《えんげん》三年（北朝・建武五、一三三八）五月十五日付の顕家諫奏《かんそう》（忠言）が、「山城醍醐寺《やましろだいごじ》文書」に現存している。これは、幕府執事の高師直《こうのもろなお》（？〜一三五一）との決戦に臨む顕家が、最後の出陣を前にして後醍醐天皇に提出した政治意見書である。

古来、天皇に対する彼の強烈な忠誠心が表れた名文と高く評価されているが、内容は建武政権のほぼ全否定である。中央集権体制の批判に始まり、放漫財政や不公平な官位のばらまき、身分秩序を乱す恩賞配分、朝令暮改の政策批判が続き、無能な人物が政治に口出しすることへの諫言にいたっている。

『太平記』史観と酷似していることも看過できない。繰り返すが、南朝忠臣として名高い北畠父子でさえ、新政の政策に非常に批判的であったことは、特筆すべき史実である。

南北朝後期（十四世紀後半）にいたっても、後醍醐失政論は公家層に幅広く浸透していたらしい。北朝で内大臣を務めた三条公忠《きんただ》（一三二四〜八三）による『後愚昧記《ごぐまいき》』応安《おうあん》三年（一三七〇）三月十六日条は、名家出身の勧修寺《かじゅうじ》経顕《つねあき》（一二九八〜一三七三）が内大臣に昇進した人事を批判し、前述の北畠親房が批判した吉田定房の故事を引用して、新政当時を回顧して「物狂《ものぐるい》の沙汰《さた》」であったとまで酷評している。

公家たちにとって、多くの先例を打ち破った後醍醐の斬新《ざんしん》で意欲的な政治姿勢など、狂気の政道にすぎなかったのである。

江戸時代の後醍醐天皇の評価

江戸時代における建武政権論としては、例えば六代将軍徳川家宣《とくがわいえのぶ》の下で「正徳の治《しょうとくのち》」（一七〇九〜一五年）を推進した朱子学者新井白石《あらいはくせき》による、正徳二年（一七一二）刊行の『読史余論《とくしよろん》』を挙げることができる。

無謀な大内裏造営計画、不公平な恩賞、そして朝令暮改の政令批判と、白石の論は南北朝時代の建武政権批判と見事なほどに同工異曲である。ほかに、三宅観瀾《みやけかんらん》『中興鑑《ちゅうこうかん》言《げん》』（江戸時代中期）や頼山陽《らいさんよう》『日本外史』（文政《ぶんせい》十年〈一八二七〉）の建武政権論も存在するが、内容は大同小異であるうえに、日々遊宴に明け暮れる後醍醐の奢侈や私利私欲を強調している点が特徴である。

三宅観瀾は『大日本史』編纂《へんさん》に携わった水戸学の儒者であり、頼山陽は幕末の尊皇攘《そんのうじょう》夷《い》運動に多大な影響を与えた思想家である。いわば、南朝を正統の王朝とする歴史観を広め、楠木正成らを南朝忠臣として称揚する機運を高めた、大義名分論の第一人者たちである。

その彼らでさえ『太平記』史観に束縛され、建武の新政自体は「失政」と捉え、後醍醐を私欲にまみれた無能かつ不徳の君主と見なしていたのである。

戦前の建武政権論――『太平記』史観の強烈な呪縛

周知のごとく、明治末期に政府によって正式に南朝が正統と定められ、その教育政策が年々強化されて歴史学研究を圧迫した。ついには、昭和初期に皇国史観として結実した時代でもある。

明治～大正時代に活動し、帝国大学（のちの東京帝国大学）や東京専門学校（のちの早稲田大学）で教授を務めた久米邦武《くめくにたけ》は、近代実証主義的歴史学の祖とされている。欧米を視察し、当時としては最先端の歴史学の手法を学び、従来の大義名分論を極力排除した、客観的史実の叙述に努めた。

そうした久米の議論も、恩賞政策の混乱・失敗や無理のある大内裏造営を挙げており、『太平記』史観と実は大差ない。ただし、政権崩壊の理由の一つとして、守旧的な貴族の抵抗を挙げた点は注目に値する（久米：一九〇七）。失政の責任を後醍醐や一部の佞臣《ねいしん》たちだけに押しつけず、臣下の無理解にも着目する見解は、前近代には存在しなかった。

こうした臣下の抵抗あるいは無能力を失敗の原因とする議論は、大正～昭和時代に京都帝国大学等で活躍し、南朝の研究を多数発表した中村直勝《なかむらなおかつ》にも、貨幣新鋳政策の議論において窺える。ただし中村は、貨幣鋳造には一定の評価を与えるものの、統治機構の欠陥（所領安堵の申請が、記録所・決断所のいずれでも可能であったこと）や恩賞沙汰の不用意・不誠意を指摘するなど、新政自体には概して批判的である（中村：一九四二）。

一方、明治～大正時代に東京帝国大学教授を務め、戦前における実証主義的歴史学の到達点と評価されている田中義成《よしなり》は、建武政権崩壊の原因は、恩賞政策が混乱し、賄賂《わいろ》や縁故による不公平な政治によって朝令暮改の様相を呈したので、天下の士民が生命財産への安心感を失い、武家政治の復活を希望するにいたったと論じた（田中：一九二二）。これもまた、伝統的な『太平記』史観に基づく失政論である。

田中のあと、大正～昭和初期に東大教授となり、日本の古文書学の創始者としても知られる黒板勝美《くろいたかつみ》も辛辣《しんらつ》である。黒板は、新政失敗の要因を、恩賞の不足、公武の不一致、大内裏造営・貨幣発行の失敗に求める。加えて、足利尊氏の煽動《せんどう》や皇政復古の精神を武士が理解しなかったことも指摘する（黒板：一九三六）。これまた、戦前の他の研究者と大同小異の議論である。

注目すべきは、黒板が平泉澄の師匠であったことである。平泉の前世代の研究者でさえ、建武政権自体の評価に関しては、『太平記』史観の認識にとどまっていたのは驚くべきことである。以上、まさに本稿冒頭で紹介した平泉の「研究史整理」が正しいことがわかる。

建武政権を最も高く評価した皇国史観

こうした研究状況の下、登場したのが前述の平泉澄である。平泉段階にいたって、正統性や忠臣の活躍はもちろん、建武政権の諸政策をも併せて積極的・肯定的に評価する学説が初めて出現した。

彼は、江戸時代の天皇失政論を痛烈に批判し、後醍醐の私利私欲を否定した。そして、中興遂行の気概や厳重な倹約令、朝廷行事の整備、朝廷人事の大規模刷新、厳正な記録所の活動や神領興行といった諸改革を列挙して称揚した。

新政失敗の要因については、腐敗堕落した人民の並外れた利己心と、それを利用して謀反を起こした「逆賊」足利尊氏の悪行にすべての責任を押しつけている。この点は、久米邦武以来の「臣下無理解論」を発展的に継承しているが、全体的に見ればまさにコペルニクス的転回で、それまでには見られなかった議論である。

ひときわ注目できるのは、十四世紀の南北朝期以来の不動の定説であった「恩賞不公平」説を一蹴《いっしゅう》し、建武政権の恩賞政策を高く評価した点である。具体的事例を列挙した論証は、現代的視点から見てもかなり実証的で説得力がある(平泉:一九三四)。

ただし、平泉学説=皇国史観は大きな問題点を有していた。第一に、久米・田中といった平泉の先輩たちが明確に否定した大義名分論を復活させ、研究水準を後退させてしまったことである。第二に、「逆賊」足利尊氏を憎悪するあまり、あらゆる点において室町幕府の全否定に陥ったことである。このため皇国史観では、建武政権と室町幕府の断絶性が、特に倫理面において極度に強調されるという、実証的な弱点も内包することとなった。

とはいえ、皇国史観が非常に独創的で研究史上画期的であったのは疑いない。しかし、この説が定説の地位を占めていた期間はごく短い。敗戦によって平泉が公職追放処分(一九四六年)を受けたことにより、皇国史観は事実上消滅した。戦後は、防衛大学校教授を務めた平田《ひらた》俊春《としはる》など、一部の弟子筋の研究者たちによって細々と継承されるにすぎなくなったのである。

戦後の建武政権論――反動か、進歩か？

敗戦により、それまでの歴史観が劇的に転換した。建武政権に関しては、例えば東大系の松本新八郎に典型的に見られるように、古代への復古を目指す反動的な政権であったとする評価が主流となった（松本：一九四七）。またしても、伝統的な失政論の復活である。ただし、戦後隆盛を極めたマルクス主義に基づいた歴史学と密接に連動し、古代への反革命路線を強調した点は、単なる戦前の学説への回帰ではない。

こうしたなか、基本的には建武政権を反動的権力と見なすものの、同時に内包する急進性にも着目する研究者が登場した。それが、東大系の佐藤進一である。佐藤は、後醍醐が自ら発給する綸旨《りんじ》で政務のすべてを決裁することを目指したとする、いわゆる「綸旨万能主義」を提唱したことで著名である。加えて、後醍醐が目指した君主独裁体制が中国宋朝（九六〇～一二七九）の模倣であったとする見解も看過できない。

後醍醐は、宋朝への志向に基づいて官司請負《かんしうけおい》制・太政官制度を解体し、官僚制の構築を目指した。だが、日本においては官僚制をつくる基本条件が存在しなかったため、新政は挫折《ざせつ》した（佐藤：一九六五）。後醍醐が宋学を熱心に学んだこと自体は注目されていたが、佐藤以前には宋学や中国の政治体制を明確に建武政権の政策に関連づけた研究は存在せず、研究史上の意義は大きい。

佐藤学説は、戦後の日本中世政治史研究の大枠を形作る定説となった。佐藤以降の建武政権研究は、大別して、政権の進歩的・急進的な側面に着目するものと、復古的・反動的な側面を強調するものに分化し、それぞれに展開していくこととなった。

ただし注意しなければならないのは、基本的にどの論者も、建武政権には進歩的・反動的な側面のいずれもが混在したと見なしていることである。あくまでも、どちらの要素をより重視したかによる、便宜上の区分であることをあらかじめ断っておきたい。

進歩論の代表的な論者として挙げられるのが、京大系の黒田俊雄である。黒田といえば、武家・公家・寺社の諸権門《けんもん》が、封建領主階級として相互に権限を分掌し補完し合って人民を支配したとする中世の国家体制に関する学説、いわゆる権門体制論を提唱したことで名高い。したがって、彼の建武政権論は、当然ながら自身の権門体制論に基づくこととなった。黒田によれば、建武政権とは「封建王政」であり、権門体制の克服を目指す進歩的な側面を有する政権であった。しかしながら、新政を推進する天皇・貴族自身が、復古・反動的な権門である矛盾によって行き詰まったとする（黒田：一九六三）。

網野善彦の「異形の王権」論の登場

東大系の網野善彦《あみのよしひこ》による「異形《いぎょう》の王権」論はきわめて異色で独創的であるが、これも広い意味では進歩論に分類できる。網野は、建武政権の特異性・異様性や後醍醐天皇の異常人格を強調した。

「異形」の天皇後醍醐は、六波羅引付頭人《ろくはらひきつけとうにん》の伊賀兼光《いがかねみつ》、「異類」の文観僧正、悪党・非人を起用し、現職の天皇でありながら真言密教の祈禱《きとう》を自ら行い、セックスの神である歓喜天《かんぎてん》の力を王権強化に利用した（網野：一九八六）。繰り返すように、非常に斬新ではあるが、南北朝期の後醍醐「物狂」論や江戸時代の私利私欲まみれの暗君説を、極限にまで発展させた議論であることも見落としてはならない。

一方、反動論の代表的な論者としては、東大系の笠松宏至《かさまつひろし》を挙げることができる。笠松の議論は、「徳政」がキーワードである。笠松によれば、建武新政とは、鎌倉時代後期に幕府・朝廷によって行われた徳政政策の帰結であり、政治組織・所領秩序等を「元に戻す」一点において反動政権だったのである（笠松：一九七六）。

早大系の古澤直人《ふるさわなおと》も、使節遵行《じゅんぎょう》制度（使節が現地に赴いて、土地の引き渡しや妨害排除を行って幕府の判決を執行する鎌倉末～室町期の制度）に関する自身の研究成果も援用し、明快な反動論を展開した。古澤は、「《不公正な裁判にもとづく即決主義、その在地への強制》という、倒幕勢力を形成した鎌倉幕府末期裁判の性格を、建武政権はまさに最悪のかたちで再現」したのであり、「むしろ得宗専制以上に政権としての新政の可能性は低い」と断じた（古澤：一九九二）。

政権が短命だったことがいけないのか?

進歩論と反動論は、一見して対照的な学説である。しかし、いずれも建武政権を当時の政治・社会状況に合致せず、非現実的で無理があった権力と評価し、そのために新政が挫折したとする点においては完全に一致する。そして、南北朝期以来の政権批判を実証的に補強しながら再生産している。

その意味では、戦後の建武政権研究も、まさに『太平記』史観の申し子であり、かつて平泉が嘆いた段階に先祖返りしていたのである。否、学術研究の世界では「忠臣」史観が後退した分、建武政権に対する評価はいっそう悪化したといえるだろう。

建武政権に対するこのような評価が説得力を持つのは、とどのつまり同政権が短命に終わった厳然たる事実があるからに尽きる。

しかし、古今東西の歴史において、志半ばにして非業《ひごう》の死を遂げた優れた英雄や政治家、あるいは改革の方向性は正しかったにもかかわらず短期間で滅亡した政権など、枚挙にいとまがない。否、先見の明がありすぎて、当時の人々に容易に理解されなかったからこそ失敗したという考えも成り立ちうる。政権の寿命と政策の善悪は、必ずしも比例しないと筆者は考えるのである。

なお、九州大学出身の森茂暁《しげあき》による雑訴決断所《ざっそけつだんしょ》・記録所・恩賞方・窪所《くぼどころ》・武者所・検《け》非違使庁《びいしちょう》といった建武政権組織の一連の研究は、戦後における同政権制度史の実証的分析の到達点と評価できるであろう（森：一九七九）。ただし、政権自体に関する森の評価は、従来の定説にとどまっていると考える。

また、大部分の軍忠状《ぐんちゅうじょう》（武士が合戦において立てた手柄を書き上げ、自軍の大将に提出した文書）が建武政権期から南北朝期（十四世紀前期後半ごろ〜末期）のものであることが指摘され（佐藤：一九七一）、建武政権で行われていた寺院領を中心とする一括免除や一括安堵が北朝・室町幕府に継承されたことが京大の上島享《うえじますすむ》によって解明されたことも看過できない（上島：一九九二）。これらの研究は、以降の研究動向の伏線となった点で重要な意義を有する。しかし、発表当初は個別具体的な指摘にとどまり、建武政権全体を再評価する方向には進まなかった。

最新の建武政権研究の動向

ところが、二十世紀最末期にいたり、従来の定説に疑問を呈する論文が登場した。伊藤喜良《きよし》は、後醍醐の君主独裁の理想が崩れ、妥協を重ねて後退をつづけたとする建武政権史の通説的理解を批判した。そして、佐藤進一の「綸旨万能主義」説を否定し、それまで天皇親裁を抑止した存在として消極的に捉えられてきた雑訴決断所や陸奥将軍府・鎌倉将軍府の設置を、逆に親裁を補完した存在であり、中央・地方の統治機関を整えて、宋朝型の君主独裁体制を整備したものと積極的に位置づけた（伊藤：一九九八）。

伊藤説は、発表当時には反響を呼んだとは言いがたい。しかし二十一世紀に入ると、建武政権の諸政策を積極的に評価し、その先進性に着目する論文が続々と出現しはじめた。例えば山田貴司は、成功《じょうごう》（寺社造営などを請け負うことによって、希望の官職や位階を与えられる制度）によらない恩賞としての武家官位付与が建武政権および続く南朝で行われていたことを発見した（山田：二〇〇八）。この政策は、室町幕府では幕府の内紛である観応《かんのう》の擾乱《じょうらん》（一三五〇～五二年）以降にようやく出現したものである。

吉田賢司も、寺社本所《ほんじょ》領住人の軍事動員、惣領《そうりょう》・庶子関係の再編、非御家人層への地頭職流出、所出二十分の一税などの、建武政権による御家人制「廃止」政策が次代に影響を及ぼしたことを論じた（吉田：二〇〇八）。

建武政権と室町幕府の連続性

その後、筆者が雑訴決断所牒《ちょう》による後醍醐天皇綸旨の施行システムを検討した。これは、定説では綸旨の権威を大幅に損ねたとされていた決断所牒（決断所が発給した、律令体制の文書様式の一つである「牒」と呼ばれる書式の文書）を再評価し、正当な綸旨の執行力を強化する側面に着目したものである。そして、室町幕府の執事施行状に発展的に継承され、管領制度の基軸となったと結論づけた（亀田：二〇一三）。なお、平泉澄以来断絶していた、建武政権の恩賞政策を肯定的に評価した点も成果に含められると自負している。

ただし、これら近年の研究動向は、建武政権を評価する点において一見して皇国史観と似ているようでも、内実が明確に異なることには注意したい。

大義名分論・南北朝正閏論《せいじゅんろん》が存在しないことはもちろんだが、建武政権と室町幕府の政策の連続面に着目している点が決定的に相違する。すなわち、南北朝内乱に勝利し、曲がりなりにも安定した長期政権を築いた室町幕府が、建武政権の改革政策の多くを模倣・継承したことを根拠に、建武政権の現実性を再評価しているのである。

一方、右の研究視角とも密接に連動するが、一九九〇年代初頭から、鎌倉時代後期の朝廷と建武政権の連続面を解明する研究も出現している。例えば、市沢哲は、佐藤進一説の中核を占める知行国制・官司請負制の再検討などにより、後醍醐による専制的な政治が実は彼の独創ではなく、鎌倉時代後期の都市領主の内部改革と、両統迭立《りょうとうてつりつ》によって求心化した治天《ちてん》の君《きみ》権力に由来していたことを論じた（市沢：一九九二）。

以上、建武政権研究の最新の状況について簡単に紹介した。

近年の研究動向は、数百年にわたって日本人を束縛してきた『太平記』史観からようやく解放され、政治史的に建武政権を「前代鎌倉期朝廷―幕府」と「後代室町幕府」の中間に位置づけようとしている。皇国史観とは別の意味で、現実的・有効な改革政権として客観的に評価する機運が生じつつあるといえよう。今後の研究の進展が、大いに期待できる分野であると考えている。

〔主要参考文献〕

網野善彦「異形の王権――後醍醐・文観・兼光」（同『網野善彦著作集　第六巻　転換期としての鎌倉末・南北朝期』岩波書店、二〇〇七年、初出一九八六年）
市沢哲「鎌倉後期の公家政権の構造と展開――建武新政への一展望」（同『日本中世公家政治史の研究』校倉書房、二〇一一年、初出一九九二年）
伊藤喜良「建武政権試論――成立過程を中心として」（同『中世国家と東国・奥羽』校倉書房、一九九九年、初出一九九八年）
上島享「庄園公領制下の所領認定――立庄と不輸・不入権と安堵」（『ヒストリア』一三七、一九九二年）
笠松宏至「中世の政治社会思想」（同『日本中世法史論』東京大学出版会、一九七九年、初出一九七六年）
亀田俊和「建武政権雑訴決断所施行牒の研究――綸旨施行命令を中心として」（同『室町幕府管領施行システムの研究』思文閣出版、二〇一三年）
久米邦武『南北朝時代史』（早稲田大学出版部、一九〇七年）
黒板勝美『更訂　国史の研究　各説下』（岩波書店、一九三六年）
黒田俊雄「中世の国家と天皇」（同『日本中世の国家と宗教』岩波書店、一九七五年、初出一九六三

年）
佐藤進一『南北朝の動乱』（中央公論社、一九七四年、初出一九六五年）
同『新装版　古文書学入門』（法政大学出版局、二〇〇三年、初出一九七一年）
田中義成『南北朝時代史』（明治書院、一九二二年）
中村直勝『吉野時代』（内外書籍、一九四二年）
平泉澄『建武中興の本義』（至文堂、一九三四年）
古澤直人「北条氏の専制と建武新政」（永原慶二他編『講座　前近代の天皇　第1巻　天皇権力の構造と展開　その1』青木書店、一九九二年）
松本新八郎「南北朝内乱の諸前提」（同『中世社会の研究』東京大学出版会、一九五六年、初出一九四七年）
桃崎有一郎「建武政権論」（『岩波講座　日本歴史　第7巻　中世2』岩波書店、二〇一四年）
森茂暁「建武政権」（同『増補改訂　南北朝期公武関係史の研究』思文閣出版、二〇〇八年、初出一九七九年）
山田貴司「南北朝期における武家官位の展開」（同『中世後期武家官位論』戎光祥出版、二〇一五年、初出二〇〇八年）
吉田賢司「建武政権の御家人制「廃止」」（上横手雅敬編『鎌倉時代の権力と制度』思文閣出版、二〇〇八年）

建武政権の官僚

3 建武政権を支えた旧幕府の武家官僚たち

森 幸夫

引き継がれたスタッフ

鎌倉幕府を滅ぼした後醍醐《ごだいご》天皇（一二八八～一三三九）は、元弘《げんこう》三年（一三三三）六月、伯耆国船上山《ほうきのくにせんじょうさん》（鳥取県東伯《とうはく》郡琴浦《ことうら》町）から帰京し、新政をスタートさせた。「建武《けんむ》の新政」である。

後醍醐は、天皇を補佐する関白職を置かず、また自身の発する綸旨《りんじ》の万能主義を貫こうとするなど、その政治が専制的なものであったことはよく知られている。このため建武政権は、ともすると鎌倉幕府・室町幕府という前後の武家政権と隔絶した、特異な権力機構と受け取られがちである。

しかし、建武政権には朝廷に属した公家官僚のみならず、旧幕府（鎌倉の幕府のみならず、六波羅《ろくはら》探題《たんだい》や鎮西《ちんぜい》探題《たんだい》をも含む）に仕えていた武家官僚も加わっている。したがって、政権の実務を担った官僚層に注目した場合、建武政権は鎌倉幕府の遺産を少なからず受け継いだといえる。

以下、建武政権の機構やそれを支えた人々に焦点を当て、「鎌倉幕府→建武政権→室町幕府」の連続面と断絶面を探ってみよう。特に武家官僚が多数参加した雑訴《ざっそ》決断所《けつだんしょ》の様相について詳しく考えてみたいと思う。

記録所とそのメンバー

後醍醐天皇が伯耆国から京都に帰って程なく設置したのが、記録所《きろくしょ》である。記録所は、天皇親政期に設置された、訴訟などを取り扱った重要機関である（なお院政が行われていた時期には、訴訟審理は院文殿《いんのふどの》で行われた）。後醍醐天皇の親政下でもその政治拠点となった。

このような政治の中枢である記録所には、後醍醐の親政を支える人々が配属された。『建武年間記』（『建武記』とも呼ばれる）という、建武新政の法制などを記録した史料から、その人員についてみてみよう。

『建武年間記』には、建武二年（一三三五）三月の記録所の名簿が載せられている。建武二年は建武新政の三年目にあたる。この時期、記録所の職員は五グループに分けられていたが、ここでは五番所属のメンバーを次に掲げる。

［五番］（甘露寺《かんろじ》）蔵人右中弁藤長《くろうどうちゅうべんふじなが》　（中原）大外記《だいげき》師右《もろすけ》　（中原）大判事明清《あききよ》
（名和《なわ》）伯耆守長年《ほうきのかみながとし》

記録所の五番には、右記の四名が配属されていた。細則によると、この四人は、毎月、九・十・十九・二十・二十九・三十日に勤務することになっていた。このようなグループが一番から五番まであり、記録所全体では二十名程度が配属されていたのである。

五番所属の人物についてみていくと、まずトップの甘露寺藤長（一三一九～六一）は、後醍醐天皇の側近として著名な吉田定房《さだふさ》（一二七四～一三三八）の甥《おい》である。実務を担った勧修寺《かじゆうじ》流藤原氏という、中流公家の出身。蔵人右中弁という官職からわかるように、彼も後醍醐に近仕した蔵人で、右中弁という朝廷の事務などを切り盛りする弁官を兼任していた官僚である。

次いで中原師右（一二九五～一三四五）と中原明清とは、大外記や大判事という官職に就いているように、やはり朝廷の実務に携わった存在である。彼らの身分はあまり高くはなく、朝廷の下級官人と位置づけてよい。

最後の名和長年（?～一三三六）は、周知のように、鎌倉幕府が滅ぶ元弘の乱（一三三一～三三年）の際に、後醍醐天皇を配流地の隠岐《おき》から伯耆国船上山に迎えた武士である。いわゆる後醍醐の忠臣でもある。長年のような存在が、記録所職員としてみえていることは非常に興味深い。彼は上記三人と異なり官僚の家に生まれていないので、当然ながら後醍醐により取り立てられたと考えてよい。

さてこのように、記録所の五番は朝廷の実務官僚三名と後醍醐に登用された武士一名により構成されていたことがわかる。記録所の一番～四番のメンバーをみても、「公家実務官僚＋側近武士」という構成上の特徴が見いだせるようである。一番に武士は見当たらないものの、二番には小田時知《おだときとも》、三番には伊賀兼光《いがかねみつ》、四番には楠木正成《くすのきまさしげ》（？～一三三六）という武士がみえる。楠木正成に代表されるように、彼らも後醍醐の忠臣である。

小田時知・伊賀兼光の両人は、元は、鎌倉幕府の西国統治機関で、京都六波羅に置かれた六波羅探題の評定衆《ひょうじょうしゅう》・引付頭人《ひきつけとうにん》という、旧幕府の高級官僚であったが、鎌倉幕府滅亡（一三三三年）以前から後醍醐天皇側と通じていたことが知られている（後述）。

そのような経緯から後醍醐に登用されたのであるが、元来武家官僚であり、実務能力も備えていたとみられる。とすると、記録所職員となった名和長年・楠木正成も、相応の実務能力を有していたと考えてよいだろう。長年・正成というと、軍事面で活躍したイメージが強いが、彼らは意外にも官僚的技量を身に付けていた存在だったと思われるのである。

恩賞方とそのメンバー

後醍醐天皇は記録所と同じころに、「恩賞方《おんしょうがた》」という機関も設置している。これは名称のとおり、恩賞などの論功行賞《ろんこうこうしょう》につき審理した機関である。この恩賞方もその役割からみて、建武政権における重要機関であったことは明らかである。その職員について『建武年間記』に記載がある。

恩賞方の職員名簿は年月を欠いているが、建武元年（一三三四）二月から同年十月までのものとされている（森茂暁：二〇〇八）。全四番編成であり、ここでは一番のメンバーを次に挙げる。

［一番］吉田一位（定房）（中御門《なかみかど》）経季《つねすえ》朝臣《あそん》（中院《なかのいん》）良定《よしさだ》朝臣（伊賀）兼光
（結城《ゆうき》）親光《ちかみつ》

名簿に載せる細則によると、この恩賞方一番のメンバーは、子《ね》・辰《たつ》・申《さる》の日に出仕し、東海道と東山道《とうさんどう》地域の事案を審理した。

構成員についてみると、トップの吉田定房は、周知のように、「後《のち》の三房《さんぼう》」（北畠親房《きたばたけちかふさ》〈一二九三～一三五四〉・吉田定房・万里小路宣房《までのこうじのぶふさ》〈一二五八～一三四八〉の三人を指す）と呼ばれたうちの一人で、後醍醐天皇の側近中の側近である。実務官僚を輩出した、勧修寺流藤原氏の出身でもある。

中御門経季も勧修寺流藤原氏の一族で、当時蔵人頭《くろうどのとう》に任じられていた後醍醐の側近官僚。中院良定は一般的には中院定平《さだひら》という名前でも知られているが、村上源氏出身で、後醍醐の皇子《みこ》護良《もりよし》親王（一三〇八～三五）に属し、倒幕戦で活躍した後醍醐の忠臣である。この三名が公家で、伊賀兼光と結城親光（?～一三三六）は武士である。

兼光は先にみたように、元の六波羅探題の評定衆・引付頭人でありながら、後醍醐に通じていた人物。親光は、倒幕に功のあった東国御家人の結城宗広《むねひろ》（?～一三三八）の子で、後醍醐に登用された存在である。後醍醐天皇の近臣「三木一草《さんぼくいっそう》」（楠木正成・名和長年・結城親光・千種忠顕《ちぐさただあき》〈?～一三三六〉の四人を指す）の一人にも数えられている。

このように恩賞方一番の職員構成は、「公家実務官僚＋側近武士」であり、記録所のそれと同じである。恩賞方の三番にはやはり同様に、側近武士の名和長年・楠木正成が配属されている。

先に述べたように、この両人は相応の実務能力を有していたとみるべきである。とすると、記録所と恩賞方という、建武政権の重要機関は、公家実務官僚と実務能力を持った後醍醐の側近武士とによって運営されていたとみてよいだろう。

後醍醐はその政治拠点となる重要機関には、公家実務官僚と、実務能力を持つ側近武士を配置したと考えてよい。自身のお気に入りなら、無能な武士であっても記録所・恩賞方に強引に送り込んだわけではないのである。

雑訴決断所の設置

後醍醐天皇は元弘三年（一三三三）九月ごろに、雑訴決断所を設置している。雑訴決断所は、建武政権が創設した諸機関のなかで最も有名なものであろう。記録所や恩賞方の三カ月ほどのちに設置されている。雑訴決断所は鎌倉幕府の裁判機関引付方《ひきつけかた》に倣《なら》ったもので、所務《しょむ》相論《そうろん》（土地関係の訴訟）などを裁いた。また武士の所領の安堵《あんど》や、後醍醐天皇の発した綸旨の施行などの重要職務も行った。建武政権には「窪所《くぼどころ》」のような何を行ったか不明な組織もあるなかで、雑訴決断所は最も多くの活動足跡を残した重要機関といってよい。雑訴決断所牒《ちょう》を中心とする、同所の発給文書も、管轄外であった東北地方などを除いて、全国的に少なからず残されている。

また雑訴決断所の職員は、上記した記録所や恩賞方のように、後醍醐により厳選・選抜された少人数のメンバーとは異なり、総員百人以上もいた。以下、そのメンバーについて確認したうえで、建武政権を支えた官僚、特に武家官僚について探ってみよう。

雑訴決断所のメンバー

雑訴決断所は、設置当初は四番編成で、総員七十名弱ほどの人数がいたようである（「比志島《ひしじま》文書《もんじょ》」）。建武元年（一三三四）八月、組織が八番編成に拡大され、総人数も百七名に膨れあがった（『雑訴決断所結番交名《けちばんきょうみょう》〈建武元八〉』）。

ここでは、改組後の雑訴決断所における東山道の訴訟事案を担当した、三番のメンバーを掲げよう。なお三番職員の勤務日は、毎月、三・四・八・十三・十四・二十三・二十四・二十五日であった。

［三番］　洞院公賢《とういんきんかた》　堀河具親《ほりかわともちか》　中御門冬定《ふゆさだ》　三条実治《さねはる》　中御門宗兼《むねかね》　壬生匡遠《みぶただとお》

中原章興《あきおき》　藤原宗成《むねなり》　長井高広《たかひろ》　佐々木如覚《にょかく》　高師直《こうのもろなお》　斎藤基夏《さいとうもとなつ》　諏訪円忠《すわえんちゅう》

十三名が所属していたことがわかるが、洞院公賢（一二九一～一三六〇）から藤原宗成までの八名が公家とみられ、残りの五名が武士である。

公家はトップの洞院公賢が内大臣、堀河具親が大納言であるなど、上級廷臣を含んでいる。三条実治（一二九二～一三五三）は右大弁、中御門宗兼（一三〇八～三七）は蔵人頭であり、壬生匡遠（?～一三六六）と中原章興も身分は低いが公家実務官人である。

雑訴決断所の公家の構成は、上級廷臣と実務官僚によって構成されたことが理解される。上級公家を含む点で記録所や恩賞方のメンバーとは異なっていたことがわかるが、それ以上に、雑訴決断所のメンバーが他機関と相違していたのは、武士が多数所属していたことである。

三番に所属した武士についてみると、長井高広は元の六波羅評定衆、佐々木如覚は近江《おうみ》守護佐々木氏の一族、高師直は足利尊氏《あしかがたかうじ》の執事、斎藤基夏は元の六波羅奉行人、諏訪円忠は元の鎌倉幕府奉行人である。他の番方にも足利尊氏の親族上杉道勲《どうくん》や、バサラ大名として著名な佐々木導誉《どうよ》（一二九六?〜一三七三）などがみえ、三番と同様なメンバーで構成されていたことがわかる。

また、改組前の四番編成の雑訴決断所の人員構成も同じ傾向を有していた。つまり、旧幕府・六波羅探題系の評定衆や奉行人を中心とした武家官僚や、佐々木・足利氏らの有力武士の関係者により構成されていたのである。

記録所や恩賞方のメンバーにも、楠木正成・名和長年・伊賀兼光らの武士が所属していたことは先にみた。しかし、彼らは後醍醐天皇の側近武士であり、寵臣《ちょうしん》的存在であった。楠木正成らも雑訴決断所の職員となったが（改組後に楠木正成は一番、名和長年は五番、伊賀兼光は一番に所属）、高師直ら足利尊氏の関係者や旧幕府系の武家官僚も加わった。

このため組織が肥大化し、『二条河原落書《にじょうがわらのらくしょ》』で、口の悪い京童《きょうわらべ》（京に住む物見高い人々）

に、「誰も漏れる人のいない雑訴決断所」と揶揄《やゆ》されたが、建武新政の支持勢力で固めず、批判的勢力をも取り込んだ意義は大きい。旧幕府を懐かしむ武士勢力の意見・要望を取り入れる形で、雑訴決断所という幕府引付を模倣した機構が、建武政権下で誕生したと考えられるのである。

鎌倉幕府の武家官僚

雑訴決断所職員には武士が四十数名みえるが、楠木正成ら倒幕に功のあった後醍醐天皇の寵臣や、足利尊氏の関係者は数名にすぎない。元の鎌倉幕府官僚が多数を占めていた。そこで雑訴決断所を支えた武家官僚を考える前提として、鎌倉幕府の武家官僚について概観しておこう。

鎌倉幕府が滅亡した当時、武家政治の中心地が鎌倉に所在した幕府であったことは言うまでもない。その鎌倉の幕府（以下「関東」と呼ぶ）は勢力の拡大とともに、西国を支配・統治するための地方機関を設置した。まず、承久《じょうきゅう》三年（一二二一）に設置されたのが六波羅探題である。

これは、鎌倉幕府が承久の乱（一二二一年）で後鳥羽《ごとば》上皇（一一八〇～一二三九）に勝利したのち、朝廷を監視するために京都の六波羅（鴨川《かもがわ》東岸）に置いた出先機関である。六波羅探題は通常、北条氏二名を長官とし、京都や近畿地方など西国の統治にあたった。

そして二度の蒙古襲来《もうこしゅうらい》（一二七四・一二八一年）後には、博多に鎮西探題が設置される。やはり北条氏が長官として九州地方の支配にあたった。

鎌倉幕府が全国支配を進めていくなかで、六波羅探題と鎮西探題という、二つの広域地方統治機関が重要な役割を果たしたのである。

この六波羅探題と鎮西探題とは、関東と同様に、裁判機能も有しており、管轄地域の御家人や荘園領主の訴訟などを裁いた、「小幕府」とでも称すべき存在であった。関東

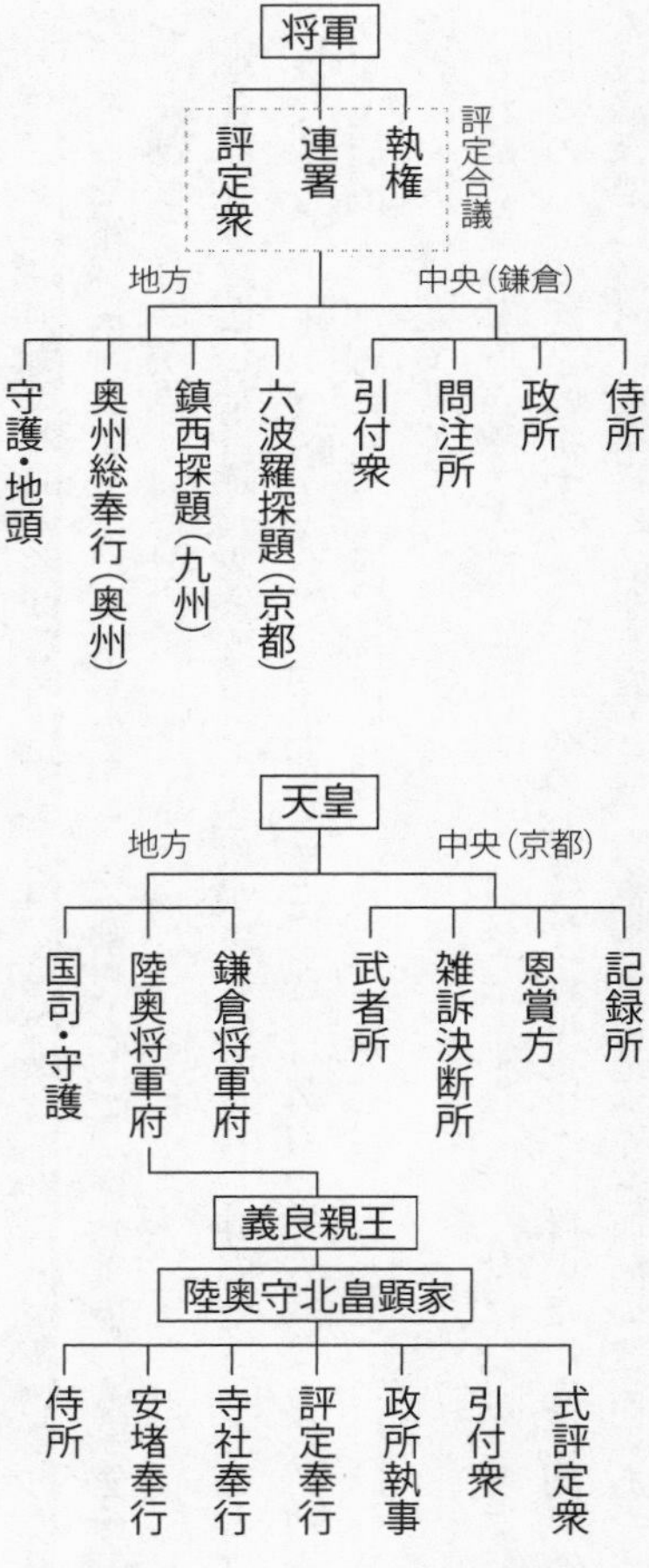

鎌倉幕府（上）と建武政権（下）の職制

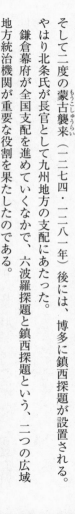

に倣い、同様な組織が形成されていたわけである。

幕府の裁判は主に引付方で審理され、そこには「引付頭人」と呼ばれる長官と、審議員である引付衆、文書の作成など裁判実務にあたった奉行人らが配属されていたが、六波羅探題と鎮西探題にも引付が設置された。引付は三〜五番編成であった。また、重要政務の評議などを行う評定衆も置かれた。

つまり、関東・六波羅探題・鎮西探題には、執権や探題に任じた北条氏の下に、評定衆や引付頭人・引付衆・引付奉行人などの官僚が配置されたのである。彼らは裁判を中心とする政務に参加した。身分的にみると、評定衆・引付頭人以上が高級官僚であり、引付奉行人は下級官僚といえる。

しかし、実務を中心的に担ったのは奉行人たちであった。奉行人はその地位は低かったが、重要任務を果たしていたのである。また関東には、財政などを担当した政所《まんどころ》や、訴訟の受理などを行った問注所《もんちゅうじょ》があり、そこにも奉行人が配属されていた。

武家官僚の主要メンバー

次に、鎌倉時代の武家官僚のメンバーについてみてみよう。

主に関東と六波羅探題を取り上げる。鎮西探題は地元九州の武士を多く登用するなど、やや特殊な傾向があり、ここでは触れない。関東と六波羅の、引付頭人と主要な引付奉行人の苗字を列記すると次のようになる。

［関東］

引付頭人……北条・安達《あだち》・宇都宮《うつのみや》・長井・二階堂《にかいどう》・大（太）田・摂津《せっつ》

引付奉行人……山名・長田・越前《えちぜん》・皆吉《みなよし》・明石《あかし》・杉原・雑賀《さいか》・斎藤・島田・壱岐《いき》

［六波羅探題］

引付頭人……長井・伊賀《いが》・海東《かいとう》・町野・小田

引付奉行人……安富《やすとみ》・斎藤・宗像《むなかた》・伊地知《いじち》・飯尾《いのお》・雅楽《うた》・松田・津戸《つのと》・関・雑賀・杉原

引付頭人からみていくと、関東ではさすがに北条氏の占める割合が多く、それを長井・二階堂・大田・摂津氏らの高級官僚が補佐したという状況である。長井氏は初代政所別当の大江《おおえ》広元《ひろもと》流、大田氏は初代問注所執事の三善康信《みよしやすのぶ》流、摂津氏は朝廷の下級官人中原氏流である。六波羅では北条氏が引付頭人に見いだせない。長井氏の一族や伊賀・海東（大江広元流）・町野（三善康信流）らの官僚家が中核を占めていた。引付奉行人は斎藤・雑賀・杉原など、関東・六波羅に共通する苗字もみえるが、それぞれに所属が固定化する傾向にあった。ここで詳しく述べることはできないが、関東では明石・島田氏が有力で、六波羅では斎藤・飯尾・松田氏が中心メンバーである。関東と六波羅探題の官僚メンバーの大きな相違は、北条氏の有無である。例えば関東では、五番編成の引付のうち、一番から四番の引付頭人を北条氏が占めるようなことがよくあった。これは、引付頭人職が政治的地位を表すものとなっていたことによる。引付頭人は幕府内での政治的序列を示すものとなり、そのため家格の高い北条氏一族が、実務能力の有無に関わりなく任じられたのである。

これに対し六波羅では、長井氏ら相応の実務能力を持つ武家官僚が任じられていて、北条氏の姿はみえない。六波羅探題では、引付奉行人をも含め、北条氏勢力を含まない、純粋ともいえる官僚制が形成されていた。これが六波羅官僚制の大きな特徴であった。なお、関東で北条氏が多数の引付頭人に任命されたにもかかわらず、裁判などの政務があまり停滞した様子がないのは、長井・二階堂・大田・摂津らの高級官僚や奉行人たちが北条氏と協調し、それを支えたからだと考えられる。

雑訴決断所の武家官僚

前述のように、雑訴決断所の実務の中心を担ったのは、鎌倉幕府で働いていた官僚たちだった。評定衆・引付頭人クラスの高級官僚として、宇都宮・二階堂・長井・大田・伊賀・町野・小田氏らが名を連ねている。奉行人層では、富部《とべ》・安威《あい》・明石・布施《ふせ》・諏《す》訪《わ》・飯尾・斎藤・三宮・雑賀・津戸・三須《みす》・雅楽・飯河《いいかわ》・門真《かどま》氏らがみえる。

旧幕府時代の所属先では、関東と六波羅探題が多くを占め、特に六波羅系の武家官僚が多い。長井・伊賀・町野・小田氏らは六波羅評定衆であり、飯尾・斎藤・三宮・雑賀・津戸・三須・雅楽氏は六波羅奉行人である。関東系では宇都宮・二階堂・長井氏が関東評定衆であり、富部・安威・明石・布施・諏訪氏らが関東奉行人であった。

幕府の本拠地である鎌倉で働いていた官僚ではなく、六波羅探題出身の官僚が、雑訴決断所職員に最も多く採用されたのはなぜだろうか。

建武政権が京都に置かれたという事情も無視できないが、六波羅の官僚たちが北条氏とあまり関係を持たない、純粋な官僚集団であったことが、建武政権による人材登用をもたらしたと考えられる。

六波羅の武家官僚には、北条氏一族は存在していなかったのである。なお、雑訴決断所職員となった鎮西探題関係の武家官僚は、飯河氏と門真氏という、奉行人層二名の登用にとどまる。これは、地元九州の武士を多く採用していた、鎮西探題官僚の特殊性に由来するものと思われる。

このように雑訴決断所には武士、それも六波羅探題を中心とする、旧鎌倉幕府の官僚たちが多数登用されたのである。建武政府のなかで、最も活動足跡を残した雑訴決断所は、多くの旧鎌倉幕府の武家官僚たちによって支えられていたのである。

武家官僚の浮沈

建武政権には、雑訴決断所を中心として多くの武家官僚が登用されたが、旧鎌倉幕府のすべての官僚が採用されたわけではない。当然ながら、後醍醐天皇の信任を必要不可欠としていた。

元の六波羅評定衆・引付頭人の伊賀兼光が雑訴決断所はもちろん、記録所や恩賞方という、建武政権の重要組織の職員にも加えられたことは先に述べた。兼光は、楠木正成や名和長年といった後醍醐の忠臣と同様な待遇を受けたのである。これは彼がかなり早い段階から、後醍醐天皇の倒幕運動に協力していたことによる。

奈良の般若寺《はんにゃじ》には、元亨《げんこう》四年（一三二四）三月、つまり後醍醐天皇による第一次倒幕運動の正中《しょうちゅう》の変《へん》があった年に、兼光が施主《せしゅ》として造立した文殊菩薩《もんじゅぼさつ》騎獅《きし》像があり、その墨書銘《ぼくしょめい》に「金輪聖主《こんりんしょうしゅ》の御願成就」のためと書かれている。「金輪聖主」とは後醍醐天皇を指し、その「御願成就」とは倒幕を意味していた。伊賀兼光は、六波羅評定衆・引付頭人という幕府要職にありながら、正中の変以前から、後醍醐天皇と通じていたのである（網野：一九八六）。

また、兼光と同じように重用された元の六波羅評定衆・引付頭人の小田時知も、後醍醐天皇の皇統大覚寺統《だいかくじとう》の公家と姻戚《いんせき》関係にあるなど、後醍醐と親密な存在なのであった

（森幸夫：二〇〇五）。

その一方で、関東で代々評定衆を務めた官僚の摂津氏は、建武政権の職員としてまったくみえない。これは摂津親鑒《ちかあき》（?～一三三三）・高親《たかちか》（同前）父子が、得宗《とくそう》北条高時《たかとき》（一三〇三～三三）とともに自害するなど、北条氏と密着した存在であったからだろう。建武政権崩壊後、親鑒の弟摂津親秀《ちかひで》がようやく室町幕府の下で、引付頭人として活躍することとなる。

奉行人層においても後醍醐天皇との関係が重要であった。

松田氏は六波羅奉行人の中心メンバーであったが、雑訴決断所職員として一人も見いだせない。建武政権に登用されるどころか、その所領が没収された形跡がある。松田氏は丹後国《たんごのくに》を本拠とする武士でもあり、鎌倉幕府滅亡時に、松田秀頼《ひでより》が最後まで幕府方であったのである。このため建武政権下で、松田氏は冷遇されたのであった。

六波羅奉行人の最有力一族である斎藤氏も、松田氏と同じ悲哀を味わった。斎藤氏は鎌倉中期（十三世紀中ごろ）以来、六波羅探題を拠点に繁栄した奉行人の大族である。鎮守府《ちんじゅふ》将軍藤原利仁《としひと》の後裔《こうえい》で、平安後期（十二世紀前半）以来、越前国《えちぜんのくに》など北陸地方を中心に栄えていた。松田氏と同様、武士の出身であった。

そのため、幕府が滅ぶ元弘の乱で、斎藤基祐《もとすけ》・基教《もとのり》父子や斎藤玄基《げんき》らは鎌倉幕府方として奮戦した。また正中の変（一三二四年）において、六波羅奉行人の斎藤利行《としゆき》（?～

一三二六）が後醍醐天皇の謀反を鎌倉に急報したことは、『太平記』に記された著名な事実である。

これらの行動により、斎藤氏の多くは後醍醐天皇の心証を害し、建武政権で登用されたのは、雑訴決断所職員となった斎藤基夏一名のみであった。基夏は父斎藤基任《もととう》とともに、六波羅奉行人時代から、後醍醐の側近吉田定房や北畠具行《きたばたけともゆき》（一二九〇～一三三二）らと交流していた。それが建武政権の成立後、有利に作用して、斎藤氏からただ一人基夏のみが雑訴決断所職員として採用されたのである。

京都に結集する旧幕府関係者

このように、武家官僚のすべてが建武政権に登用されたのではなく、登用されるためには、後醍醐天皇との良好な関係を必要としたのである。後醍醐に敵対したため建武政権下で不遇であった松田・斎藤氏らは、室町幕府が樹立されると、奉行人として活発に活動するようになる。

一方、建武政権で働いたことは、室町幕府に仕えるうえで障害とはならなかった。明石・飯尾・雑賀氏ら雑訴決断所職員となった人々の多くは、室町幕府奉行人として活躍していくこととなる。

むしろ、建武政権での経験はプラスに作用したようである。例えば、関東奉行人出身の諏訪円忠（一二九五〜一三六四）である。鎌倉幕府滅亡後、雑訴決断所職員となった円忠は、鎌倉から上洛《じょうらく》し、京都での生活を始めた。円忠は仕事がら、従来は接点のなかった京都の公家や有力寺社などと接触・交流することになった。

建武二年（一三三五）後半の足利尊氏の離反により建武政府は崩壊していったため、彼の勤務期間はわずか二年程度にすぎない。しかし円忠は、この間に鎌倉時代には得られなかった貴重な経験を積んだのである。翌建武三年、室町幕府が成立し、引付方が設置されると、円忠は室町幕府引付奉行人となる。

関東奉行人であった円忠が、室町幕府奉行人にスムーズに転職できたのは、京都で雑訴決断所職員として活動していて、都での人的ネットワークなどを形成していたからだろう。

皮肉にも、建武政権は、都に不慣れな旧関東関係者を京都に結集する役割をも果たし、のちに室町幕府官僚に連なる人々に、都での貴重な実習の機会を与えていたのである。

〔主要参考文献〕

網野善彦『異形の王権』（平凡社、一九八六年）
阪田雄一「雑訴決断所と鎌倉将軍府」（佐藤博信編『中世東国の政治構造』岩田書院、二〇〇七年）
佐藤進一『南北朝の動乱』（中央公論社、一九六五年）

同『日本中世史論集』(岩波書店、一九九〇年)
同『鎌倉幕府訴訟制度の研究』(岩波書店、一九九三年)
田中誠「室町幕府奉行人在職考証稿(一)」(『立命館文學』六五一、二〇一七年)
細川重男『鎌倉政権得宗専制論』(吉川弘文館、二〇〇〇年)
森茂暁『増補改訂　南北朝期公武関係史の研究』(思文閣出版、二〇〇八年)
同『建武政権』(講談社学術文庫、二〇一二年)
森幸夫『六波羅探題の研究』(続群書類従完成会、二〇〇五年)
同『中世の武家官僚と奉行人』(同成社、二〇一六年)

4 後醍醐と尊氏の関係 足利尊氏は「建武政権」に不満だったのか？

細川重男

かつて、足利尊氏《あしかがたかうじ》（一三〇五〜五八）は「逆賊《ぎゃくぞく》」と呼ばれた。逆賊とは「主君にそむいた賊徒。むほんを起こした悪人」（小学館『日本国語大辞典』）であり、日本では特に、天皇に背いた者への悪罵《あくば》として用いられる。

足利尊氏（初名は高氏《たかうじ》だが、煩雑になるので尊氏で通す）が逆賊呼ばわりされるのは、彼が後醍醐《ごだいご》天皇（一二八八〜一三三九）の建武《けんむ》政権から離反し、これを崩壊させたからである。まずは、尊氏離反の過程を概観しておく。

尊氏離反の過程

離反の契機は、建武政権に対する最大の反乱「中先代《なかせんだい》の乱《らん》」（一三三五年）である。建武政権下では、関東十カ国を支配する鎌倉将軍府（鎌倉府）が置かれ、後醍醐の皇子成《なり》良《よし》親王（一三二六〜四四）を擁して尊氏の同母弟である直義《ただよし》（一三〇七〜五二）が経営にあたっていた。

建武二年（一三三五）七月上旬（六月下旬との説もある）、信濃《しなの》に挙兵した北条高時《ほうじょうたかとき》（鎌倉幕府十四代執権。一三〇三～三三）の遺児時行《ときゆき》（「ときつら」とも。？～一三五三）はまたたく間に鎌倉に迫った。二十三日、自ら出陣して敗れた直義は鎌倉を捨て、成良を奉じて西走し、翌二十四日、時行が鎌倉に入った。

反乱勃発《ぼっぱつ》・鎌倉陥落《かんらく》の報が京都に入ると、尊氏は後醍醐に東下の許可を求めたが拒否され、八月二日勅許《ちょっきょ》（天皇の許可）のないまま出陣した。三河《みかわ》で直義と合流した尊氏は、十九日に鎌倉奪還に成功し、中先代の乱を鎮圧した。

こののち、尊氏は後醍醐の帰京命令に従わず、直義らとともに鎌倉に居座りつづける。十一月十九日、後醍醐は新田義貞《にったよしさだ》（一三〇一～三八）に尊氏追討《ついとう》を命じ、京都を出陣させた。だが、義貞は十二月十一日、箱根・竹之下《たけのした》合戦で尊氏に敗れた。十五日、尊氏は逃げる義貞を追って西上を開始した。

以降、後醍醐方と尊氏方の戦闘は全国規模の大争乱となり、逆転に次ぐ逆転の末に建武三年（一三三六）十月、尊氏方の勝利に帰す。同月十日、後醍醐は降伏し、京都で幽閉の身となった。

十一月七日、尊氏は『建武式目《けんむしきもく》』を制定し、室町幕府を樹立した。ところが十二月二十一日、後醍醐は京都を脱出して、大和国吉野《やまとのくによしの》へ向かい、かくて五十六年に及ぶ南北朝分裂が始まった。

以上、尊氏が建武政権を崩壊させた張本人であることは客観的な事実である。であるから、後醍醐およびその陣営の人々に「尊氏は逆賊だったのか?」と問えば、答えは「逆賊だ!」に決まっている。

江戸時代末期の文久《ぶんきゅう》三年（一八六三）二月二十二日、京都の等持院《とうじいん》に祀《まつ》られていた尊氏の木像が、子義詮《よしあきら》（一三三〇～六七）・孫義満《よしみつ》（一三五八～一四〇八）の木像とともに尊《そん》王攘夷《のうじょうい》派に斬首され、首が三条河原に晒《さら》された（足利氏木像梟首《きょうしゅ》事件）のも、昭和九年（一九三四）二月七日、「南朝の忠臣」肥後《ひご》菊池氏の末裔《まつえい》、貴族院議員の菊池武夫男爵（一八七五～一九五五）が尊氏を「乱臣賊子」と国会で罵《ののし》った（中島久万吉《くまきち》商工大臣筆禍《ひっか》事件）のも、致し方のないことである。逆賊認定は主観的なものだからである。

反逆の動機

では、足利尊氏はなぜ反旗を翻したのか。一般的には、尊氏に天下取りの野望があったからといわれている。

尊氏の祖父である家時《いえとき》（一二六〇～八四）は、「七代後の子孫に生まれ変わって天下を取る」という祖先源義家《みなもとのよしいえ》（一〇三九～一一〇六）の置文《おきぶみ》が足利氏に伝えられ、自身がその七代目に当たりながら天下を取れないことを嘆き、「わが命を縮め、三代の中《うち》に天下を取らせたまえ」と八幡神に祈願して自刃《じじん》し、尊氏・直義兄弟は、家時の願文《がんもん》（神仏への祈願状）を目にしたという（『難太平記《なんたいへいき》』）。

この逸話が正しければ、尊氏は源氏嫡流《ちゃくりゅう》（嫡流とは本家のこと）の誇りを持っており、天下を取るために後醍醐に反逆したということになろう。

だが、南北朝時代の軍記物『梅松論《ばいしょうろん》』を読むかぎり、離反にいたる尊氏の行動はとても計画的なものとは思えない。まず中先代《の》の乱の勃発を知った尊氏は、「直義が無勢で時行軍を防ぐ知略も無く東海道を引き退いた」と聞いて、東下を何度も後醍醐に願ったが許されず、しかたなく勅許の無いまま出陣したという。

尊氏は「私にあらず、天下の御為《おんため》」と言っているが、この様子からすると尊氏出陣の第一の理由は、直義救援であったようである。

次に、後醍醐の帰京命令に従わなかったことについては、勅使（天皇の使者）の中院《なかのいん》具光《ともみつ》に対し尊氏は「すぐ京都に参上します」と答えている。ところが、直義に「運良く大敵の中から逃れてきたのだから、関東にいるべきです」、つまり「京都に帰ったら殺されますよ」と諫《いさ》められると、あっさり帰洛《きらく》をやめている。

そして、後醍醐の命を受けた新田義貞が鎌倉に迫ると、尊氏は「もうナニもかもイヤだ！」とばかりに、浄光明寺《じょうこうみょうじ》に籠もってしまった。だが、兄に代わって出陣した直義の苦戦を知らされると、「直義が死んだら、自分が生きている意味はない！」と叫んで出陣し、義貞を撃破したのである。

支離滅裂である。弟思いは美徳であろうが、どのような結果をもたらすかを深く考えずに行動し、これまた深く考えずに周囲の意見に流されている。清水克行は尊氏を「八方美人で投げ出し屋」と評している（清水：二〇一三）が、まったくそのとおりである。こうなると、尊氏の離反は、尊氏自身の決断なのか、はなはだ疑わしい。

そもそも前掲の源義家と足利家時の伝説は、室町幕府成立後に足利氏が将軍として君臨することを正当化するために、創作されたという見解が有力である。すなわち、尊氏が源義家の直系の子孫であり、義家・家時が果たせなかった天下取りの夢を実現したと宣伝する「源氏嫡流工作」を、室町幕府が行ったのではないか、というのである（川合：一九九五）。よって、足利氏が十三世紀末の鎌倉後期に「源氏嫡流」と見なされていたかどうかは、検討の余地がある。

そこで本稿では、鎌倉時代当時、尊氏とその一族足利氏が周囲からどのような評価を受けていたのか、を中心に考察することにする。

尊氏にいたる足利氏の歴史、特に足利氏の鎌倉幕府・鎌倉時代の武家社会での位置づけ、同時代の足利尊氏の立場、鎌倉幕府滅亡時における尊氏の動向、尊氏の中先代の乱勝利がどのように評価されたか、という順で書き進めてゆく。

鎌倉幕府・鎌倉時代の武家社会での位置づけ

足利氏は鎌倉幕府・鎌倉時代の武家社会で、どのように位置づけられていたのか。以下、「足利氏当主の婚姻関係図」（92～93ページ）を参照しつつ読んでいただきたい。

よく「鎌倉御家人《ごけにん》は鎌倉殿《かまくらどの》（征夷大将軍《せいいたいしょうぐん》）の家臣として平等であった」といわれるが、それは建前である。

特に鎌倉後期になると、御家人には格差が生じ、執権《しっけん》・連署《れんしょ》・六波羅探題《ろくはらたんだい》（北方《きたかた》・南《みなみ》方《かた》）・引付頭人《ひきつけとうにん》・評定衆《ひょうじょうしゅう》・引付衆《ひきつけしゅう》などの、幕府要職に世襲的に就任する家系（北条氏がその代表）の人々は、幕府の支配層といってよい状況となる。

この御家人の間の格差は、王朝（朝廷）の官位《かんい》（律令官職《りつりょうかんしょく》と位階《いかい》）とも連動した。生涯を無位無官で過ごす御家人も多いなかで、幕府要職就任者を中心とする有力御家人は、官職では国守《こくしゅ》に任官《にんかん》し、位階も四位《しい》・五位《ごい》（正四位上《しょうしいじょう》から従五位下《じゅごいげ》）に叙《じょ》された。

なかでも北条氏一門は北条貞時《さだとき》治世期（執権在職一二八四～一三〇一年）以降、無位無官の者であっても四位の殿上人《てんじょうびと》（四位・五位までの者で内裏《だいり》〈皇居〉、清涼殿《せいりょうでん》の殿上《てんじょう》の間に昇殿《しょうでん》を勅許によって許された者）に准ずるという別格の待遇を受けた（『今川了俊書札礼《いまがわりょうしゅんしょさつれい》』）。

また当時は、従五位下以上の位階を持つ者が貴族社会の正員と認識されており、従五位下に叙される（叙爵《じょしゃく》という）かどうか、そして何歳で叙爵するかがきわめて重要であった。北条氏の当主「得宗《とくそう》」は、時宗《ときむね》（一二五一～八四）が十一歳、貞時（一二七一～一

【足利氏当主の婚姻関係図】

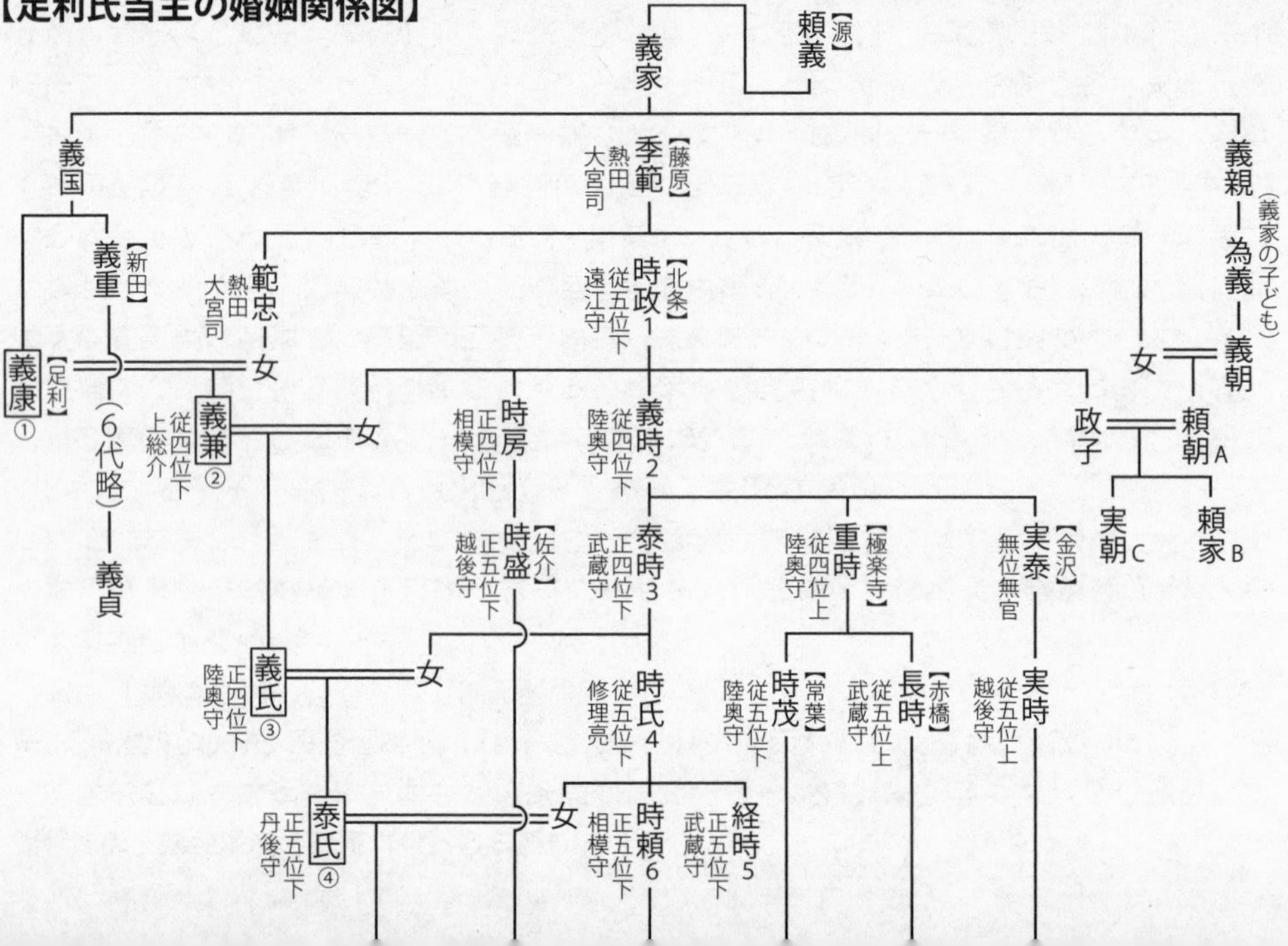

①〜⑨：足利当主
A〜C：源氏三代将軍
1〜9：北条氏得宗
＊北条義時の子の兄弟順は、泰時が長男、重時が三男、実泰が六男。
＊足利頼氏の妻である佐介（北条）時盛の娘の史料は『桓武平氏諸流系図』（中条文書）。
＊足利・北条については、鎌倉時代の主な位階・官職を記した。

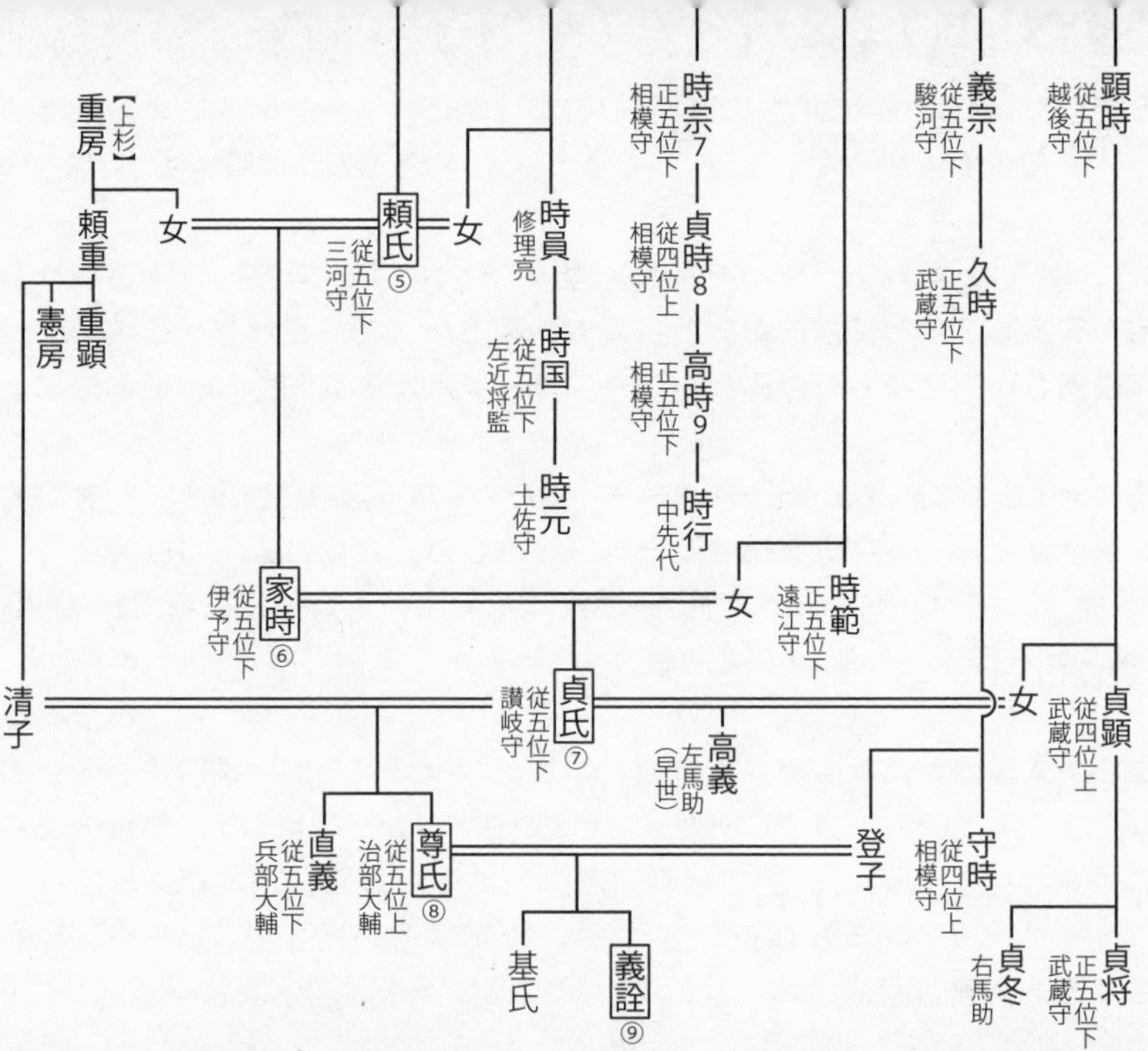

三一二）が十二歳、高時が九歳で叙爵しており、鎌倉後期に御家人のなかでも得宗家が圧倒的なまでに高い家格（家柄）を誇っていたことを示す。

このような時代状況のなかで、足利氏は源頼朝《よりとも》（一一四七〜九九）時代の人である二代当主義兼《よしかね》（一一五四〜九九）から第七代当主貞氏《さだうじ》（一二七三〜一三三一）まで、六人全員が国守に任官し五位に叙されており、鎌倉時代を通じて有力御家人の地位を保ちつづけている。

しかも、四代泰氏《やすうじ》（一二一六〜七〇）の丹後守《たんごのかみ》任官は二十一歳、五代頼氏《よりうじ》（一二四〇〜六二）の叙爵は二十歳、六代家時は叙爵十七歳以前、伊予守《いよのかみ》任官は二十三歳と非常に若く、さすがに得宗には及ばないものの、幕府要職の就任者を出す北条氏有力庶家《しょけ》（前掲「足利氏当主の婚姻関係図」に載せた佐介《さすけ》・常葉《ときわ》・金沢《かねさわ》・赤橋《あかはし》家はその一部）出身者に比肩する。

鎌倉後期に足利氏は幕府要職に就任することはなかったが、その家格は北条氏有力庶家と同等のものであった。この鎌倉幕府における足利氏の高い地位は、何を根拠としたのであろうか。駆け足になるが、足利氏の歴史を見てみよう。

足利氏は、なぜ家格が高いか？

源義家の孫義康《よしやす》（？〜一一五七）は、下野国足利荘《しもつけのくにあしかがのしょう》を領有して足利氏の家祖となった。

義康は保元《ほうげん》元年（一一五六）七月の保元の乱において、源義朝《よしとも》（一一二三〜六〇）とは別個に後白河《ごしらかわ》天皇方に参じており、自立した勢力であったことがわかる（『保元物語』）。

足利義康の妻で足利二代目当主義兼の母は、熱田大宮司《あつたのだいぐうじ》藤原範忠《ふじわらののりただ》の娘である。義朝の妻（頼朝の母）は範忠の父である熱田大宮司藤原季範《すえのり》（一〇九〇〜一一五五）の娘であり、つまり足利義兼の母は源頼朝の母の姪《めい》であった。

この姻戚《いんせき》関係もあってか、義兼は頼朝が鎌倉に入った治承《じしょう》四年（一一八〇）十月六日の二カ月後には、頼朝の下に参じていたことが確認され（『吾妻鏡《あづまかがみ》』同年十二月十二日条）、養和《ようわ》元年（一一八一）二月一日（頼朝鎌倉入りの四カ月後）、頼朝の「特別の計らい（別しての仰せ）」によって、北条時政《ときまさ》（一一三八〜一二一五）の娘と婚姻している（『吾妻鏡』同日条）。頼朝の妻は時政の娘政子《まさこ》（一一五七〜一二二五）であり、頼朝と義兼は、熱田大宮司藤原氏・北条氏によって婚姻関係で二重に結ばれたことになる。

その後も足利義兼は、源氏一門（門葉《もんよう》）を代表する一人として頼朝期の鎌倉幕府において高い地位を与えられている。例えば、頼朝期の鎌倉幕府では武士で国守となれたのは門葉だけであったが、義兼は頼朝の推挙で上総介《かずさのすけ》に任官している（『吾妻鏡』文治《ぶんじ》元年八月二十九日条。上総は「親王任国」といって親王が守《かみ》となるため、次官である介が実質的な守の役割を果たした）。

頼朝は門葉を厚遇する一方で、弟範頼《のりより》・義経《よしつね》（一一五九〜八九）をはじめ多数殺害したが、門葉のなかでも義兼とは良好な関係を保ったのである。また、義兼の娘は源実朝《さねとも》（一一九二〜一二一九）の妻の候補となっており（『吾妻鏡』元久《げんきゅう》元年〈一二〇四〉八月四日条。実朝の拒否により実現せず）、これは義兼と頼朝の関係、義兼の妻が北条時政の娘であったことの二点によるものであろう。

そして、義兼以降尊氏にいたる鎌倉時代の足利氏当主七人は、全員が北条氏から妻を迎え、北条氏の娘が産んだ男子が無事成長した場合、その子が足利氏当主となっている。北条氏以外の女性を母とした当主は、父頼氏の妻となった佐介時盛《ときもり》（一一九七〜一二七七）の娘が男子を産まなかったらしい家時、金沢顕時《あきとき》（一二四八〜一三〇一）の娘が産んだ兄高義《たかよし》（一二九七〜一三一七）が早世した尊氏の二名だけである。このような家はほかにない。

しかも、義兼・義氏・泰氏と初期三代は連続して北条氏の嫡流である得宗家から妻を迎えており、得宗家との血縁がこれほど濃い家もほかにない。五代頼氏以降は北条氏庶家から妻を迎えるようになるが、足利氏に娘を嫁がせた佐介・常葉・金沢・赤橋の各家は、いずれも執権・連署・六波羅探題・引付頭人など幕府要職就任者を出す有力な庶家であった。

このような足利氏の家格の高さは、頼朝と足利義兼との姻戚関係に始まり、北条氏との代々の婚姻関係によって維持されたのである。つまり、鎌倉時代を通じての足利氏の家格の高さは、単に清和源氏《せいわげんじ》であったためではなく、頼朝との姻戚関係および北条氏との婚姻関係によるのである。

北条氏を外戚に持たない足利家時は、北条氏に警戒されて自害に追い込まれた、と通説では考えられている。だが、前述のごとく家時の叙爵・国守任官は非常に若い。例えば、得宗家とその傍流に次ぐ家格であった北条氏庶家の名門赤橋家の義宗《よしむね》（十九歳で六波羅北方探題就任。一二五三〜七七）は、家時の七歳上であるが、叙爵十六歳、駿河守《するがのかみ》任官二十五歳である。

北条氏・鎌倉幕府は足利氏の高い家格を認め、たとえ北条氏を母としない者であっても、足利氏の嫡子・当主となったなら、家格相応の待遇をしたことがわかる。北条氏をはじめとする幕府支配層の権威・権力の源泉は、彼らの家の歴史と伝統に裏打ちされた家格にあり、ゆえに他家の家格も認めなければならなかったのである。

足利家における尊氏の立場

尊氏に高義という異母兄があったことは近年特に注目され、高義についての研究が深まっている（清水：二〇一三）。金沢顕時の娘を母とする高義が父貞氏の嫡子、尊氏が庶子であったことは明らかである。

だが、高義は尊氏十三歳の文保《ぶんぽう》元年（一三一七）に二十一歳で早世した。尊氏は二年後の元応《げんおう》元年十月、十五歳で叙爵、治部大輔《じぶのたいふ》に任官している。

同母弟の直義が、嘉暦《かりゃく》元年(一三二六)に叙爵し兵部大輔《ひょうぶのたいふ》に任官していることから、尊氏は叙爵時点では貞氏嫡子の地位がまだ定まっておらず、嫡子確定は、子息の義詮が生まれた元徳《げんとく》二年(一三三〇)六月をそう遡らない時期との見解が近年出されている(清水:二〇一三)。

だが、義詮の母、すなわち尊氏の正室は赤橋家出身の登子《とうし》(一三〇六〜六五)であり、登子は尊氏の一歳下、義詮誕生時には二十五歳である。尊氏と登子の婚姻を義詮誕生の直前とすれば、登子の婚姻は二十代中ごろとなり、当時の女性の婚姻年齢としては遅すぎる。

例えば、北条時宗が安達義景《あだちよしかげ》(一二一〇〜五三)の娘(貞時の母。一二五二〜一三〇六)と婚姻したとき、時宗は十一歳、義景の娘は十歳である。前述のごとく、赤橋家は得宗家およびその傍流に次ぐ家格であり、登子が二十歳過ぎまで婚姻しなかったとは考えがたい。

また、直義の叙爵年齢は二十歳であり、これでも鎌倉末期の御家人としては十分に早く、足利氏の家格の高さを示すものではあるが、尊氏より五歳も遅い。尊氏との間に嫡庶の差があることは明白である。登子の兄赤橋守時《もりとき》(十六代執権。一二九五〜一三三三)の叙爵が十三歳であることを考慮すれば、尊氏の叙爵年齢は赤橋家嫡子に准ずるといえる。

私見では、尊氏は十五歳での叙爵時点で足利氏の嫡子に定められており、登子との婚姻も叙爵の前後と考える。

尊氏は祖父家時と同じく北条氏を母としなかったが、叙爵年齢や赤橋登子との婚姻からすれば、北条氏・鎌倉幕府の側は、家時同様に足利氏嫡子として処遇したということができる。尊氏が鎌倉幕府から離反した理由を、北条氏との関係の薄さに求める見解もあるが、足利氏の鎌倉幕府における地位はすでに安定しており、ことさらに強調すべきではない。

「足利氏源氏嫡流説」と「〝源氏将軍観〟高揚説」

前に記したように、足利尊氏が後醍醐に反逆した理由、そして武士たちが尊氏に従った理由の説明として（A）「鎌倉期足利氏の源氏嫡流説」というものがある。これに関連して（B）「鎌倉後期〝源氏将軍観〟高揚説」という説もある。

（A）説は源実朝暗殺で源氏将軍家が滅亡したあと、足利氏が源氏の嫡流と認識されていたとする説、（B）説は鎌倉後期に征夷大将軍は源氏（清和源氏、または頼朝の家系や足利氏を含めた清和源氏の一系統である河内《かわち》源氏）であるべきだという考えが高揚したとする説である。

前述のとおり（A）説は否定されつつあったが、近年、田中大喜《ひろき》は（B）説と結びつけることで、（A）説の復権を図った。

すなわち田中によれば、「武家の正統イデオロギーとして東国武士社会の中に根強く潜在していた」源氏将軍観が鎌倉後期に高揚したため、北条氏が足利氏を「源氏嫡流」と公認し、その足利氏を親王将軍の近臣とすることで「足利氏以外を源氏将軍に擁立しようとする動きを封じ込めようとした」というのである（田中：二〇一三）。

ところが二〇一六年、（A）（B）両説を否定する研究が発表された（鈴木：二〇一六「総論」）。その骨子は、以下の三点である。

①（A）説についての史料は、直接的にはもちろん間接的なものすら、鎌倉時代はおろか南北朝・室町時代にも存在せず、（A）説を記すのは戦国時代成立の『今川記《いまがわき》』『今川家譜《かふ》』である。戦国時代に作られた史料にある鎌倉時代の記事に信を置けないことは、言うまでもない。よって（A）説は否定される。

②「源氏の嫡流は滅亡した。だから、もういない」というのが、実朝暗殺後の鎌倉幕府・鎌倉時代武家社会での認識であった。

③（B）説に関する史料を再検討すると、ほとんどが清和源氏・河内源氏一般ではなく、源頼朝個人に関連づけられており、よって鎌倉後期に現れたのは、源氏将軍観

の高揚ではなく、源頼朝の権威上昇である。

この論述は歴史研究の基本に忠実であり、説得力がある。「史料は無いが、可能性はある」という主張は、歴史研究において禁じ手である。"No document, no history" (史料がなければ、歴史はない) という言葉を思い出すべきである。

本稿での検討と鈴木由美の見解を併せると、鎌倉時代における足利氏の立場は、「代々北条氏と婚姻関係を結び、鎌倉後期には北条氏の姻戚として北条氏有力庶家に匹敵する厚遇を受けたが、一方で源氏将軍家の一門とは周囲から意識されておらず、まして源氏嫡流には程遠い」といったところになろう。

鎌倉幕府滅亡時の尊氏の動向とその背景

尊氏二十七歳の元弘《げんこう》元年（一三三一）四月、後醍醐による二度目の倒幕計画「元弘の変」が発覚した（この事件から始まる戦乱を「元弘の乱」という）。

八月末、後醍醐は「三種の神器《じんぎ》」を奉じて内裏を脱出し、山城国笠置山《やましろのくにかさぎやま》の山頂にある笠置寺（京都府相楽郡《そうらく》笠置町）に籠城した。鎌倉幕府は九月二日、承久《じょうきゅう》の乱（一二二一年）の先例により、大仏貞直《おさらぎさだなお》（？〜一三三三）・金沢貞冬《さだふゆ》（ともに北条氏一門）、そして尊氏らを大将とする大軍の上洛を決定した。かくて尊氏は出陣した。

一方、西国《さいごく》では河内の楠木正成《くすのきまさしげ》（?～一三三六）らが、後醍醐方として挙兵した。九月二十八日に笠置は陥落し、後醍醐は脱出したものの三十日に捕らえられた。十月二十一日には正成が籠もっていた河内赤坂城も落ち、正成は行方知れずとなる。なおも一部で後醍醐方の抵抗は続いていたものの、戦乱は終結の方向に向かい、尊氏は十一月には鎌倉に帰還した。

このとき、朝廷は尊氏が暇乞《いとまご》いをしなかったこととともに「一門にあらざる」（北条氏ではない）ことを理由に馬を下賜《かし》しなかった（『花園《はなぞの》天皇日記』同月五日条）。足利氏は位階・官職面では北条氏有力庶家に准じられていたが、北条氏とは差別があったことがわかる。やはり足利氏を「源氏嫡流」と見るのには無理がある。

この点を捉えて、頼朝時代に比せば足利氏は家格を下げたということもできるが、これはむしろ得宗家をはじめとする北条氏の家格が上がったというべきであろう。実際、尊氏は元弘二年（一三三二）六月八日、従五位上に叙されたが、鎌倉幕府の急ぎの申請によるものであった（『花園天皇日記』同日条）。尊氏の出陣に鎌倉幕府はすみやかに報いたのである。

なお、尊氏の上洛が決まった直後の九月五日、病床にあった父貞氏が五十九歳で没しており、尊氏はこれ以後、足利氏第八代当主となったのである。

元弘二年三月七日、後醍醐は承久の乱における後鳥羽《ごとば》上皇（一一八〇～一二三九）の先例により隠岐《おき》に移された。だが、同年十一月、後醍醐の皇子護良《もりよし》親王（一三〇八〜三五）が吉野に挙兵し、これに呼応した楠木正成・赤松則村《あかまつのりむら》（一二七七〜一三五〇）らが蜂《ほう》起《き》して、畿内《きない》は再び戦乱状態となる。

翌元弘三年三月、尊氏は名越高家《なごえたかいえ》（北条氏一門。?〜一三三三）とともに幕府方の大将として再び上洛の途に就いた。そしてこの途中、後醍醐の綸旨《りんじ》（天皇の命令書）を受け、後醍醐方への寝返りを決意。尊氏らの攻撃により、五月九日、六波羅探題は滅亡した。一方、関東では五月八日、上野《こうずけ》で新田義貞が挙兵。これ以降、東国《とうごく》武士たちは続々と兵を挙げ、鎌倉を目指した。二十二日、鎌倉幕府は滅亡した。

近年指摘されていることであるが、尊氏が鎌倉幕府を見限った契機は、元弘元年の上洛にあったと推定される。このときの戦闘は比較的短期間に終息したが、畿内の状況、鎌倉幕府に公然と反抗する人々を実見した尊氏の脳裏には、「あるいは……」という思いがよぎったのではないか。そして翌年十一月、戦乱は再開された。

もし鎌倉幕府が滅びたならば、外部から見れば、ほとんど北条氏と一体化して繁栄してきた足利氏は、北条氏と運命をともにすることになる。「バスの乗り換えに遅れたなら、足利の家は滅びる」という危機感が尊氏を突き動かしたのではなかったか。

王朝貴族出身の上杉氏を母としたことも、尊氏の判断に影響したであろう。尊氏に鎌倉幕府からの寝返りを進言したのが伯父（母清子《せいし》〈?〜一三四二〉の兄）上杉憲房《うえすぎのりふさ》（?〜

一三三六）であったと『難太平記』が記す背景には、このような事情があったと考えられる。

建武政権で尊氏は、冷遇されたのか？

元弘三年（一三三三）六月に後醍醐天皇は帰京し、建武政権が始動した。

尊氏は同年中に従三位《じゅさんみ》に叙し、鎮守府将軍《ちんじゅふしょうぐん》・左兵衛督《さひょうえのかみ》・武蔵守《むさしのかみ》に任官。翌建武元年には正三位《しょうさんみ》・参議《さんぎ》となる。つまり尊氏は公卿《くぎょう》（従三位以上の上級貴族）となったのであり、鎌倉時代には夢想もできなかった立身を遂げた。

では権限はどうか。従来は『梅松論』の「尊氏なし」という記述などから、足利尊氏はその抜きんでた実力ゆえに後醍醐から警戒され、多くの恩賞を与えられながらも政権から疎外されたと考えられてきた。

この冷遇を尊氏離反の原因と考える説もあった。だが近年の研究により、尊氏は全国武士に対する軍事指揮権を与えられ、後醍醐の「侍大将《さむらいだいしょう》」ともいうべき地位にあったことが明らかにされた（本書の花田論考を参照）。

後醍醐は武士たちを卑しい「戎夷《じゅうい》」（獣のような野蛮人。後醍醐はかつて鎌倉幕府をこの言葉で呼び、「天下管領しかるべからず」〈天下を支配するなど、とんでもない〉と言ってのけている。『花園天皇日記』正中《しょうちゅう》元年〈一三二四〉十一月十四日条）と見なしており、後醍醐にとって尊氏は、いわば駒の一つであった。けれども、後醍醐が武士たちのなかで尊氏を最も厚遇していたことは確かであり、尊氏からすれば皇恩は身に余るほどであった。建武政権が安泰であれば、尊氏は後醍醐の「侍大将」に満足していたのではなかろうか。だが、周知のごとく後醍醐は失政を重ね、世は混乱に陥る。約三年の建武政権期（一三三三〜三六年）に北条与党《よとう》の乱を含めた反乱が二十五件に及ぶことは、混乱の深刻さを示して余りある。

尊氏は、なぜ征夷大将軍を望んだのか？

そして、先にも触れた中先代の乱が起こる。

尊氏が勅許のないまま建武二年（一三三五）八月二日に京を出陣したことは前述した。鎌倉奪還は十九日であり、わずか十八日で北条時行軍を退けている。進軍のスピードから尊氏の行軍は快進撃と思われがちだが、繰り返された時行方との合戦では尊氏方の有力武将が多数、負傷・討死《うちじに》しており、その熾烈《しれつ》さがわかる。

出陣に際し、尊氏は征夷大将軍・総追捕使《そうついぶし》への任官を求めている。いずれも源頼朝の就いた官職であり、ゆえに尊氏はこの時点で幕府再興の意志があったとする見解もある。

実際、後醍醐は尊氏の申請を却下し、征東《せいとう》将軍に任じている。後醍醐が尊氏の自立を警戒したことは認められる。しかし、尊氏がこの時点で幕府再興まで意図していたとは考えがたい。

建長《けんちょう》四年（一二五二）の宗尊《むねたか》親王（後嵯峨《ごさが》天皇の皇子。一二四二〜七四）任官以来、鎌倉将軍（征夷大将軍）は四代八十一年間（宗尊の王子惟康《これやす》〈一二六四〜一三二六〉が源氏を称した時期はあるものの）、皇子・皇孫《こうそん》の親王であった。鎌倉幕府滅亡時点（一三三三年）では、源氏将軍よりも親王将軍のほうが人々になじみ深い存在だったのである。

建武政権で征夷大将軍となったのも、後醍醐の皇子護良親王であった。護良の任官は八十余年続く先例に適《かな》い、しかも護良は倒幕を目指した元弘の乱（一三三一〜三三年）に際し軍勢を率いて戦っている。建武政権下でも護良は、尊氏と同じく、軍事力を権力基盤としていた。

むしろ幕府を開く可能性は、源氏の足利尊氏よりも、皇族の護良親王にあったといえよう。ゆえに護良は後醍醐に警戒され、失脚の憂き目に遭ったのである。

そして、後醍醐が尊氏の申請を拒否して征夷大将軍に任命したのは、北条時行に鎌倉を逐《お》われ西上中であった成良親王であった。当時、征夷大将軍は親王の任官する官職であり、尊氏の任官、ましてや幕府再興は、現代人が考えるよりはるかにハードルが高かったであろう。

尊氏は、戦いの勝利のみを目的に征夷大将軍任官を求めたのではないか（清水：二〇一三）。建武二年（一三三五）の時点で北条時行は十歳以下と推定されるが、北条義時《よしとき》

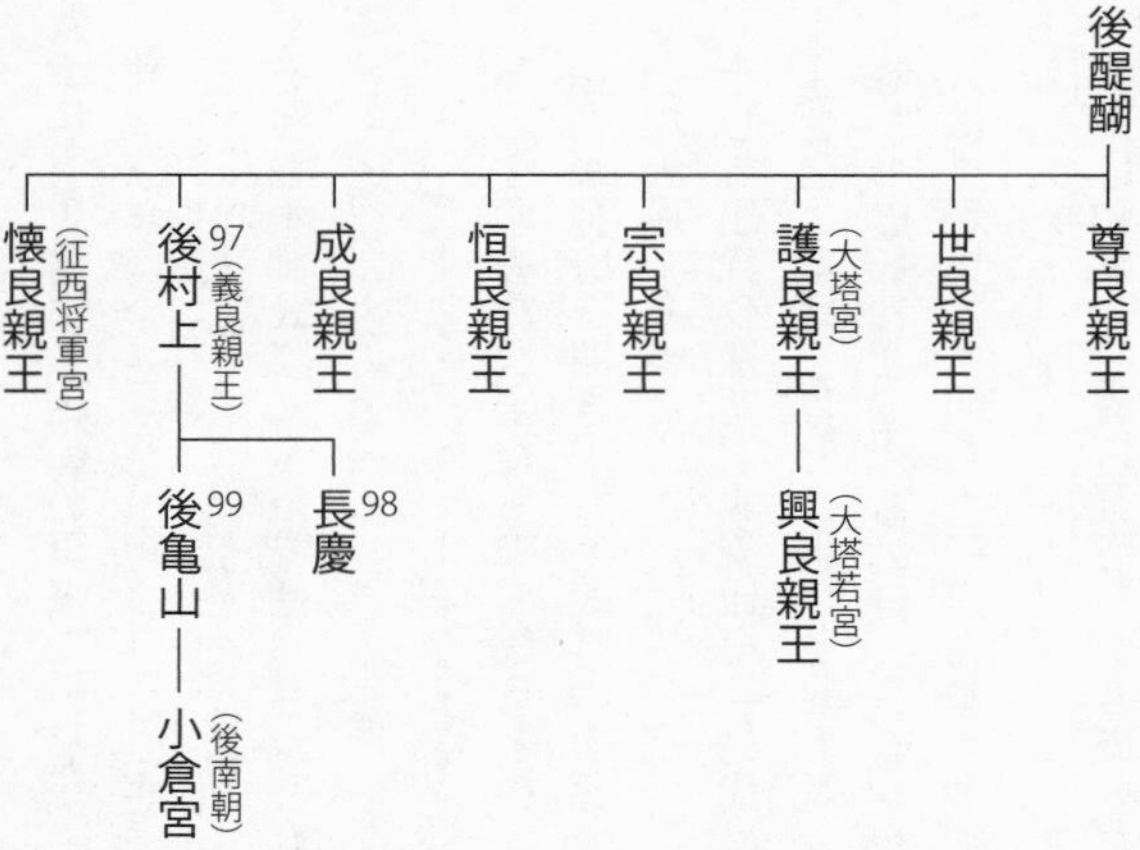

後醍醐の皇子・子孫たち。数字は天皇位の代数

（一一六三～一二二四）の承久の乱勝利以来、武家政権指導者の地位にありつづけてきた北条氏の権威を背負い、またたく間に鎌倉を制圧した時行に対抗しうる権威は、「征夷大将軍しかない」と尊氏は判断したのではなかったか。

鎌倉を制圧するため京都から東下した先例は、百五十五年前、治承四年（一一八〇）十月の平維盛《たいらのこれもり》（一一五七～八四？）である。そして維盛はほとんど戦わずして敗れ、京都へと撤退した。この世に言う富士川合戦は、『平家物語』などで広く知られていた。

「鎌倉を目指す自分を、東国武士たちが平維盛に見立てたなら、負ける」、この判断が尊氏に無理筋《むりすじ》な征夷大将軍任官申請をさせたのではなかろうか。

武士たちが尊氏を「頼朝の再来」にした

建武三年（一三三六）十一月に制定された尊氏による室町幕府樹立宣言『建武式目』の冒頭に、「なかんずく鎌倉郡は文治、右幕下《うばっか》はじめて武館《ぶかん》を構え、承久、義時朝臣《あそん》天下を幷呑《へいどん》す。武家においては、もっとも吉士《きちど》と謂《い》うべきか（なかでも鎌倉は文治年間に源頼朝公が初めて幕府を開き、承久年間に北条義時殿が天下を取られた。武士にとっては最も縁起のよい土地というべきである）」とある。

尊氏を含めた武士たちの、鎌倉という場所に対する意識がよく表されている。鎌倉は源頼朝が幕府を開き、北条義時の子孫である北条氏得宗が指導者として武家政権を守ってきた土地であった。

そして建武政権期、北条氏を「先代」と称する史料が現れ、南北朝期には北条時行が「中先代」、尊氏をはじめとする足利氏が「当御代《とうみだい》」と呼ばれるようになる。

時行と尊氏に共通するのは、元弘三年（一三三三）五月の鎌倉合戦とは異なり、この二人は誰が見ても明らかに実力によって鎌倉に入ったことである。かつての源頼朝のように。

ゆえに頼朝から鎌倉幕府を引き継いだ「先代」北条氏に対し、時行は「先代」と「当御代」の間の「中先代」、尊氏以降の足利氏は「当御代」と呼ばれることになったのであろう（鈴木：二〇一四）。尊氏は「源氏嫡流」なる血筋ではなく、実力と実績によって武士たちの支持を得たのである。

尊氏が鎌倉に入った三カ月後、建武二年（一三三五）十一月から、まだ征夷大将軍に正式に任官していない尊氏を「将軍家《しょうぐんけ》」と呼ぶ史料が出現する（同月二十八日付山内首《やまのうちす》藤通継《どうみちつぐ》譲状《ゆずりじょう》）。鎌倉末期に成立した幕府訴訟解説書『沙汰未練書《さたみれんしょ》』には、「将軍家」について「右大将家《うだいしょうけ》（源頼朝）以来代々関東（鎌倉幕府）政務の君の御《おん》ことなり」とある。鎌倉末期前後の武士たちにとって、「将軍家」は征夷大将軍を指す以前に、頼朝以来の武家政権の首長を意味していた（鈴木：二〇一四）。中先代の乱の激闘を制し鎌倉に入った尊氏の姿に、混迷を極めるこの時代の武士たちは、源頼朝の再来、自分たちの頼朝を見いだした。

足利氏の庶子に生まれた「八方美人で投げ出し屋」の尊氏は、弟直義をはじめとする足利家中の人々を含めた当時の武士たちによって、「将軍家」へと祭り上げられたのである。

〔主要参考文献〕

川合康「武家の天皇観」（同『鎌倉幕府成立史の研究』校倉書房、二〇〇四年、初出一九九五年）
佐藤進一『南北朝の動乱』（中央公論社、一九七四年、初出一九六五年）

清水克行『足利尊氏と関東』（吉川弘文館、二〇一三年）
鈴木由美「先代・中先代・当御代」（『日本歴史』七九〇号、二〇一四年）
同「「源氏の嫡流」と鎌倉期足利氏」（『ぶい&ぶい』二九号、二〇一六年）
田中大喜編著『下野足利氏』（戎光祥出版、二〇一三年、鎌倉時代の足利氏に関する主な先行研究を収録した論文集）
田中大喜『新田一族の中世』（吉川弘文館、二〇一五年）
細川重男『鎌倉幕府の滅亡』（吉川弘文館、二〇一一年）
峰岸純夫『足利尊氏と直義』（吉川弘文館、二〇〇九年）
峰岸純夫・江田郁夫編『足利尊氏』（戎光祥出版、二〇一六年）

第2部

南朝に仕えた武将たち

5 北条氏と南朝 鎌倉幕府滅亡後も、戦いつづけた北条一族

鈴木由美

北条与党の反乱

元弘《げんこう》三年(一三三三)五月二十二日、鎌倉幕府は新田義貞《にったよしさだ》(一三〇一~三八)率いる軍勢に鎌倉を攻め落とされ、滅亡した。

十四世紀後半ごろに成立した軍記物語『太平記《たいへいき》』によれば、得宗《とくそう》(鎌倉幕府の執権《しっけん》を務めた北条《ほうじょう》氏の家督《かとく》)、北条高時《たかとき》(一三〇三~三三)以下、北条氏の菩提寺《ぼだいじ》東勝寺《とうしょうじ》で自害した人々は、北条一族など合わせて八百七十三人、鎌倉中では六千余人という。

このとき、鎌倉幕府で執権・連署《れんしょ》や寄合衆《よりあいしゅう》などの要職を務め、権力を握っていた北条一族も、鎌倉幕府とともに滅亡したと思われがちだが、実はそうではない。

例えば、足利尊氏《あしかがたかうじ》(一三〇五~五八)の妻登子《とうし》(一三〇六~六五)は、鎌倉幕府の十六代執権赤橋《あかはし》(北条)守時《もりとき》(一二九五~一三三三)の妹であった。彼女が生んだ義詮《よしあきら》(一三三〇~六七)は、室町幕府二代将軍となっている。また、北条高時の母覚海円成《かくかいえんじょう》(大室

泰景《やすかげ》〈白河集古苑所蔵白河結城家文書所収「安達氏系図」〉の娘。?～一三四五）は、鎌倉幕府滅亡後に、北条氏の館のあった伊《い》豆《ず》韮山《にらやま》（静岡県伊豆の国市）に円成寺《えんじょうじ》を建立し、そこで一族の子女と暮らしたという。

僧侶となった北条一族の活動も確認できる。園城寺《おんじょうじ》の僧弁基《べんき》（名越《なごえ》〈北条〉宗基《むなもと》の子。一二九九～?）は、建武《けんむ》元年（一三三四）五月に覚助法親王《かくじょほっしんのう》（一二四七～一三三六）が行った祈禱《きとう》の伴僧《ばんそう》を務め、幕府滅亡後も園城寺で活動していたことがわかる（永井：二〇〇六）。

また赤橋守時・登子の兄弟にあたる時宝《じほう》は、元弘元年（一三三一）に東大寺《とうだいじ》の寺務代《じむだい》に就任したが、延元《えんげん》三年（暦応《りゃくおう》元〈一三三八〉）、再び寺務代となった（ただし、時宝の寺務代再任は、登子を通じた足利氏との関係を考慮する必要がある〈平：二〇〇〇〉）。

そして、鎌倉幕府滅亡後も、後醍醐《ごだいご》天皇（一二八八～一三三九）が樹立した建武政権や足利尊氏の室町幕府と戦いつづけた北条一族がいた。

北条一族と北条氏の被官《ひかん》（家臣）・被官の一族（以下、彼らを「北条与党」と称する）が起こした反乱は、反乱が起こった地域の自治体史では考察されているものの、個々の反乱それ自体や、北条与党の乱全体を考察した論考は少ない（北条与党の乱を考察した論考としては、奥富：一九八三、下山：二〇〇一、秋山：二〇一三などがある）。北条与党の乱のうち最大のものである中先代《なかせんだい》の乱《らん》（一三三五年）も、拙稿（鈴木：二〇〇七）までは専論はなかったといえる。

これは、北条与党の乱が、足利尊氏が建武政権から離反するきっかけとなった中先代の乱を除けば、散発的に発生して鎮圧され、その後の歴史にも影響を与えなかったと見なされたためであろう。

しかし拙稿〈鈴木：二〇一二・二〇一五〉で示したように、北条与党の乱は単に北条一族の残党が蜂起《ほうき》したものではなく、建武政権および足利氏に対する不満を持つ武士たちが、北条一族を擁立して起こした反乱という側面を持っていた。南北朝内乱史における北条与党の乱の影響を軽視すべきではなく、重要な研究対象として再評価する必要がある。

そこで本稿では、中先代の乱を起こした北条時行《ときゆき》（「時行」は「ときつら」と読んだ可能性もある〈鈴木：二〇一六〉。一三二九？〜五三）を中心に、鎌倉幕府滅亡後も戦いつづけた北条一族について述べたい。

各地で起きた建武政権への反乱

鎌倉幕府滅亡直後から、各地で建武政権に対する反乱が起こる。確実なものだけでも、そのうちの半数以上が北条与党による反乱であった。幕府滅亡から中先代の乱までに起こった北条与党の乱を、地域別に紹介する。

①奥州北部　元弘三年（一三三三）十二月に陸奥《むつ》大光寺《だいこうじ》楯《たて》（青森県平川市）で合戦が起こる。建武元年（一三三四）五月には陸奥石河楯（青森県弘前市）でも合戦があった。十一月には持寄《もちよせ》城（同前）に拠《よ》っていた名越時如《ときゆき》・安達《あだち》高景《たかかげ》が降伏した。降人のなかには、得宗被官（得宗の家臣）として著名な工藤《くどう》氏・曽我《そが》氏もいた。

②北九州　建武元年正月、鎮西探題《ちんぜいたんだい》金沢《かねさわ》（北条）政顕《まさあき》（一二六九〜?）の子で、最後の鎮西探題赤橋英時《ひでとき》（?〜一三三三）の猶子《ゆうし》（相続権のない養子）となった規矩《きく》高政《たかまさ》（?〜一三三四）が筑前帆柱《ちくぜんほばしら》城（福岡県北九州市八幡《やはた》西区）で、弟の糸田《いとだ》貞義《さだよし》（?〜一三三四）が筑後《ちくご》堀口《ほりぐち》城で挙兵した。この反乱は、同年七月に少弐頼尚《しょうによりひさ》（一二九四〜一三七一）らによって平定された。

③南関東　建武元年三月、北条一族の大仏《おさらぎ》氏の被官本間氏・得宗被官の渋谷氏が鎌倉へ攻め入ったが、渋川義季《しぶかわよしすえ》（一三一四〜三五）に撃退された。この反乱には北条一族も参加していたようだ。また、同年八月に江戸氏・葛西《かさい》氏が蜂起している。江戸氏も得宗被官であった（海津：一九九二）。蜂起した場所は不明であるが、武蔵《むさし》であろうか。

④日向　建武元年七月、北条一族の遠江掃部助三郎《とおとうみのかもんのすけさぶろう》らが島津荘日向方南郷《しまづのしょうひゅうがかたなんごう》（鹿児島県曽於《そお》市・宮崎県都城《みやこのじょう》市）で挙兵した。謀反人のなかには赤橋守時や名越高家《たかいえ》（?

～一三三三）の被官の名もみえる。

⑤紀伊　建武元年十月、佐々目《ささめ》僧正顕宝《けんぽう》が紀伊《きい》飯盛山《いいもりやま》（和歌山県紀の川市）で挙兵する。顕宝は金沢時雄《ときかつ》（?～一三〇四）の子で、東大寺西室院《にしむろいん》の院主《いんじゅ》（住持）であった（平：二〇〇〇、永井：二〇〇六）。翌建武二年正月には、飯盛山の大将六十谷《むそた》定尚《さだひさ》（?～一三三五）が討たれた。

⑥長門　建武二年正月、上野四郎入道《こうずけのしろうにゅうどう》、越後左近将監《えちごのさこんのしょうげん》入道らが長門《ながと》佐加利山《さかりやま》城（山口県下関市）で挙兵した。上野四郎入道は長門探題の北条時直《ときなお》（?～一三三三）の子、越後左近将監入道は、鎌倉幕府滅亡時に化粧坂《けわいざか》の守将だった金沢越後左近大夫将監に比定されている（永井：二〇〇六）。

⑦伊予　建武二年二月、赤橋宗時《むねとき》の子、駿河太郎重時《するがのたろうしげとき》が伊予《いよ》立烏帽子《たてえぼし》城（愛媛県松山市）で挙兵した。

⑧京　建武二年四月、北条一族の高安《たかやす》（?～一三三五）という者が、京にある毘沙門《びしゃもん》堂《どう》（京都府京都市上京区）に立て籠もった。楠木正成《くすのきまさしげ》（?～一三三六）が討伐に向かい、高安は自害したという。

①から⑧までの反乱はいずれも鎮圧されているが、「この城の敵は大変な強敵であり、京都中の心配はただ一つ、この城のことしかありません」（〈建武二年〉正月八日付日静《にちじょう》

書状、上総《かずさ》藻原寺《そうげんじ》所蔵金綱集《こんこうしゅう》第六巻裏書《うらがき》）とまで言われた⑤や、後述する中先代の乱など、北条一族が加担する反乱は大規模になる傾向があった。

不満を持つ武士たち

建武政権期（一三三三〜三六年）に起こった反乱の特徴の一つとして、「反乱はほとんどすべて、北条氏が守護職をもっていた国（日向・越後・紀伊・信濃・長門）、もしくは北条氏の旧領（陸奥）で発生している」と指摘されている（佐藤：二〇〇五、一〇六頁）。

これは事実であるが、北条氏はその内部で多くの家系（名越氏・赤橋氏・金沢氏など）に分かれている。同じ北条氏でも家系によって家格があり、就《つ》きうる幕府役職が異なっていた（細川：二〇〇〇）。

また、北条氏一門はその家系で相伝された守護職を保持し、独自の経済基盤としての所領も持つ。したがって北条氏一門は北条得宗家の一元的支配下にはなく、各家系で独自性を持っていたことが明らかにされている（石関：一九九四、秋山：二〇〇六）。北条氏という大枠ではなく、北条氏の各家系をそれぞれ別の家として捉える必要がある。

例えば、①の奥州北部には北条得宗家の所領があるが、名越氏の所領は確認できない。⑤の紀伊は極楽寺《ごくらくじ》流北条氏が守護であり、北条氏の所領はあるが金沢氏の所領は確認できない。⑦の伊予は宇都宮《うつのみや》氏が守護である。また伊予にも北条氏の所領はあるが、赤橋氏や赤橋氏が分かれた極楽寺流北条氏の所領は確認されていない。これら①⑤⑦は、北条一族が以前から権力基盤としていた地域の武士を煽動《せんどう》して起こした反乱とは見なせないであろう（なお、⑧は京の都で計画されたクーデター的要素がある）。

むしろ、建武政権に対して不満を持つ武士たちが、反乱を起こす際、大義名分を必要として、たとえその地域と関係性が薄かったとしても、北条氏を担いだものと考えられる。極端にいえば、北条一族なら誰でもよかったのである。

⑤の紀伊の反乱や中先代の乱は、前代の権力者である北条氏を担いだ結果、現状に不満を持つ武士が集結し、大規模な反乱になりえたものであろう。

「中先代の乱」の勃発

建武二年（一三三五）六月、鎌倉時代に代々関東申次《かんとうもうしつぎ》（朝廷と鎌倉幕府の交渉の際の窓口役）を務めていた西園寺公宗《さいおんじきんむね》（一三一〇～三五）らが、「太上天皇」を奉じ謀反を企てたとして捕らえられた（『小槻匡遠記《おづきただとおき》』同月二十二・二十六日条）。「太上天皇」は、鎌倉幕府と親しかった持明院統《じみょういんとう》（のちの北朝）の光厳上皇《こうごん》（一三一三～六四）を指すと考えられる（家永：二〇一六）。

『太平記』によれば、公宗は北条高時の弟泰家《やすいえ》を還俗《げんぞく》させて刑部少輔時興《ぎょうぶのしょうときおき》と名乗らせ、時興を「京都の大将」、北条時行を「関東の大将」、名越時兼《ときかね》（？～一三三五）を「北国の大将」として蜂起する計画であったという。

公宗の陰謀は未然に防がれたが、時行は諏訪頼重《すわよりしげ》（？〜一三三五）・時継《ときつぐ》（同前）父子らに擁され信濃《しなの》で挙兵した。時行は、同年七月十八日には上野へ侵攻し、諸所で足利直義《ただよし》（一三〇七〜五二）麾下《きか》の軍勢を破り、直義をも追い落として、同月二十四日に鎌倉へ入った（鈴木：二〇〇七）。

時行方には、北条一族や諏訪氏のような得宗被官だけではなく、千葉《ちば》氏など、東国武士の参加も確認できる。三浦時明《みうらときあき》や天野貞村《あまのさだむら》のように、建武政権に帰属していながら、建武政権に背き時行方に味方した者もいた。

時行の軍勢は、上野から鎌倉まで、新田義貞の鎌倉攻めより短期間で進軍しているから、破竹の進撃であったことがわかる。相当に大規模な軍勢となっていたことであろう。

機能する北条氏

足利尊氏は、時行討伐のために建武二年八月二日に京を出立した。時行方は尊氏と戦うために鎌倉から出陣する直前に大風に遭い、避難していた鎌倉大仏殿の倒壊に巻き込まれて兵五百余人が死んだという。

同月九日には遠江《とおとうみ》橋本（静岡県湖西《こさい》市）で足利方と時行方が合戦となる。以後十九日まで合戦が続いたが、時行方は負けつづけた。時行方も大仏殿の倒壊で打撃を被っての戦いであったが、足利方でも、足利氏庶流の今川頼国《いまがわよりくに》（?～一三三五）が討死するなどの損害が出ている。諏訪頼重・時継父子ら主立った者たち四十三人は、鎌倉の大御堂《おおみどう》（勝長寿院《しょうちょうじゅいん》）で自害し、時行は落ち延びた。

この時行の反乱は「高時以前を先代とし、尊氏を後の代として称する為」に「中先代の乱」と称されたという（田中義成：一九七九、一二三頁）。「中」とは、同じカテゴリで括《くく》られる三つのものの二番目を指す。時行が鎌倉を占領したのはわずか二十日間ほどであったが、実力で鎌倉を占拠したからこそ、先代＝北条氏や、当御代＝足利氏と同質のものと見なされ、両者の中間の「中先代」と呼ばれることになったものであろう（鈴木：二〇一四）。

西園寺公宗と北条泰家・時行が手を組んでいたことを示す同時代史料は、管見に入らない。しかし、実際に北陸でも八月ごろに争乱が起こっていた。また、捕らわれた公宗らは、足利尊氏が時行討伐のために京を出発した八月二日に誅《ちゅう》された。公宗の処刑は、時行の反乱を受けてのものと推測される。

鎌倉占領中に時行方が出した文書には、鎌倉幕府が擁立した持明院統の光厳天皇の代の年号、「正慶《しょうきょう》」が使われている（正慶四年〈建武二〉八月十二日付北条時行奉行人連署安堵状《あんどじょう》、相模明王院《さがみみょうおういん》所蔵法華堂文書《ほっけどうもんじょ》。同月十五日付三浦時明寄進状、相模鶴岡八幡宮《つるがおかはちまんぐう》文書）。西園寺公宗が持明院統の光厳上皇を奉じていたであろうことは前述した。時行方の正慶年号の使用も、持明院統を奉じるという意思表示ではないだろうか。謀反を企てた公宗が、北条泰家・時行と手を組んでいたという記述は『太平記』にしかみえないが、事実であったと考える。

　中先代の乱から半年後の延元元年（建武三〈一三三六〉）二月、北条泰家と目される「大夫四郎」らが信濃で蜂起し（同月二十三日付市河経助軍忠状《いちかわつねすけぐんちゅうじょう》、本間美術館所蔵市河文書）、三月には足利尊氏・直義が不在で手薄の鎌倉に攻め込んだ（鈴木：二〇一五）。「大夫四郎」らのその後は不明であるが、鎌倉を守る斯波《しば》家長《いえなが》（一三二一〜三七）らに撃退されたと考えられる。

　中先代の乱での敗北からわずか半年ほどで、なぜ「大夫四郎」らは再び信濃から鎌倉まで攻め込めるだけの勢力を結集できたのか。先にも触れたが、「大夫四郎」らの蜂起もまた、挙兵に参加した武士たちの、建武政権や足利氏に対する不満を解消するためという側面があり、不満を持った武士たちを糾合しうる権威として、北条氏が機能したことを意味するのであろう。

北条一族の心情

　中先代の乱で敗れた北条時行はその後、南朝に帰順している。時期は確定しないが、『太平記』によれば延元二年（建武四〈一三三七〉）以前である。

延元二年以前にも、北条一族らしき人物が南朝方に属して戦っていた。延元元年八月、新田義貞方の大将として捕らえられ誅された越後松寿丸《しょうじゅまる》（?～一三三六）は、その名乗りから最後の六波羅《ろくはら》探題北方の普恩寺《ふおんじ》（北条）仲時《なかとき》（官途《かんと》は越後守。一三〇六～三三）の子松寿の可能性がある（鈴木：二〇〇七）。

時行にすれば、中先代の乱で奉じようとした持明院統（北朝）と対立する大覚寺統《だいかくじ》（南朝）と手を結んだことになる。なぜ、時行や北条一族は、鎌倉幕府を滅ぼし、自らの一族を死に追いやった南朝に帰順したのだろうか。

『太平記』によると、時行が後醍醐天皇に帰順を申し出た際、父の北条高時が滅ぼされたのは高時に非があるためで、後醍醐天皇のことはまったく恨んでいないとし、さらに次のように言う。

足利尊氏が今あるのは、ひとえに我が北条家が寛大な心で厚い恩恵を与えたがためです。それなのに、尊氏は恩を受けながら恩を忘れ、帝《みかど》が治める世にありながら、帝に背きました。そのはなはだしく人の道に反し道理を忘れた行いは、世間が憎み、人が後ろ指をさすところです。これにより、我が一族はすべて他の者を敵とはせず、皆等しく尊氏と弟直義に対して恨みを晴らしたいと思っております。

もちろん、これは『太平記』の作者が時行に仮託して言わせた台詞《せりふ》である。しかし、この台詞は、時行や北条一族の心情を言い当てているのではないだろうか。

佐藤進一は、中先代の乱のとき、女影原《おなかげはら》（埼玉県日高市）の合戦で敗れた渋川義季が、新参の家臣を逃がそうとしたところ、家臣は「弓矢の道に譜代も新参もない」として自害したという話を紹介し、注目すべき点を次のように指摘している（佐藤：二〇〇五、一二二頁）。

主従の関係には譜代と新参の別がある、新参は譜代のように主人と死をともにする必要はないという武士社会の通念と、いや弓矢の道に譜代・新参の別はあるべきではないという倫理との対立がある。

逆にいえば、この当時には、譜代の家来は主人と死をともにするものだという武士社会の通念があった、ということになる。

鎌倉時代の足利氏は将軍に仕える御家人であり、北条氏と立場は同じである。足利氏は北条氏の家来ではない。だが北条氏の側には、代々の足利氏の嫡子に得宗の名前の一字を与え、北条氏の娘を嫁がせるなど、足利氏を優遇してきたという意識があったのではないか。その足利氏が裏切ったことこそが、なによりも許せなかったのではないだろうか。

　のちに時行は、鎌倉幕府を滅ぼした新田義貞の子息義興《よしおき》（一三三一～五八）・義宗《よしむね》（？～一三六八）と行動をともにしている。義貞の鎌倉攻めが、足利尊氏の指示に基づいた行動であったこと（田中大喜・二〇一五）が周知の事実だったからであろう。

南朝に帰順した北条一族

　南朝に帰順した北条時行の動向を『太平記』でみると、延元二年（建武四〈一三三七〉）、時行は奥州から上洛する北畠顕家《きたばたけあきいえ》（一三一八～三八）の軍に呼応して伊豆で挙兵、五千余騎で足柄《あしがら》（神奈川県南足柄市）・箱根《はこね》（神奈川県足柄下郡箱根町）に陣取った。新田徳寿丸《とくじゅまる》（義興）も上野で起《た》ち、二万余騎で武蔵に軍を進めた。

　顕家軍は合わせて十万余騎で、十二月二十八日に鎌倉を攻め落とした（『鶴岡社務記録《つるがおかしゃむきろく》』は同月二十三日とする）。顕家方の軍勢の数が『太平記』のとおりであったかは不明であるが、鎌倉を守る斯波家長が討死するほどの激戦であったことは確かである。これが時行にとって二度目の鎌倉入りとなる。

　翌延元三年（暦応元）正月二日、顕家軍は鎌倉を出て京へ向かう（『鶴岡社務記録』）。同月二十八日には、顕家軍は美濃青野原《みのあおのがはら》（岐阜県大垣市）で高師冬《こうのもろふゆ》（？～一三五一）・土岐頼遠《ときよりとお》（？～一三四二）らの軍と戦い、これを打ち破ったが、転戦を重ねたのちの五月二十二日に、顕家は和泉《いずみ》石津《いしづ》（大阪府堺市）で討死する。時行はこの敗戦からは逃れている。

同年九月、後醍醐天皇の皇子義良《のりよし》親王（のちの後村上天皇。一三二八〜六八）・宗良《むねよし》親王（一三一一〜？）・北畠親房《ちかふさ》（一二九三〜一三五四）・結城《ゆうき》宗広《むねひろ》（？〜一三三八）らの一行は、船で伊勢大湊《いせおおみなと》（三重県伊勢市）を出港した。義良親王を陸奥へ、宗良親王を遠江へ派遣し、各地方に南朝の根拠地を築くという計画であった。この船団に時行も加わっていたという。

だが、船団は暴風雨に遭い、宗良親王と北畠親房は目的地に到着できたが、義良親王の船は伊勢へと吹き戻されてしまう。『参考太平記』（元禄《げんろく》二年〈一六八九〉に成立した、徳川光圀《みつくに》の命で『太平記』の諸本を校訂・注釈した書）は、時行は宗良親王の船団に属していて、遠江井伊《いい》城（静岡県浜松市北区）に入ったとする。

このころ、時行以外の北条一族も、南朝方として戦っていた。延元三年正月、鎌倉幕府十三代執権の普恩寺基時《もととき》（一二八六〜一三三三）の孫で、普恩寺仲時の子友時《ともとき》（？〜一三三九）とされる「先代余類普音寺入道孫子」が、上総土気《とけ》郡（千葉市緑区・千葉県大網白里市）で挙兵した（同月五日付標葉《しねは》隆光《たかみつ》軍忠状写、室原《むろはら》家伝来中世文書。岡田：二〇一〇、泉田：二〇一五）。翌延元四年正月、伊豆仁科《にしな》城（静岡県賀茂《かも》郡西伊豆町）で蜂起し二月に処刑された「普薗寺左馬助《さまのすけ》」（『鶴岡社務記録』同月条）も友時であろう（岡田：二〇一〇、泉田：二〇一五)。

　延元四年(暦応二)三月には、北条一族の越後五郎が、南部政長《なんぶまさなが》(?〜一三六〇)らと陸奥大光寺外楯を攻め落とし、三カ月も戦いつづけている(暦応二年五月二十日付曽我貞光軍忠状、南部光徹氏所蔵遠野南部家文書)。

　興国《こうこく》二年(暦応四〈一三四一〉)六月、北条一族と推定される武蔵三郎が捕らえられる(『鶴岡社務記録』同月十一日条)。武蔵府中(東京都府中市)・鎌倉に攻め入る計画が発覚したためであった。七月には、北条一族の越後左近大夫政継《まさつぐ》も武蔵で捕らえられた(『鶴岡社務記録』同月六日条)。同じ計画に加わっていたものであろう。

　正平《しょうへい》五年(観応《かんのう》元〈一三五〇〉)六月、安芸《あき》守護武田《たけだ》氏信《うじのぶ》(一三一一〜八〇)らと安芸吉田荘《よしだのしょう》(広島県安芸高田市)で戦った大将は、「先代一族」相模治部権少輔《さがみのじぶのごんのしょう》であった(同年七月日付周防親長《すおうちかなが》軍忠状、周防吉川《きっかわ》家文書)。相模治部権少輔・毛利親衡《もうりちかひら》(?〜一三七五)らは敗れて寺原《てらばら》城(広島県山県《やまがた》郡北広島町)・与谷《よたに》城(同前)へ逃れ立て籠もるが、両城とも落城している。

三度目の鎌倉入り

　正平三年(貞和《じょうわ》四〈一三四八〉)ごろから、室町幕府の内部抗争(足利尊氏・尊氏の執事《しつじ》高師直《こうのもろなお》〈?〜一三五一〉派と尊氏の弟直義派の対立)とそれにともなう内乱、観応の擾乱《じょうらん》

（〜一三五二年）が起こった。

事態を有利に運ぶため、最初に直義が、その後、尊氏が南朝と講和する（正平の一統。一三五一・五二年）。この状況を利用して、南朝方は京・鎌倉を同時制圧すべく軍事行動を起こす。南朝方は、正平七年（一三五二）閏《うるう》二月二十日に京を制圧した。

一方、鎌倉を奪還すべく、同月十五日に新田義興・義宗らが上野で挙兵する。諏訪氏以下の信濃の軍勢も宗良親王を奉じて挙兵した。二十日、新田軍と足利軍は武蔵人見原《ひとみはら》（東京都府中市）・金井原《かないばら》（東京都小金井《こがねい》市）で戦い、新田軍は敗れた。同日、義宗と別ルートをとった義興は、いとこの脇屋義治《わきやよしはる》（一三三一〜？）と鎌倉へ入った（盛本：二〇一五）。義興とともに、時行も鎌倉に入っている（『鶴岡社務記録』同日条）。これが、時行にとって三度目にして最後の鎌倉入りとなった。

義興と時行は閏二月二十二日に鎌倉を出て、相模三浦（神奈川県三浦半島）へ向かった。二十八日には、鎌倉に入っていた尊氏の将石塔義基《いしどうよしもと》らの軍と三浦高通《たかみち》・義興軍が戦い、義興らが勝っている。義興と時行が三浦へ行った理由は、援軍を頼むためであろう。時行が、いつまで義興と一緒に行動していたかは不明である。

同月二十八日、宗良親王や新田義宗は足利尊氏の軍と武蔵小手指原《こてさしがはら》（埼玉県所沢市）などで戦ったが敗れる。尊氏は鎌倉を取り戻した。

同年三月十五日には、京を占領していた南朝方も退き、足利義詮は京都を奪還した。

南朝の京・鎌倉の同時占領も、わずかな期間のことであった。

幕府滅亡から二十年、北条時行の最期

以上、北条時行を中心に北条一族の動向を見てきた。

鎌倉幕府が滅亡した元弘三年（一三三三）から二十年近く、敵ともいえる南朝と手を組んでまで、彼らは戦いつづけた。北条一族の足利氏に対する恨みが原動力となったこともあるが、当時、前代の権力者として、「先代一族」などと特記される北条一族を支持し利用する勢力があったことも、考慮する必要があるだろう。

三度目の鎌倉入りから一年余りのちの正平八年（文和《ぶんな》二〈一三五三〉）五月二十日、北条時行は鎌倉の刑場龍《たつ》ノ口《くち》で処刑された（『鶴岡社務記録』同日条）。年齢は二十代半ばと考えられる。

時行と一緒に、長崎駿河《するが》四郎・工藤二郎も処刑されている。得宗被官の長崎氏・工藤氏の一族と推定される彼らは、北条得宗家の生き残りである時行と最後まで行動をともにしたのだ。

時行が処刑された五月二十日の二日後は、鎌倉幕府滅亡から二十年目となる日であった。

〔主要参考文献〕

秋山哲雄『北条氏権力と都市鎌倉』(吉川弘文館、二〇〇六年)
同『鎌倉幕府滅亡と北条氏一族』(吉川弘文館、二〇一三年)
家永遵嗣「光厳上皇の皇位継承戦略と室町幕府」(桃崎有一郎・山田邦和編『室町政権の首府構想と京都——室町・北山・東山』文理閣、二〇一六年)
石関真弓「得宗と北条氏一門——得宗専制政治の再検討のために」(『神戸大学史学年報』九号、一九九四年)
泉田邦彦「鎌倉末・南北朝期の標葉室原氏——新出史料 海東家文書の『「室原家伝来中世文書」の考察』」(『相馬郷土』三〇号、二〇一五年)
岡田清一「近世のなかに発見された中世——中世標葉氏の基礎的考察」(『東北福祉大学研究紀要』三四巻、二〇一〇年)
奥富敬之『鎌倉北條一族』(新人物往来社、一九八三年)
海津一朗「14世紀東国における〈直轄領〉形成過程について——1991年度歴研大会・山田邦明報告の評価をめぐって」(『歴史学研究』六三一号、一九九二年)
佐藤進一『南北朝の動乱』(中央公論新社、二〇〇五年、初版中央公論社、一九六五年)
下山忍「各地で建武政権に反乱」(『北条一族』別冊歴史読本六二〈二六巻一号〉、二〇〇一年)
鈴木由美「中先代の乱に関する基礎的考察」(阿部猛編『中世の支配と民衆』同成社、二〇〇七年)
同「建武政権期における反乱——北条与党の乱を中心に」(『日本社会史研究』一〇〇号、二〇一二年)

同「先代・中先代・当御代」(『日本歴史』七九〇号、二〇一四年)
同「建武三年三月の「鎌倉合戦」――東国における北条与党の乱の事例として」(『古文書研究』七九号、二〇一五年)
同「北条時行の名前について」(日本史史料研究会編『日本史のまめまめしい知識』一巻、岩田書院、二〇一六年)
平雅行「鎌倉山門派の成立と展開」(『大阪大学大学院文学研究科紀要』四〇巻、二〇〇〇年)
田中大喜『新田一族の中世――「武家の棟梁」への道』(吉川弘文館、二〇一五年)
田中義成『南北朝時代史』(講談社、一九七九年、初版明治書院、一九二二年)
永井晋『金沢北条氏の研究』(八木書店、二〇〇六年)
細川重男『鎌倉政権得宗専制論』(吉川弘文館、二〇〇〇年)
盛本昌広「南北朝期東国における石塔氏の動向」(伊東市史編さん委員会編『伊東の今・昔――伊東市史研究第11号』伊東市教育委員会、二〇一五年)

6 新田氏と南朝 新田義貞は、足利尊氏と並ぶ「源家嫡流」だったのか？

谷口雄太

名将論、愚将論を超えて

新田義貞《にったよしさだ》（？〜一三三八）については、古くから多くの人々が言及しており、彼の実態はほぼ明らかにされているといってもよい。そして、またその多くが義貞は名将か愚将かといった類《たぐい》の「新田義貞論」にまで踏み込んでおり、彼の評価も実にさまざまである。

こうした現状に対して、新たに付け加えられそうな事実など、筆者は特には持ち合わせていないし、ましてや人物論など展開できるわけもない。したがって、本稿では義貞の動きを詳述することや、義貞論を繰り広げることなどはいっさいしない。

それにかわって、本稿ではこれまで数多くの義貞論が語られてきたその裏で、ほとんど語られてはこなかったことに触れたいと思う。

それは、あるフランスの哲学者が述べたように、「人間の思考のなかで重要なのは、彼らが考えたことよりも、むしろ彼らによって考えられなかったことのほう」（フーコー：一九六三）だと思われるからである。

本稿の見取り図を先に述べておく。

「【一】新田義貞論の系譜」では、名将か愚将かといった類の義貞論を現在から過去へと遡《さかのぼ》りつつ、歴史的に俯瞰《ふかん》・整理する作業を行ってみたい。いわば「『義貞論』論」を展開するわけだ。結果、義貞論は時代によって揺れはあるものの、総じて『太平記』（十四世紀後半に成立したとされる軍記物）を、どう解釈するかの問題にすぎないこと、換言すれば、義貞論は『太平記』の掌《てのひら》の上で遊ばされていることを指摘する。

「【二】新田氏と足利《あしかが》氏」では、『太平記』が我々の歴史認識に今なお重大な影響を与えつづけていることを確認すべく、新田は足利とは違う一族で、足利と同格の「源家嫡流《げんけちゃく》《りゅう》」だったといった類の常識を検証する。結果、新田は足利と同格ではないどころか、初めから足利一門（足利庶流）として存在していたことを指摘する。

では、さっそく本論に入ろう。

【一】新田義貞論の系譜――変貌する義貞像と『太平記』

ここでは、現代から過去に遡及していくかたちで各時代の「新田義貞論」を眺望する。

〈1〉現代から戦後へ遡る――「悲運」の武将

「義貞の人物論については、戦前の「南朝の大忠臣」「英雄」「勇将」から一転して戦後の「凡将」「愚将」という厳しい扱いに転換している」。これは、峰岸純夫《みねぎしすみお》が述べたものであるが（峰岸：二〇〇五）、こうした理解（戦前の高評価、戦後の低評価）はよく知られているところであろう。

戦後の低評価に対して峰岸は、「義貞は時代遅れの凡将・愚将か」と問うたうえで、「南朝方という一本の筋を通した「愚直」ともいえる義貞の生涯に対する親近感」（同前）を表明するのだが、このように近年は義貞の再評価が進展している。

こうした潮流はほかにも確認できる。例えば、飯倉晴武は「敗戦後は一転して無意味な武士として、さらに足利尊氏《たかうじ》と比べて無能なものとしてしか扱われなくな」り、「無能な、暗愚な武将だったという評価がある」が、「はたしてそうだろうか」と問い、「彼を無能・弱将ときめつけるだけではならない」と義貞を擁護している（飯倉：一九九七）。また、伊禮《いれい》正雄も「戦後の日本で最もその評判の落ちた一人は、疑ひもなく新田義貞であらう（略）戦後は、時勢を見据《みす》ゑることのできない凡庸な人間・実力以上に買ひ被《かぶ》られたために没落した人物として（略）憫笑《びんしょう》を買ふに至った」が、「義貞はそれほど暗愚であったらうか」と述べ、「政治上の結果論的な成功失敗が、二人（尊氏・義貞―引用者註）を比較する」として、「彼は文字通り「悲運」の武将と言ってよいであらう」と同情している（伊禮：一九九二）。

このように、どれも、足利尊氏（一三〇五〜五八）と比べて劣っている（時代遅れである）と見なされてきた義貞の汚名返上を図っているわけで、現在では彼を時代遅れの愚将とする理解は薄れている。

とはいえ、いずれも積極的に名将と言い切るまでにはいたっておらず、あくまでも「悲運の武将」に対する同情や擁護といった再評価にとどまっているように感じられる。

この点、作家の新田次郎の「戦後になって足利尊氏が賊軍から解放され、尊氏こそ偉大なる武将であったというような説が流行し始めると、その尊氏と比較して、義貞は凡庸な武将だとしてあっさり片付けてしまう人たちが意外に多くなった。私はそのような風潮を苦々しく思っていた」との発言（新田次郎：一九七八）なども、そうした一部だろう。

ただし、ここで注意すべきは、各氏の評価の根拠である。

それらを見ると、例えば、峰岸が戦後の低評価を批判した際、「これらの見解の基礎になっているものは（略）『太平記』の記述である」（峰岸：二〇〇五）として先行研究の『太平記』理解に反発し、新たに『太平記』を解釈しなおしたように、低評価であれ、再評価であれ、基本的には『太平記』に論拠のあることがわかる。

すなわち、『太平記』をどう読むか、これが義貞論を読み解くうえでの重要な鍵となってくるのである。

〈2〉戦前から近世へ遡る――「楠公なかりせば」

つづけて、『太平記』の影響に着目しつつ、戦前から近世に遡って新田義貞論を確認しよう。

前項で見たように、戦前、義貞は「南朝の大忠臣」として評価されていたとしばしばいわれる。とりわけ、その高評価は「楠木正成《くすのきまさしげ》と並ぶ」(峰岸：二〇〇五)とまでいわれている。だが、この見解は正しいのだろうか。

結論からいうと、それは必ずしも正しいとはいえない。正確には、楠木正成(?～一三三六)と並んでなどおらず、並ばせんとする努力を関係者らが必死につづけていたのである。要するに、必ずしも絶対的な高評価とはいえないそのなかで、義貞の再評価は進められていたのである。

ここでは「戦前の研究を代表する著作」「集大成」(山本：二〇〇五)と評される、①和島芳男『建武中興と新田義貞公』(桜雲閣、一九三七年)、②千々和實《ちぢわみのる》『新田義貞公根本史料』(群馬県教育会、一九四二年)、③藤田精一『新田氏研究』(雄山閣、一九三八年)を見よう。

①は「大楠公《だいなんこう》六百年祭の盛典を目のあたりに見、今さら楠公の遺徳を瞻仰《せんぎょう》するとともに、この楠公と同じく神戸に由縁がありながら、あまりにも世人に忘れられてゐる新田義貞一族の忠烈を想ひ、ひそかに義憤をさへ感じ」たことを研究の動機としている。

②は「『楠公は金なり。新田公は銀なり』とは最近筆者が巷間《こうかん》に得た評語である」と述べたうえで、「斯《か》く後世《こうせい》国民をして両公評価に大きな差異あらしめた根本理由は何であらうか」と問い、その「第一根本理由」を「両公に関して其《そ》の当時の諸書の主観的記述が大いに相異する事」と結論する。

具体的には、主として『太平記』の記述に基づいた、義貞の挙兵動機を、必ずしも天皇への大義に覚醒しての行為ではない（恣《し》慾《よく》を図る行為・幕府再興への野心的行為）とする説や、女性（勾当内侍《こうとうのないし》。義貞の妻）に迷って勝つべき戦機を逸したとの説を紹介し、それらを「直《ただ》ちに其のまま信じてはならぬ」と批判。

それに対して、「精忠《せいちゅう》の権化《ごんげ》であり、忠烈無比と云はねばならない」との圧倒的な高評価が下され、「簡潔に云へば楠公なかりせば新田公は少くとももつと高く世人に評価されてゐると思はれる」といった、不穏な発言まで飛び出してくるのである。

③は「近時《きんじ》史学者中に（略）義貞は、元弘《げんこう》動乱の好機に乗じ、家名発揚の目的・観念を以《もっ》て挙兵せりと認め（略）（足利と―引用者註）同様の心術を懐《いだ》きしものとして観察するの説」や「一婦人を顧眄《こじつ》して、賊虜殲滅《ぞくりょせんめつ》の機会を失したりと難じ」る説があるとする。

そのうえで、それらを「死角論」「道徳的死角論」と一括し、「新田氏勤王の志業は、久しく史界の死角に入れり」と批判。さらにそうした死角論の系譜を辿《たど》っていくことで、「新田氏の志業を死角内に葬り初めたるは、太平記実にその元を為《な》したりと謂《い》ふべし」との重要な結論が導き出される。

このように、戦前の義貞論は、主として『太平記』を読みなおす作業をとおして、正成に劣らぬ「勤王の士」として義貞を評価していくことに力点があった。

こうした義貞を勤王の士とする議論は、言うまでもなく近世に端を発する。すなわち、水戸藩を嚆矢《こうし》とする「南朝正統論」の展開である。

しかし、そこでもまた『太平記』の記述に基づいて、正成のほうが義貞よりも高い評価を得ていくわけである。そして、そのような評価を下した林鵞峰《はやしがほう》（儒学者）・新井《あらい》白《はく》石《せき》（儒学者）・馬場信意《のぶのり》（軍記作者）・中井履《り》軒《けん》（儒学者）・頼山陽《らいさんよう》（儒学者）・安積《あさか》艮斎《ごんさい》（儒学者）などといった面々が、後世、先述した近代史家らによって指弾されるのである。

つまり、「義貞に対する評価が常に不安定になる原因は、結局『太平記』にある」わけである（青柳：一九九二）。

〈3〉『太平記』の中の新田義貞——賞賛と批判

最後に、『太平記』の新田義貞像を確認しよう。これについては、すでに国文学方面で研究蓄積が存在している。

例えば、鈴木登美恵《とみえ》は『太平記』が「新田の人々の武勇智略を述べた箇所は枚挙に暇《いとま》がな」く、「足利氏とは比較にならぬほど、武勇智略を賞讃」する一方で、「恋に溺れたこと」「軍議に時を移して戦機を逸したこと」などに対しては、「その批判はかなり痛烈である」と指摘している（鈴木：一九五八）。

また、中西達治も『太平記』の描く義貞像に関して「もう一つすっきりしない」「印象が散漫」「中途半端」と述べている（中西：一九八〇）。

このように、『太平記』は義貞を多面的な人物として描いているのであって、一義的にその人物像を決定することは不可能である。逆にいえば、光の当て方によって、「勤王の士」（「君の股肱《ここう》」）、「野心の輩《ともがら》」（「僅《わずか》に一身をたてん」）、「名将」（「名将の義貞」）、「愚将」（「傾城傾国《けいせいけいこく》の謂《いわれ》」「新田殿の長僉議《せんぎ》」）とも、はたまた「悲運の武将」（「不運の至《いたり》」「運の極《きわみ》」）などとも、なんとでもいえてしまうわけである（神宮徴古館本『太平記』）。

近年は、勤王の士か野心の輩か、名将か愚将か、といった議論は全体として後景に退き（「顕彰」ではなく「検証」を本分とする実証史学において、それはけっして悪いことではない）、悲運の武将に対する同情や擁護といった評価が、目立っているように感じられる。とはいえ、それとて『太平記』から自由ではないのであるが。

このように、既往の義貞論は、いずれも『太平記』の掌の上で遊んでいるにすぎないのである。なお、直近、一次史料から「南朝忠臣史観」を批判する亀田俊和が、「義貞忠臣観」にも疑義を呈している（亀田：二〇一四）。亀田の指摘も『太平記』に依拠してきた既存の義貞論を批判するものとして受け止めたい。

以上のように、『太平記』の紡ぎ出す物語・視点（『太平記』史観）に、我々は今なお強く拘束されているということ、そのことを次に別の角度から見ていくことにしたいと思う。

【二】新田氏と足利氏――『太平記』史観を超えて

ここでは、我々がいかに『太平記』史観に拘束されているかを確認すべく、以下の常識を再検証する。俎上《そじょう》に載せるのは、先に触れたように、新田は足利とは違う一族で、足利と同格の「源家嫡流」だったといった類の常識である。

この（新田を足利と同格・比較可能な存在と見なしてしまう）思い込み・刷り込みこそ、すでに見た（特に戦後期の、足利と比べ劣っているとの）「新田愚将観」を生んだ元凶だったとも考えられるからである。

〈1〉新田氏は、足利氏と同格なのか？——虚像としての「源家嫡流」新田氏

「源家嫡流の名家」。これは、『太平記』が語る新田の立場である。一方、足利については「源家累葉《るいよう》の貴族」と語っており、以後『太平記』において、両者は「新田・足利確執」を迎えていくことになる（神宮徴古館本『太平記』）。

このように、『太平記』は新田・足利を同格の存在として描いており、「これ（新田義貞）は官軍（建武政権軍）の惣大将として、新田の家嫡（惣領）なり。かれ（足利尊氏）は武家の上将として、足利の正統なり。されば、名と云ひ、家と云ひ、互《たが》ひに相《あい》争ふべき器《うつわ》（競い合う互角の武将）なり」（西源院本『太平記』、括弧内引用者補足）としているのが象徴的である。

こうした理解は、今なお広く人口に膾炙《かいしゃ》しているものと思われる。

ところが、これがまったくの虚像（フィクション）であったことも、すでに研究上で指摘されて久しい。

例えば、国文学研究では、戦前に横山英《ひで》が「太平記の作者が（略）楠公に関する記述に全く敬語を用ゐていない。之《これ》に反して足利高氏《たかうじ》には甚《はなは》だ丁寧な敬語を用ゐている。新田義貞にも用ゐている」ことを明らかにした（横山：一九四一）。

これを受けて戦後に、鈴木登美恵も「新田・足利両家を武士の棟梁《とうりょう》たるべき資格を有する高貴な氏族とする太平記の執筆態度は終始一貫している」ことを確認したうえで、

以下のようにいう。

すなわち、「しかしながら、この、太平記に於《お》ける新田・足利の位置付けは、当時の社会一般の通念ではなかった」「したがって、『源家嫡流ノ名家』に生れながら北条氏のために不遇な立場に置かれていたことを強調されて登場する義貞の姿には、潤色が加わっていると見なければならない。そこには、彼を悲劇的英雄として形象するための用意が認められるのである」と（鈴木：一九六七）。

鈴木は別稿でより率直に「新田義貞を、『太平記』は、「源家嫡流の名家」として描出するのであるが、これは、『太平記』作者の政治的・思想的立場を意味するものと見るより、まず、文学的虚構の問題として把握すべきであろう」と指摘している（鈴木：一九八〇）。

同様に、歴史学研究でも、戦前に三浦周行《ひろゆき》が「抑《そもそも》新田、足利両家の分派する当初より、斯《こ》ういふ形勢（足利が嫡流で、新田が庶流という─引用者註）を馴致《じゅんち》したものと認めた方が宜《よろ》しからうと思ふ」「鎌倉幕府に重きをなしたものは新田氏に非《あら》ずして足利氏であつた」「鎌倉時代には新田氏で世の中に現はれた人はなかつた」と（新田〈群馬県太田市〉の地で）講演した（三浦：一九一二）。

また、戦後に佐藤進一も「足利が嫡流、新田は庶流」「幕府の待遇だけ考えても、新田は足利のはるか下にあった」と結論している（佐藤：一九六五）。

このように、実際には新田と足利は（家格・実力いずれの点においても）同格ではないのであって、それにもかかわらず同格とするのは『太平記』の作為ということになる。

なお、この作為の理由について、和田琢磨《たくま》は「有力な武家の棟梁の有資格者の討伐は、足利将軍家の権威を示す効果を生んだはずである。新田の権威をあえて強調した、二人の棟梁の物語創出の理由はまさにここにある」と考察した（和田：二〇〇四）。また、田中大喜《ひろき》は作為の素地として、足利氏が「有力武士がほかにも居ならぶなかで」「ターゲット」を「義貞ただ一人に絞」った点などを強調している（田中：二〇一五a）。

以上のように、現在では『太平記』の語る「源家嫡流」新田氏との像は、フィクションであると認識したうえで（新田は「源家嫡流」などではなく、足利とその地位を争いうる立場にはなかった）、虚構創出の背景にまで検討が及んでいる段階なのである。

では、同格でないならば、新田とはいったい何者なのか。

〈2〉新田氏と足利氏は違う一族か？——実像としての「足利一門」新田氏

「足利一門」。これが、『太平記』以外の同時代史料が語る新田の立場である。

具体的に見てみると、『神皇正統記《じんのうしょうとうき》』（十四世紀に北畠親房《きたばたけちかふさ》が南朝の正統性を述べた歴史書）には、「東ニモ上野国《こうずけのくに》ニ源義貞ト云《いう》者アリ、高氏ノ一族也《なり》」（白山本）、「東にも上野国に源義貞と云者あり、高氏が一族也」（出雲路《いずもじ》敬直家所蔵本）、「東ニモ上野国ニ源義貞ト云物アリ、高氏カ一族也」（六地蔵寺本）と記されている。

また、『保暦間記《ほうりゃくかんき》』（十四世紀に足利方と思われる武士が書いた歴史書）では、「上野国ニ高氏一族新田義貞ト云者アリ」「義貞ハ尊氏カ一族也」（陽明文庫蔵慶長古活字版）、『増《ます》鏡《かがみ》』（十四世紀に京都の貴族が書いたと思われる歴史物語）は「尊氏のすゑ（末）の一ぞう（一族）なる新田小四郎義貞といふもの」（尾張徳川黎明会《おわりとくがわれいめいかい》所蔵、括弧内引用者補足）と記している。

つまり、『太平記』以外の同時代史料は、そろって新田を足利一門だと述べているのである。換言すれば、南朝か北朝かの立場を問わず、当時の人々は皆、新田を足利一門（足利庶流）と見なしていたのである。

ちなみに、伊勢《いせ》の神宮徴古館本『太平記』ですらも、「新田・足利一家の好《よしみ》をわすれ、自敵の思をなして」「尊氏超涯《ちょうがい》の皇沢《こうたく》にほこりて、朝家《ちょうけ》を傾《かたむけん》とせし刻《きざみ》、義貞も其一家なれは、定て逆党にそ与《くみ》すらむと覚《おぼえ》しに、氏族をはなれて志を義にせき」などと記している。つまり、尊氏が建武政権から離脱すると、義貞は足利一族であるにもかかわらず、尊氏に逆らい後醍醐《ごだいご》天皇に従った、と書いているのである。

要するに、新田を「源家嫡流」として足利と家格的に対抗・並置させるのは、フィクションといえる。『太平記』の作為が、いかに特異かがよくわかるであろう。

したがって、こうした当時の新田を足利一門とする認識を、「無知」（伊禮：一九九二）

などと断ずるのは、それこそ『太平記』史観そのものであって、大いに問題がある。そうではなく、「足利氏を「源家嫡流」と見、新田氏を足利の一族としか見なかった当時の人々の認識を具体的に示すもの」（鈴木：一九八〇）との評価のほうが基本的に正しい。

そして、実際に以後も新田は中世史料（師守記《もろもりき》・公武大体略記・大館記・見聞諸家紋・三議一統大双紙・旦那名字注文・里見家永正元亀中書札留抜書・義氏様御代之中御書案之書留・鎌倉大草紙など）には、「武家一族」「一族」「御一族」「御当家の仁々」「御当家の累葉」「当流の累葉」として、足利と同じ「二引両《ふたつひきりょう》」の家紋を有する「一姓」として登場しつづけるのである（谷口：二〇一三・二〇一四・二〇一五など）。

以上のように、中世後期（南北朝〜戦国期）、新田が足利一門（足利庶流）と見なされていたことはもはや動かない。

〈3〉足利一門をめぐる論議と『太平記』史観――足利氏と新田氏の分断

では、そうした認識はどこまで遡りうるのだろうか。考えられる可能性は二つしかない。それは、①鎌倉期に新田が足利一門化したという可能性（田中：二〇一一・二〇一五a）、②新田はそもそも足利一門だったという可能性（谷口：二〇一三）、以上の二つである。

だが、前者（田中）の説は成立しえない。なぜなら、田中は姻戚《いんせき》関係の成立をもって新田の足利一門化は果たされたと考えているが、その考えでいくと、新田と同じく足利との姻戚関係を構築した熱田大宮司《あつただいぐうじ》・北条・上杉らも、足利一門化を果たしていなくてはならないことになる。

しかし、新田とは異なり、彼らは誰一人として足利一門化を果たしてなどいない。

逆に、里見・山名・額戸《ごうど》などといった新田一族は足利と姻戚関係を結んだ形跡が見られないが、彼らは一貫して足利一門として扱われている。したがって、姻戚関係の成立と足利一門化は必ずしも連動しておらず、この点で不備が認められるからである。

また、田中は、新田とその一族が足利の下、垸飯《おうばん》（饗応《きょうおう》すること）などの行縢《むかばき》役・引《ひき》馬《うま》役として見えることをもって足利一門化の徴証とするが、そうした役は非足利一門も務めている（田中が挙げた『吾妻鏡《あづまかがみ》』当日条には太平《おおひら》・高《こう》・阿保《あぼ》・多々良《たたら》・武《たけ》・安達《あだち》などの各氏が見えている）。

つまり、その役は、足利一門・非足利一門にかかわらず務めうるものであり、同役勤仕と足利一門とは、無関係だったということがわかる。したがって、役を勤仕しているからといって、それが足利一門化の証拠だとはいえない。

以上から、鎌倉期に新田が足利一門化したとの考えは論証に瑕疵《かし》があり、成立しがたい。これについては、すでに筆者は批判したのであるが（谷口：二〇一三）、筆者に反論のないまま田中が著書を上梓《じょうし》したので（田中：二〇一五a）、再度批判する次第である。

かくして、新田はもともと足利一門だったとの考えにいたるわけである。

新田は足利一門である。なぜこうした考えに我々はいたらなかったのだろうか。換言すれば、なぜ我々は新田のことを足利の〈外部〉（非足利一門）と見なしてしまうのか。筆者は、この問題、すなわち、新田を足利から切り離し、別の一族として理解すること、これこそ、新田に関する『太平記』史観最大の問題だと考えている。

振り返ってみれば、我々は足利という「幹」（嫡流）から分かれた「枝」（庶流）のことを「足利一門」と呼んできたはずだ。初期に分かれたのが仁木《にっき》や細川などとなり、その次に分かれたのが畠山《はたけやま》や桃井《もものい》などとなるといった具合に。この点、新田とて、仁木や細川などよりも一代前＝〈最初〉に足利という幹から分かれた枝といえるのであって、例外ではない。

それにもかかわらず、我々は仁木や細川などのことは「自明の足利一門」で、新田のことは「自明の非足利一門」だと認識してしまっているのである。この点、田中が「新田本宗家が初発的に足利一門だったことを示す徴証は、存在しない」（田中：二〇一五a）と述べる一方で、仁木や細川などについては、初発的に足利一門だったことを示す徴証が存在しないにもかかわらず、無条件で足利一門としているのはその象徴例である。

このように、新田だけを特別視してしまう思考様式は、言うまでもなく、『太平記』に由来する。換言すれば、まずフィクションの前提・土台として『太平記』は、新田

（足利庶流）を足利（嫡流）から切断し（ここで新田は足利一門ではなくなった）、そのうえで、新田を足利と同格とする作為を施したわけである（ここで新田は源家嫡流となった）。

したがって、前者（より根底的な『太平記』史観）にとらわれたまま、後者のみを批判して、「『「太平記」の刻印』からの脱却」を唱える（田中：二〇一五b）のはどうだろう。「小さな嘘よりも大きな嘘の犠牲となりやすい」との警句を聞いたことがある。南北朝時代史を描くに際して、『太平記』の存在を無視することは不可能である。そうである以上、『太平記』史観は批判したうえで、『太平記』自体は活用していく努力が不可欠だと考える。しかし、その際にはつねに、批判者自身が無意識のうちに（より大きな）『太平記』史観にとらわれていないか、自戒を込めつつ、気をつけておきたいと思う。

〈4〉先学の指摘を見据えつつ、常識を見なおす

以上を要するに、新田を足利一門から外して理解する必要はまったくないのであって（両者を分断するのは『太平記』史観である）、むしろ、仁木や細川などと同じように、初めから足利一門であったと見なすことに実は何の問題もないのである。

この点、今から百年以上も前に、すでに「新田一族を以て足利氏の勢力範囲に加ふべき」は「明かなり」と言い切っていた山路《やまじ》愛山《あいざん》（明治〜大正初期に活躍した評論家・歴史家）の史眼が光るばかりである（山路：一九〇九）。このほか、「此《かく》の如《ごと》き大族にして、

若《も》し一団となりて蹶起《けっき》せん乎《か》。是《こ》れ豈《あに》恐るべきの勢力に非《あら》ずや」（新田を含む巨大な足利一門が鎌倉幕府に反逆したら、恐るべき力となるだろう）「義貞の成功が少くとも尊氏の声名及び（足利―引用者註）義詮《よしあきら》の援助に負ふ所多かりき」（新田の成功は足利の力によるところが大きい）とも述べているが、そうした山路の炯眼《けいがん》が黙殺されてきた現状を見ると、我々がいかに『太平記』史観に束縛されているかを思わざるをえない。

『太平記』が「この時代（南北朝期―引用者註）に対する私たちの認識に枠組を提供し、私たちの過去への対峙《たいじ》のしかたをも規定し」「現代の歴史認識が『太平記』に負っているものは、きわめて大きい」との先学の指摘（新田一郎：二〇〇一）を、改めて噛《か》み締めたいと思う。

以上、「新田義貞論」を論じ、その原型としての『太平記』を見極め、そのうえで、我々を今なお強く拘束しつづける『太平記』史観を批判した。

新田に関する事実レベルでの新知見提供は絶無だが、「学問で最も重要なことは新しい知識の蓄積ではなく、当たり前だと普段信じて疑わない常識の見直し」（小坂井：二〇一三）だと考えているので、諸賢のご寛恕《かんじょ》を乞いたい。

〔主要参考文献〕

青柳達雄「文学のなかの新田氏」（『松平記念経済・文化研究所紀要』九、一九九二年）

飯倉晴武「新田義貞論」（同『日本中世の政治と史料』吉川弘文館、二〇〇三年、初出一九九七年）
伊禮正雄「新田義貞論」（石井進編『中世の法と政治』吉川弘文館、一九九二年）
亀田俊和『南朝の真実』（吉川弘文館、二〇一四年）
小坂井敏晶『社会心理学講義』（筑摩書房、二〇一三年）
佐藤進一『南北朝の動乱』（中央公論社、一九六五年）
鈴木登美恵「太平記に於ける新田氏」（『国文』九、一九五八年）
同「新田義貞」（『国文学』一二―四、一九六七年）
同「『源家嫡流』新田義貞」（鈴木登美恵・長谷川端『太平記』尚学図書、一九八〇年）
田中大喜「中世前期上野新田氏論」（同編著『上野新田氏』戎光祥出版、二〇一一年）
同『新田一族の中世』（吉川弘文館、二〇一五年a）
同「『太平記』の刻印」からの脱却を目指して」（『本郷』一一九、二〇一五年b）
谷口雄太「足利一門再考」（『史学雑誌』一二二―一二、二〇一三年）
同「関東足利氏の御一家（一）」（黒田基樹編著『足利氏満とその時代』戎光祥出版、二〇一四年）
同「関東足利氏の御一家（二）」（黒田基樹編著『足利満兼とその時代』戎光祥出版、二〇一五年）
中西達治「新田義貞」（同『太平記論序説』桜楓社、一九八五年、初出一九八〇年）
新田一郎『太平記の時代』（講談社、二〇〇一年）
新田次郎『新田義貞』（新潮社、一九八三年、初出一九七八年）
三浦周行「新田氏と足利氏」（同『日本史の研究』一上、岩波書店、一九八一年、初出一九一一年）
峰岸純夫『新田義貞』（吉川弘文館、二〇〇五年）

山路愛山『足利尊氏』（岩波書店、一九四九年、初出一九〇九年）
山本隆志『新田義貞』（ミネルヴァ書房、二〇〇五年）
横山英「太平記の敬語」（『国語国文』一一―七、一九四一年）
和田琢磨「武家の棟梁抗争譚創出の理由」（同『「太平記」生成と表現世界』新典社、二〇一五年、初出二〇〇四年）
ミシェル・フーコー著、神谷美恵子訳『臨床医学の誕生』（みすず書房、二〇一一年、初出一九六三年）

【付記】本稿は、平成二十七年度科学研究費補助金（特別研究員奨励費）による研究成果の一部である。

7

北畠氏と南朝

北畠親房は、保守的な人物だったのか？

大藪　海

戦前のイメージからの脱却

南朝において北畠《きたばたけ》氏といえば、親房《ちかふさ》（一二九三～一三五四）や、その子の顕家《あきいえ》（一三一八～三八）が有名であろう。特に親房は、『神皇正統記《じんのうしょうとうき》』や『職原抄《しょくげんしょう》』の著者として知られている。

親房は著書である『神皇正統記』を、「大日本は神国なり」と書き始めた。その強烈な印象を残す言葉をはじめとして、親房と『神皇正統記』は、戦前の軍国主義の喧伝《けんでん》に大いに利用された。戦後になると、その反動からか世間の注目を集めることもなく、研究までもが低調となってしまった。

もちろんそうした状況下においても、白山《しらやま》芳太郎などによって研究が進められ（白山：一九九一）、親房の事績は部分的に再評価されてきた。

しかし、「時代の趨勢《すうせい》を見極められず、古い体制にこだわりつづけた頑固な人物」とか、「武士を軽んじていた」などといった親房に対するイメージは塗り替えられることなく、現在にいたっている。

そうした状況ではあるが、さまざまな一次史料を駆使し、親房の一生を明らかにした岡野友彦による伝記は、親房研究の画期となる著作である（岡野：二〇〇九）。本稿では、主にそうした最新の研究成果を参照してこれまでとは異なる親房像を紹介し、さらに親房以外の北畠一族についても述べてみたい。

大覚寺統との深い結びつき

親房は、永仁元年《えいにん》（一二九三）一月に北畠師重《もろしげ》（一二七〇～一三二二）の嫡男として誕生した。数え年一歳で叙爵《じょしゃく》（公家衆としてのスタート地点である従五位下《じゅごいのげ》に叙されること）されており、いわば生まれながらの公家衆であった。

しかし、北畠氏は公家社会のなかで、特に抜きんでた家柄だったわけではない。事実はむしろその逆で、村上源氏《むらかみげんじ》の本家である久我家《こが》の、分家の傍流にあたる家柄であった。その北畠氏が南朝において活躍することになるのは、親房よりも以前から、南朝の皇統である大覚寺統《だいかくじとう》と北畠氏が深いつながりを有していたからである。

「大覚寺統」というのは、第九十代亀山《かめやま》天皇（一二四九～一三〇五）に始まる皇統のことである。もう一つの皇統である「持明院統《じみょういんとう》」は第八十九代後深草《ごふかくさ》天皇（一二四三～一

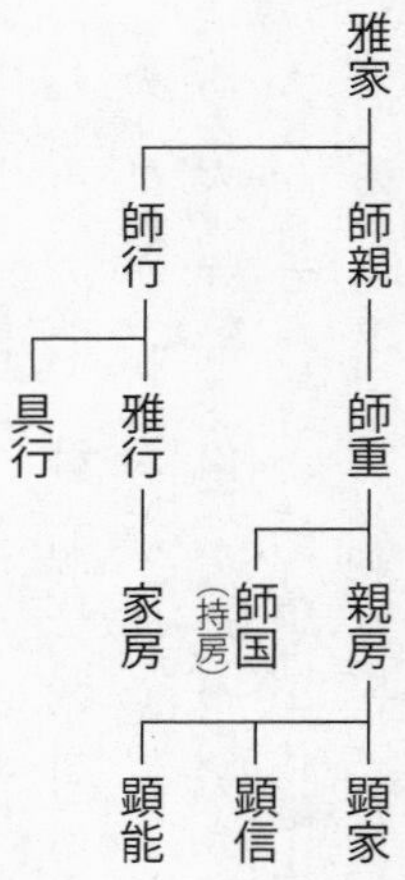

北畠氏系図

三〇四）を祖とする。

鎌倉幕府の後ろ盾により皇位を確保するなど、幕府への依存傾向がみられる持明院統に対して、大覚寺統は幕府から距離を置いていた。皇統の分裂にともない、公家衆たちもそれぞれに分かれることになるが、一方の皇統との関係を断ち切ってしまうことはせず、どちらの皇統が皇位を継承しても不都合が生じないように対策を取っていた。

そのなかで独自の路線を取っていたのが北畠氏である（岡野：二〇〇九）。北畠雅家《まさいえ》（一二一五〜七四）の子息師親《もろちか》（一二四一〜一三一五）が、亀山院の出家にともなって自らも出家、その子師重（親房父）も後宇多《ごうだ》院（一二六七〜一三二四）の出家にともなって出家している。主人の出家に臣下も従うというのは、君臣の関係の深さを表しており、師親・師重が大覚寺統の流れを汲《く》む天皇の出家に従っていることは、とりもなおさず両者が大覚寺統と深い結びつきを有していたことを示す。

のちに親房をはじめとする北畠一族が、大覚寺統の後醍醐《ごだいご》天皇（一二八八〜一三三九）の下で活動することになるのも、そうした大覚寺統と北畠氏との結び付きが前提としてあったからなのである。

親王に最後まで尽くした親房

親房は元徳《げんとく》二年（一三三〇）に出家した（『公卿補任《くぎょうぶにん》』）。ときの天皇である後醍醐天皇が、「建武《けんむ》の新政」はおろか、まだ鎌倉幕府倒幕もなしえていない時期である。父祖の出家とは異なり、親房のそれは天皇の出家にともなうものではなかった。

それでは、親房はどのような契機で出家したのであろうか。

いつのころからかははっきりしないが、親房は後醍醐の皇子である世良《よよし》親王（？〜一三三〇）の養育役を務めていた。ところが、その世良親王が元徳二年に若くして薨去《こうきょ》してしまったのである。親房はこれを深く歎《なげ》き、この世を厭《いと》い出家したという（『公卿補任』）。

後醍醐天皇の治世下とはいえ、親房にとっては世良親王こそが仕えるべき主人であり、その主人の死去にともなって親房も出家したのである。

当時の親房は三十八歳で、父祖の出家と比較して早すぎる出家ではなく（祖父の師親は四十六歳、父の師重は三十八歳で出家）、時期としてもちょうどよかったのかもしれない。

しかし、天皇ではなく養育を担当した親王の薨去を契機としていることは、親王に対する親房の忠義の厚さをうかがい知ることができよう。

なお、この出家のため、元弘《げんこう》元年（一三三一）以降活発化する後醍醐天皇を中心とする鎌倉幕府打倒の動きに、親房は参加していない。同族の北畠具行《ともゆき》（親房の祖父である師親の甥《おい》。一二九〇〜一三三二）が、元弘の変の首謀者として幕府により斬首されており、その具行の背後に親房の存在を探ろうとする見方もある（岡野：二〇〇九）。

だが、出家後しばらくの間の親房の動向は不明であり、倒幕運動に関わっていたことを示す史料も確認できない。親房は、出家によって名実ともに政治の世界から引退していたとみてよいのではなかろうか。

子息顕家への異例な人事

そうした親房が再び政治の表舞台に立ったのは、嫡子顕家が奥州へ下向することになったからである。

親房の出家後、その跡は子息である顕家が継承した。まだ十三歳であったが正四位下《しょうしいのげ》であり、権左中弁《ごんのさちゅうべん》の官位を得ており、間もなく参議に昇進した。いずれも非常に若年での叙任であり、顕家が後醍醐天皇から大きな期待を寄せられていたことがうかがえる。

元弘の変によって後醍醐が隠岐《おき》へ流されて光厳《こうごん》天皇（一三一三〜六四）が践祚《せんそ》すると、

顕家は参議を辞しているが、従三位《じゅさんみ》に昇叙された。その後に成立した建武政権下では、光厳朝で行われた人事が認められなかったため、顕家は改めて従三位に叙されている（『公卿補任』）。

だがその叙位には、光厳朝のときとは大きく異なる点があった。それは、同時に陸奥《むつの》守《かみ》任官もなされた点である。

国守は、各国に設置された国司のうち、長官にあたる。陸奥守は陸奥国の行政府の長であるが、国司制度は鎌倉時代にはすでに本来の意義が失われており、任官されても現地に赴任しないのが通例となっていた。しかし、後醍醐から補任されたこの陸奥守は、実際に陸奥国に下向して統治することを求めるものであった。

その補任に対して親房は、北畠氏は代々文芸の稽古《けいこ》に励むことを家業として朝廷に仕えてきたので、（顕家も）地方行政や武芸には疎いと述べて反対した。ところが、後醍醐が古代の例を持ち出すなどして親房を説得したため、結局顕家の下向は実現した。

このことを記す『神皇正統記』には親房もその下向に同行したとは書かれていないが、『梅松論《ばいしょうろん》』や『保暦間記《ほうりゃくかんき》』には、親房も下向したことが書かれている（加地：一九九四）。

一般的によく知られている、親房の長く困難な第二の人生は、ここから始まるのである。

顕家の陸奥下向と「奥州小幕府構想」

前項でみたような、通例や親房の反対を無視した顕家の陸奥下向は、なぜ行われたのであろうか。

このことについては以前より論争があり、現在にいたっても決着をみていない。例えば、この政策の立案者については、後醍醐天皇と護良親王《もりよし》（後醍醐の皇子。一三〇八～三五）の両説がある。さらに前者を取る説では、足利氏《あしかが》を抑えるために信頼のおける親房を顕家とともに下向させたとみる見方と、倒幕運動に関わらなかったために、後醍醐と懸隔《けんかく》を生じていた親房が左遷されたとする見方がある。

後者の護良親王を立案者とみる立場では、顕家に奉じられて下向した義良親王《のりよし》（後醍醐の皇子、のちの後《ご》村上《むらかみ》天皇。一三二八～六八）の存在が注目されている。義良を将軍、顕家を執権とする「奥州小幕府構想」を護良親王が練っており、親房の協力により実現したのが、今回の陸奥下向であったというのである（佐藤：一九六五）。この説は、親房の最新の研究でも継承されている（岡野：二〇〇九）。

ただ、その後者の説の根拠となっている『保暦間記』を、その記事の前後も含めて改めてみてみると、従来のいずれの見方とも異なった考え方をすることができる。

『保暦間記』では、顕家の陸奥国下向の事情を次のように記している。すなわち、足利尊氏《たかうじ》の存在を危険視していた護良親王が、その尊氏に付き従う東国武士たちの多くが陸奥・出羽《でわ》両国に所領を有していることに目を付けた。そこで、彼らから所領を奪うことによって尊氏の勢力を弱体化させることを目的として、自らと親しい親房の息子である顕家を、親房とともに下向させたとある。

つまり、顕家下向の発案者が護良親王であることは動かないものの、その目的は「奥州小幕府構想」といった壮大なものではなく、単に足利尊氏の勢力を弱めるためであったと書かれているのである。ゆえに、実際に「奥州小幕府構想」があったとしても、『保暦間記』の記事をその根拠とすることには、慎重になるべきであろう。

親房の左少弁辞官をめぐって

関東や奥羽《おうう》における親房・顕家の活動については、本書の他の論稿で論じられるところであるのでそちらに譲り、ここでは親房の思想について触れておきたい。

親房は、身分や家格への意識が強かった人物と考えられている。そのことをよく示すエピソードとして、左少弁《さしょうべん》を辞官したときのことが知られている。

左少弁とは、朝廷内に設けられた弁官局（事務一般を掌る部局《つかさど》）の役職の一つで、左・右それぞれに配された大弁・中弁・少弁のうちの一つである。親房は数え年で十三歳のときに権左少弁に任じられ、翌年には左少弁に昇進した。

ところが親房は、在職わずか一年で左少弁を辞官してしまう。これは、大蔵卿《おおくらきょう》であった冷泉頼俊《れいぜいよりとし》という公家衆が（少弁・中弁という正規の昇進ルートを経ずに）右大弁になったことに対する怒りの辞職であったと『公卿補任』には記されている。

従来このことは、親房の性格の一面を表しているとか（中村：一九三二）、のちに官職について記した『職原抄』を親房が執筆したことと関連づけるなどして理解されており（我妻：一九八一）、親房について語る際にはよく取り上げられている。

しかし、若い公家衆の一人にしかすぎなかった親房に、そのような決断ができたのかどうか疑問視する研究もある。例えば、当時の後宇多院政下で行われた人事に、親房の祖父である師親が反発したからではないかとの見解が提示されている（岡野：二〇〇九）。ただ、親房は左少弁辞官後すぐに弾正大弼《だんじょうのだいひつ》に任じられている（『公卿補任』）。もし、後宇多院の人事に抗議を示すための辞官であったのならば、そのように次の任官が滞りなくなされるとは考えがたい。

後宇多院と親房との関係が悪化していなかったことは、親房辞官後間もなく催された後宇多院の東寺御幸《ごこう》に、親房が供奉《ぐぶ》していることからも明らかである（『隆長卿記』）。やはり、このときの行動は、理に適《かな》っていない昇進を非とする親房の意識から出たものであったと考えておいてよいのではなかろうか。

親房は吉田定房を非難したのか？

右での左少弁辞官とあわせて、親房の身分や官職に対する考え方が読み取れるものとして、著書『職原抄』での吉田《よしだ》定房《さだふさ》（一二七四～一三三八）に対する非難が挙げられる。『職原抄』は、各官職について由来や先例などを記したものであり、いわば官職の百科事典である。その記述の豊富さから、親房没後も朝廷内で参照されつづけ、現代の研究者にとっても参考となる記事が多い。

親房が非難の対象としたのは、吉田定房の准大臣宣下《せんげ》である。親房は准大臣を、「大臣になることができる家柄にありながら、なんらかの事情で長らく大臣になることができなかった人物が任じられるもの」とし、にもかかわらず名家《めいか》（大納言を極官《ごっかん》として、大臣に昇ることはない家）出身の吉田定房がこれに任じられたとして、「無念である」と述べている。

この記事は、親房が官職の任官に際して家柄を重視すべきであると考えていたことを明確に示すものとして知られている。

ところが、この記事は後世の加筆であり、ここから親房の任官に対する考え方を読み取ろうとするのは適切ではないとする見方もある（加地：一九九九）。したがって、この記事のみをもって、親房が任官に際して家柄を重視していたと判断することはできないといえよう。

後醍醐の施策や方針を批判する

一般によくいわれるように、親房は武士を見下していたのであろうか。たとえ実際に親房にそうした面があったとしても、親房がすべての武士を敵対視してはいなかったことには注意をすべきであろう。親房が記した『神皇正統記』には、源頼《みなもとのより》朝《とも》(一一四七〜九九)や北条泰時《ほうじょうやすとき》(一一八三〜一二四二)の功績を高く評価している記述もみられ、逆に朝廷の失政を厳しく非難している部分もある。

このことは、研究者の間では戦前から注目されており(中村:一九三二)、けっして新しい「発見」ではない。戦後においても、親房は武士の棟梁《とうりょう》である将軍の存在を認め、その存在が天皇の主権を侵さず天皇に対して従順なものであれば、否定していないことが指摘されている(佐藤:一九六五)。

つまり親房は、「幕府だから」「武士だから」として全否定をしなかったのである。この点は後醍醐天皇の政治思想と大きく異なる部分であった。しかし、そうした考え方を親房が持っていた事実は、一般には浸透することなく現在にいたっている。そこで、改めて親房の客観性や合理性について取り上げておきたい。

親房は感情に左右されず、政局を冷静に判断・分析できる人物であった。そのことは右で挙げた頼朝・泰時への賛辞をみても明らかであるが、前述の陸奥下向後に成立した

「奥州小幕府」においても、その親房の政治姿勢をかいまみることができる。

例えば、「奥州小幕府」の職制は鎌倉幕府のそれを模したものであり、官僚にも鎌倉幕府旧臣らが多く登用されていた。これは、幕府の設置を非とした後醍醐の政治思想とは大きくかけ離れたものといえる。

つまり親房は、現地の統治に有益となる武士の能力を正しく評価して利用することで、「奥州小幕府」の基盤を固めようとしていたのである。

また親房は、後醍醐天皇の施策や方針をたびたび批判しており、その際に足利尊氏を擁護する発言をすることもあった。

建武二年（一三三五）、鎌倉幕府の第十四代執権北条高時《たかとき》（一三〇三～三三）の遺児である時行《ときゆき》（?～一三五三）が挙兵し、鎌倉を奪還するという事件が起きた（中先代《なかせんだい》の乱）。京都から下向してこれを鎮圧した足利尊氏は、後醍醐天皇からの帰京命令に応じず、そのまま鎌倉に滞在した。このとき後醍醐天皇は、「たとえどんなに功績があっても、不忠がたび重なるのであれば討伐の対象となる」として尊氏の追討命令を出そうとした。ところが親房をはじめとする廷臣たちは、「そのようなうわさがあるが、事実を確認せずに功臣を見捨てる（討伐の命令を下す）のは仁徳を欠く政治である」として反対した（『太平記』）。

親房は、武士（足利尊氏）への憎悪ではなく、天皇の行為が仁政と呼ぶにふさわしいかどうかを判断基準としていたのであり、もしその基準にそぐわないと判断したならば、相手が天皇であっても批判することを厭わなかったのである。

その姿勢は、息子の顕家にも受け継がれていた。敗死を遂げることになる足利軍との交戦前、顕家は後醍醐天皇に上奏文を奏呈した。「諫奏文《かんそうぶん》」としても知られるその文書には、後醍醐天皇が主導した建武政権への批判が書き連ねられており、それはまさに親房の精神を継承したものといえよう。

また、少しのちのことになるが、親房は南朝勢力の立て直しをもくろんで関東で工作を続けていた。しかし十分な成果を挙げることができずに、康永《こうえい》二年（興国《こうこく》四年〈一三四三〉）に吉野へ撤退する。

南朝の劣勢は明らかであり、内部では最後まで徹底抗戦することを主張する派と、北朝・室町幕府との講和を模索する派が争っていた。このとき親房は、対立する二つの派のいずれに与《くみ》することもなく、中立の立場から両者をまとめ上げる役割を担っていたとされている（亀田：二〇一四）。

これらのことから、親房は一貫して「反武士」や「反幕府」の立場を取っていたのではなく、南朝の維持・発展を最優先に考えており、理に適った政道が行われているかどうか、つねに注意を払っていたとみるべきであろう。

また、その実現のためには、たとえ鎌倉幕府の制度であってもそれを取り入れ、後醍醐天皇すらも批判の対象としたのである。

伊勢国と北畠氏とのつながり

南朝と北畠氏の関係を語るうえで親房とともに欠かせない存在が、伊勢《いせ》北畠氏である。伊勢北畠氏は、南北朝合一（明徳三年〈一三九二〉）後も室町幕府の下で伊勢南半国を支配しつづけた。その北畠氏と伊勢国とのつながりの淵源《えんげん》は、親房に求められる。

延元《えんげん》元年（建武三年〈一三三六〉）に足利尊氏に事実上の降伏をした後醍醐天皇は、皇子たちをひそかに地方へ下向させた。このとき、宗良《むねよし》親王（一三一一～八五？）を奉じて伊勢国に下向したのが親房だった。

ただ、親房は伊勢国を北畠氏の恒久的な本拠地にしようとはせず、後醍醐天皇を迎え入れる準備のため、先遣隊として下向しただけであったと考えられている（岡野：二〇〇九）。

また、後醍醐天皇が伊勢を目指した理由については、かつて天武《てんむ》天皇（？～六八六）が吉野から伊勢を経由して進軍をして勝利を勝ち取ったという壬申《じんしん》の乱（六七二年）の故事にならった可能性が指摘されている（岡野：二〇〇九）。だが、こののち、親房らが伊勢国から出航して関東を目指すように、伊勢国が関東への窓口としての機能を有していたため、その掌握をもくろんでいたとする見方（大西：一九六〇）が穏当なところである。

伊勢国といえば、伊勢神宮の存在も忘れてはならない。親房が下向時にまず目指したのが神宮であったことからも、南朝や親房から神宮が重要視されていたことがうかがえる。

かつては、親房が伊勢神道に深い関心を有していたため、神宮を味方に付けやすかったのではないかと考えられたこともあったが（佐藤：一九六五）、親房が伊勢神道に興味を持つようになったのは伊勢国への下向以後であったとされている（白山：一九九一）。最近では、そのような親房と伊勢神宮との個人的なつながりではなく、大覚寺統と伊勢神宮とのつながりが注目されている（岡野：二〇〇九）。

古代以来、未婚の皇女が伊勢国に下向し、神宮で行われる神事に奉仕していた。この皇女は「斎王《さいおう》」と呼ばれ、天皇の代替わりごとに京都から派遣されていた。この天武天皇以来の制度が、初めて途絶したのが持明院統の後深草天皇のとき（十三世紀半ば）であり、その後、大覚寺統から天皇が即位するたびに斎王が選出されたが、ついに持明院統の天皇治世下では一人も派遣されることがなかった。

大覚寺統が、このような神宮に関わる伝統を守ろうとしていたことは明らかであり、そのことは神宮の人々にも意識されていた。ゆえに、親房ら大覚寺統を継承する南朝の重臣が、神宮で受け入れられたと考えられている（岡野：二〇〇九）。

ただし、親房下向時の伊勢神宮祭主（神宮を統べる立場）は大中臣親忠《おおなかとみちかただ》（一二九五〜一三五二）である。前任の大中臣蔭直《かげなお》（一二七五〜一三三七）は後醍醐天皇から祭主に補任されていたが、足利尊氏が光厳上皇らを奉じて入京した延元元年六月に、交替させられていた（『祭主補任』）。つまり北朝による更迭である。北朝側が優勢になりつつある神宮内において、親房がどのようにして受け入れられていったのかは、今後改めて検討する必要がある。

一族内でも異彩を放つ親房親子

本稿の最後に、親房以外の北畠一族についてみておきたい。

親房の長男である顕家は、足利軍と戦って戦死した。次男の顕信《あきのぶ》は、親房の伊勢国下向に同道し、その後陸奥国に渡った。浪岡《なみおか》北畠氏の祖になったともいわれているが、正確なところは不明である。三男の顕能《あきよし》は伊勢北畠氏の祖となり、その伊勢北畠氏は南北朝合一後も所領を保持しつづけたことは先にも述べた。いずれも南朝に属して戦っており、それゆえに南朝と北畠氏とのつながりも強固なものとなっていたのである。

北畠一族の系図を載せる『尊卑分脈《そんぴぶんみゃく》』をみると、より多くの人名を確認できる。しかし、親房親子のように前線に立って北朝・室町幕府と戦いを繰り広げたことが判明する人物は、ほとんどいない。

例えば、親房の三歳下の弟である師国《もろくに》はその後、持房《もちふさ》と称し、従二位参議まで昇進したのち、元徳三年（一三三一）に三十六歳で出家した（『公卿補任』）。親房も元徳二年（一三三〇）に三十八歳で出家しており、出家の年齢として不審な点はない（ただし、親房の出家は、前に述べたように、養育役として仕えてきた世良親王が薨去したことにともなうものである）。出家後に南朝のために奮闘した親房とは異なり、師国は目立った活動をせず、没年も明らかではない。

一方、義良親王の「奥州小幕府」には、主要機関である「式評定衆《しきのひょうじょうしゅう》」の筆頭に冷泉《れいぜい》家房《いえふさ》がいた。家房は親房のはとこにあたる（親房の祖父師親の弟である師行《もろゆき》の孫が家房）。家房は師国（持房）と同じく「冷泉」を家名としており、両者は猶子《ゆうし》関係にあったとも推測されている（加地：一九九四）。ただ、師国と同様に、南朝方としての特筆すべき活動は、式評定衆の筆頭となったこと以外には知られていない。親房とその子息たちの活動は、南朝に仕える北畠一族のなかでも異彩を放っていたといえる。

それでは、なぜ親房たちはそのような活動をするにいたったのであろうか。現在の研究段階では、その問いに正確な答えを提示することは難しい。今後も南朝と北畠氏、そして親房の研究を進めていかねばならないであろう。

〔主要参考文献〕

我妻建治『神皇正統記論考』（吉川弘文館、一九八一年）
岩佐正校注『神皇正統記』（岩波書店、一九七五年）
大西源一『北畠氏の研究』（鹿東文庫、一九六〇年）
岡野友彦『北畠親房――大日本は神国なり』（ミネルヴァ書房、二〇〇九年）
加地宏江『伊勢北畠一族』（新人物往来社、一九九四年）
同『中世歴史叙述の展開――『職原鈔』と後期軍記』（吉川弘文館、一九九九年）
亀田俊和『南朝の真実――忠臣という幻想』（吉川弘文館、二〇一四年）
佐藤進一『南北朝の動乱』（中央公論社、一九六五年）
白山芳太郎『北畠親房の研究』（ぺりかん社、一九九一年）
中村直勝『北畠親房』（星野書店、一九三二年）

8 楠木正成は、本当に〈異端の武士〉だったのか？

楠木氏と南朝

生駒孝臣

謎めいた生涯

楠木正成《くすのきまさしげ》（?～一三三六）は、元弘《げんこう》元年（一三三一）九月、倒幕を進める後《ご》醍醐《だいご》天皇（一二八八～一三三九）に呼応して河内国《かわちのくに》赤坂（大阪府南河内郡千早赤阪《ちはやあかさか》村）で挙兵し、建《けん》武《む》三・延元《えんげん》元年（一三三六）五月に摂津国《せっつのくに》の湊川《みなとがわ》（神戸市兵庫区）において、足利尊氏《あしかがたかうじ》（一三〇五～五八）の軍勢と戦い敗死する。

正成が歴史の表舞台に登場してから、鎌倉幕府滅亡の立役者として、また建武政権下の「三木一草《さんぼくいっそう》」（結城《ゆうき》親光《ちかみつ》〈?～一三三六〉・伯耆守《ほうきのかみ》名《な》和《わ》長年《ながとし》〈?～一三三六〉・楠木正成・千《ち》種忠顕《ぐさただあき》〈?～一三三六〉）の一人として活動した期間は、わずか五年にすぎない。

それにもかかわらず、正成は十四世紀の南北朝期のなかで現在でも人気があり、歴史の教科書には必ず取り上げられる著名な人物である。加えて、挙兵以前の正成の素性について詳しく語る史料は皆無であり、その知名度の高さとは裏腹に、謎めいた生涯がいっそう人々の関心を集めてきた。

正成の実像・出自を明らかにするべく、これまで数多くの議論が積み重ねられている。とりわけ、後醍醐天皇の忠臣としてのイメージが強かった戦前の正成像に対して、戦後は十四世紀後半に完成したとされる軍記物『太平記』が描く正成像から離れて、確実な史料に基づいた実態の追究がなされた。

本稿では、こうした戦後に明らかとなった正成の実像から、現在でも著名な説や、有力な説を取り上げて紹介し、今後の正成研究にどのような可能性があるのかを提示してみたい。

まず初めに、戦後になって新たな正成像として提起された、正成＝「散所《さんじょ》の長者」「悪党」説についてみてみよう。

「散所の長者」「悪党」としての正成

散所とは、耕作に適さない河原など、領主が年貢の徴収を予定しない土地を指す。そこに生活する住民は、年貢を免除される代わりに、領主の警護や交通運輸業務などの雑役にしたがい、商業的な権利を得ていた。この散所の統括を領主から任されたのが、「散所の長者」である。

林屋辰三郎《はやしやたつさぶろう》は、後述する永仁《えいにん》三年（一二九五）正月の古文書（「筒井寛聖氏所蔵文書」）

にみえる、東大寺領播磨国大部荘《はりまのくにおおべのしょう》（兵庫県小野市）であまたの悪党を率いて非法をはたらいた前雑掌《ざつしょう》（荘園の租税徴収などを行う役職）垂水《たるみ》繁昌《しげまさ》に注目した。繁昌が、交通の要衝である摂関家領垂水荘の散所の長者であったことから、同じ古文書のなかで彼と同じく非法を行ったと記された「河内楠入道《かわちのくすのきにゅうどう》」なる人物が、楠木正成の一族であり、播磨・摂津・河内の交通路に勢力を持つ、繁昌と同様の存在であったと推測した。

さらに、林屋は傍証として、正成が後世の編纂物《へんさんぶつ》などではない同時代の史料で初めて登場するものとして著名な、正慶《しょうきょう》元年（一三三二）六月の「臨川寺《りんせんじ》領等目録」（「天竜寺文書」）についても言及した。これは、楠木正成本人と目される「悪党楠兵衛尉《ひょうえのじょう》」が、和泉国《いずみのくに》の若松荘（大阪府堺《さかい》市）を押妨《おうぼう》（暴力的な手段での所領侵入や不当な課税をすること）したとの風聞があったことを記しており、正成＝「悪党」説の根拠となった史料である。

要するに、林屋は「悪党」と明白に呼ばれた正成に、大部荘で悪党行為をはたらいた垂水繁昌の姿を重ね合わせたのである。

ここでの「悪党」とは、文字どおりの悪事をはたらく者という意味にとどまるものではなく、鎌倉時代の半ばごろ（十三世紀中ごろ）から南北朝期（十四世紀）にかけて、幕府や荘園領主などの支配体制に反抗したアウトロー的な集団を指す語である。戦後の歴史学において、鎌倉から南北朝期の社会変革の主体として脚光を浴びた存在でもある。

戦後の悪党研究は、悪党が諸国を往来し、交通・流通路の掌握をとおして、神出鬼没の活動を可能とする存在であったことをその特質として論じた。つまり、正成＝「悪党」説は、そうした悪党の特質と、『太平記』にみえる飛礫《つぶて》の使用など悪党的な戦法を駆使する、倒幕の主体としての正成の姿とが結びついて定着したものである。

なお、「臨川寺領等目録」には、正成による若松荘への押妨の前提に、真言僧文観《もんかん》（一二七八〜一三五七）と並ぶ後醍醐天皇の腹心の道祐《どうゆう》（?〜一三四五）が、元徳《げんとく》三年（一三三一）二月十四日に短期間であったが、後醍醐から若松荘を与えられたことが記されている。

ここから、文観の弟子でもあった道祐が、この荘園の知行をきっかけに、文観を介して正成を後醍醐に結びつけたという説も生まれており、正成挙兵の要因の一つとして有力視されている。

この点に関連して、最近、小西瑞恵は、江戸時代中期に編纂された『湖山集』という書物に収められた年未詳の楠正成進上状の分析をとおして、道祐とも密接な間柄にあった後醍醐側近の僧隆誉と正成が一三二〇年代から関係を有しており、従来の通説よりも早い時期から正成が後醍醐側近の人脈に連なっていたことを論じた（小西：二〇一七）。

小西の説は、これまで不明であった道祐と正成との接点を考える上で、非常に魅力的であることは間違いないが、その根拠となった史料の性格と隆誉の人物比定には検討の余地があり（生駒：二〇一七b）、今後はより詳細な分析をふまえて、議論が深められねばならないだろう。

商業活動と正成

こうした正成＝「散所の長者」「悪党」という評価のほかに、正成の本拠地であった河内の金剛山《こんごうさん》（奈良県御所《ごせ》市・大阪府南河内郡千早赤阪村）が、辰砂《しんしゃ》（水銀の原鉱であり、朱の原料）の産地であり、その採掘権を握って奈良・京都へと販売していた商人的武士であったという説や、同じく金剛山で採れる金剛砂《こんごうしゃ》（研磨に使われる石榴石《ざくろいし》の粉末）の販売を担った供御人《くごにん》（朝廷に属して、天皇の飲食物などを貢納した人々）の統轄者であったという説も出された。

これらの諸説から、正成および楠木氏は、交通・流通支配や商業活動に携わる武士というイメージで捉えられるようになったのである。

だが、いずれの説も、推測の域を出るものではなく、どれだけ正成の実像に対するイメージを豊かにしても、その出自の謎に迫ったとはいいがたい。

では、正成および楠木氏のルーツは、いったいどこに（何に）求められるのであろうか。

楠木氏と橘氏

『太平記』は正成の血統を、奈良時代の橘諸兄《たちばなのもろえ》の後胤《こういん》とする（『太平記』巻第三）。また、正成と息子の正行《まさつら》（一三二六？～四八）自身も「橘朝臣《たちばなのあそん》」を称していたことから、古くは正成ら楠木氏は、河内国や和泉国一帯に繁茂した橘諸兄を祖とする橘氏の子孫と信じられてきた。

しかし、現存する数種類の楠木氏の系図は、橘諸兄とその五代前の敏達《びだつ》天皇を同氏の祖先とするものの、正成の父以前の記載は系図によってバラつきがある。戦前の研究には、こうした各系図の異同を詳細に検討したものもあったが、系図の信憑性《しんぴょうせい》については現在にいたるまで疑わしいとされている。

ちなみに、楠木氏に関する系図といえば、江戸時代後期に書写されたと伝わる「上嶋家文書」所収の「観世《かんぜ》福田系図」がある。この系図では、室町時代の有名な能役者観阿弥《かんあみ》（一三三三～八四）が、伊賀国《いがのくに》の御家人服部《はっとり》氏の出であり、観阿弥の母は河内国玉櫛荘《たまぐしのしょう》（大阪府東大阪市）の橘正遠《まさとお》の娘となっている。

橘正遠は、他の諸系図で楠木正成の父とされる人物であり、したがって観阿弥は正成の甥《おい》にあたることになる。

この「上嶋家文書」の系図の記載は、伊賀国の悪党としても著名であった服部氏と楠木氏とのつながりから、正成＝「悪党」説を補強するうえでも、楠木氏の出自をめぐる諸説の一つとして注目された時期もあった。しかし、その信憑性をめぐっては、現在でも議論が分かれており、慎重に扱われる傾向にある（家塚：二〇一一）。よって、楠木氏が橘諸兄の流れを汲《く》む橘氏であったかどうかなど、系図史料からだけでは、明確な出自を判断することはできず、やはり不明とせざるをえない。

楠木氏の出身地は？

この点と関連するのが、楠木氏の本拠地の問題である。従来、正成が河内国南東部の水分川《みくまりがわ》左岸に位置する赤坂を本拠としていたことから、当然その祖先も河内に根を張る豪族だと考えられてきた。

元弘元年（一三三一）九月の挙兵以前の楠木氏と河内国との関わりを示す史料として、必ず取り上げられるのが、先に述べた永仁三年（一二九五）正月に、東大寺領播磨国大部荘の百姓が、前雑掌の垂水繁昌の非法を訴えて、東大寺に提出した申状《もうしじょう》（「筒井寛聖氏所蔵文書」）である。

そのなかに、垂水繁昌の前任者であった「河内楠入道」らが大部荘を知行していたとき、不当な荘務を行ったため、同荘が疲弊したことが記される。

この「河内楠入道」が、河内国の住人であり、正成の父祖もしくは一族にあたると考えられている。したがって楠木氏は、遅くとも永仁三年ごろには、河内を本拠地としていたことは確実である。だが、それ以前の楠木氏と河内との関係となると、これ以上手がかりがない。

それどころか、通常、中世の武士は自身の本拠地を名字の地とするが、楠木氏の場合、名字の地となる「楠木」「楠」といった地名が、河内の赤坂やその一帯には存在しないという問題が横たわっている。

こうした点から、楠木氏の出身地は、実は河内国およびその近辺ではなかったと考えられ、他の地域に求められることになった。

楠木氏は、北条得宗家の被官？

楠木氏の出生地を、河内以外に求めうる根拠となった二つの史料がある。

一つは鎌倉幕府の歴史書である『吾妻鏡《あづまかがみ》』の記事と、もう一つは江戸時代に編纂された高野山の編年史『高野春秋編年輯録《こうやしゅんじゅうへんねんしゅうろく》』の記事である。

『吾妻鏡』建久《けんきゅう》元年（一一九〇）十一月七日条は、源頼朝《よりとも》（一一四七〜九九）が治承《じしょう》四年（一一八〇）の挙兵以来、初めて上洛《じょうらく》したときの様子を記しており、そこには頼朝の後陣の随兵（警固の武士）の四十二番目に「楠木四郎」の名がみえる。

一方、『高野春秋編年輯録』の元亨二年（一三二二）八月条には、正成が得宗《とくそう》北条高《たか》時《とき》（一三〇三〜三三）の命によって紀伊国保田荘司《きいのくにやすだのしょうじ》（紀伊国の武士団湯浅《ゆあさ》党の一員）を討ち、その旧領を与えられたという記事がある。また、江戸時代の儒学者林羅山《はやしらざん》が編集した『鎌倉将軍家譜』という史料にも、これとほぼ同じ内容の記事がある。

網野《あみの》善彦《よしひこ》は、『吾妻鏡』の楠木四郎を武蔵国《むさしのくに》の御家人で正成の祖と捉え、『高野春秋編年輯録』の記事と結びつけて、武蔵国で北条得宗家の被官となった楠木氏が、早くに河内へと移住し根を張ったという推定が成り立つことを述べた。

また、海津《かいづ》一朗《いちろう》は、『吾妻鏡』の記事の楠木四郎が、玉井、忍《おし》、岡部、滝瀬といった、武蔵国の利根《とね》川《がわ》流域に基盤を持つ党的武士団（一定地域の小武士団の連合体）猪俣《いのまた》党の面々と並んでいることから、その一員であった可能性が高いことを指摘した。

そのうえで、武蔵の党的武士は、早くから北条得宗家の被官となって、播磨や摂津・河内・和泉など北条氏の守護国に移住すること、正成の活動拠点も河内国の得宗領であったことから、本来彼も得宗被官として河内に移住した存在であったと推測した。

楠木氏が御家人であったという指摘は、網野以前にもなされていたが、その出生地を東国に求め、彼らが河内へ移住したと捉えたのは、まさに発想の転換であり、その後の正成の実像解明に一石を投じた。

とはいえ、楠木氏の名字の地がはっきりとしないかぎり、東国からの移住説も推測の域を出ない。だが、移住説を裏づける新たな説が提起された。

駿河国に楠木氏の「名字の地」が？

そこで注目されたのが、東国のなかでも鎌倉時代に西遷《せいせん》御家人や北条得宗家の被官（御内人《みうちびと》）を多く輩出した駿河国《するがのくに》であった。

筧雅博《かけいまさひろ》は、正応《しょうおう》六年（一二九三）七月に、鎌倉幕府が鶴岡《つるがおか》八幡宮に寄進した駿河国の入江荘《いりえのしょう》（静岡市清水区）内の「長崎郷」三分の一と「楠木村」（「鶴岡八幡宮文書」）に着目し、この「楠木村」こそが楠木氏の名字の地であることを以下の点から論じた。

幕府が「長崎郷」「楠木村」を寄進したのは、執権北条貞時《さだとき》（一二七一～一三一一）が得宗内管領《ないかんれい》平頼綱《よりつな》（?～一二九三）を討った平禅門《へいぜんもん》の乱（正応六年四月）の直後にあたる。これらの地は頼綱の所領であり、乱後幕府が没収した可能性が高い。

その点は、のちに内管領を引き継ぐ頼綱の弟長崎光綱《みつつな》（?～一二九七）の一族の名字が、この「長崎郷」に由来するであろうことから説明される。すなわち、鎌倉末期に幕府内で絶大な権力を振るう得宗内管領長崎氏の名字の地が、この入江荘内の「長崎郷」に由来するのと同様に、楠木氏の名字の地もこの「楠木村」にあたると考えたのである。

さらに筧は、正慶二・元弘三年（一三三三）閏《うるう》二月ごろ、ある貴族の日記に書き留められた、京都で広まった歌に注目する。

その歌とは「楠の木の根ハかまくらになるものを　枝をきりにと何のほるらん」（楠

木の根っこは鎌倉に成っているのに、なぜわざわざその枝を切りに出かけるのだろう）と、千早城に籠もる正成の討伐に手こずる鎌倉幕府軍を揶揄《やゆ》した歌である（『後光明照院関白記』正慶二年閏二月一日条）。

この歌から、当時の人にとって正成は、鎌倉に根を置く存在であったこと、すなわち鎌倉幕府の御家人・得宗被官であると認識されていたことを読み取ったのである。

そして、楠木氏が河内国に移住した経緯については、正成の活動拠点の一つであった河内国の観心寺（大阪府河内長野市）が、本来は幕府の有力御家人安達《あだち》氏の所領であったものから、弘安《こうあん》八年（一二八五）十一月に安達泰盛《やすもり》（一二三一〜八五）が平頼綱によって討たれた霜月騒動《しもつきそうどう》を経て、得宗領に組み込まれ、そこへ十三世紀末期に楠木氏が得宗家から地頭代として現地に送り込まれたと推定した。

これによって、得宗被官の長崎氏の名字の地の入江荘内長崎郷、同荘内にあった楠木村という楠木氏の名字の地、弘安八年の霜月騒動から十年を経た永仁三年の古文書に表れた「河内楠入道」、そして、元亨二年に北条高時の命令によって隣国の反逆者を討った楠木正成、これら断片的な点をすべて一つの線でつなげることができるのである。

筧の説は最新の正成の伝記でも踏襲されており、今後、楠木氏のたしかな名字の地が発見されないかぎり、十分な説得力を持つものとして生きつづけるであろう。

中世武士として楠木氏は特異なのか？

ところで、網野善彦は、前述の『吾妻鏡』の記事に関連して、「幕府に叛逆した正成が御家人であるはずはないとする戦前以来の先入見から、この楠木氏（楠木四郎―引用者註）と正成との関係を否定的に見る見解が強い」と述べた（網野：一九八六）。

だが、実際には、戦前においてもけっしてそのようなことはなく、『吾妻鏡』や『高野春秋編年輯録』の記事から楠木氏および正成を御家人と捉えた見解はいくつもあった。

たしかに、後醍醐天皇に仕えた正成が御家人であるはずはない、という感覚は一般的にいまだに根強い。それは、戦前の「正成＝忠臣像」の刷り込みも影響しているだろうが、むしろ戦後の研究において、正成の実像が豊かになればなるほど、妥当性の低い説としてしりぞけられていったのかもしれない。

とりわけ、戦後に提起された楠木氏が交通・流通の支配や商業に携わる存在であったという理解は、先祖代々開発された「一所懸命《いっしょけんめい》の地」を保持し、大規模な土地の領主として生きる鎌倉御家人のイメージとは大きく異なるものであった。それにより、楠木氏を非御家人と捉える見方が暗黙のうちに生まれたのではないだろうか。

畿内《きない》に基盤を置く武士のほとんどは、御家人であるか否かにかかわらず、交通や商業に携わる存在であった。また、近年の中世武士論研究は、東国武士も畿内の武士のように、土地支配だけに限らず、交通の要衝を掌握し流通・交通と関わる存在であったことを明らかにしている。楠木氏だけが中世武士として特異な存在だったとはいえないのである。

さらに近年の悪党論では、紛争の当事者が、自身に対して不利益を与えた相手を「悪党」と糾弾し、その処罰を公的権力に求めるなど、いわばレッテルとして「悪党」という言葉が中世社会において使われたことが指摘されている。

したがって、「悪党」と呼ばれていることは、楠木正成が〈異端の武士〉であることを意味せず、この点からも正成の特殊性を強調する姿勢には疑問を感じる。

ただし、政治的に混沌《こんとん》とした鎌倉時代末期（十四世紀初期）の畿内という地域に、正成が登場した意味はやはり大きい。そうした特殊な環境のなかで、正成が歴史の表舞台に登場するきっかけは何だったのか。それを解明する手がかりとなる、新たな事実を紹介しておく。

正成研究の新事実――広大なネットワーク

正慶元・元弘二年（一三三二）末に正成が再び挙兵した際、赤坂城の城主として『太平記』『楠木合戦注文』『門葉記』に、正成と共闘した平野将監入道《ひらのしょうげんにゅうどう》（?〜一三三三）という人物が登場する。

『太平記』で平野将監入道は、正慶二・元弘三年閏二月（史実は二月）、幕府軍の包囲によって水源を絶たれた赤坂城で、幕府軍と刺し違える決意を固めた城兵に、いったん降人となって命を永らえるよう説得し、幕府軍に投降するものの、京都の六条河原で二百八十二人の城兵とともに処刑される（『太平記』巻第六）。

この平野将監入道は、摂津国の平野（大阪市平野区）を名字とすることから、これまで漠然とその地の土豪と考えられていた。しかし近年、熊谷隆之《くまがいたかゆき》は、新出の東大寺の塔《たっ》頭宝珠院《ちゅうほうしゅいん》に伝来した「宝珠院文書」の分析から、平野将監入道がそれにとどまらない多様な顔を持つ存在であったことを明らかにした。

元徳《げんとく》二年（一三三〇）九月、尼崎住人教念《あまがさきのじゅうにんきょうねん》・江三入道教性《きょうしょう》を張本《ちょうほん》（首謀者）とした摂津・河内・大和《やまと》に及ぶ数千人の悪党が、東大寺領摂津国長洲荘《ながすのしょう》（兵庫県尼崎市）に乱入し、六波羅《ろくはら》の軍勢と合戦に及ぶという事件が起こった（「宝珠院文書」）。平野将監入道は、教念・教性に与同した約四十人の悪党の首領の一人であった。

そして彼は、関東申次《もうしつぎ》（朝廷側の窓口として幕府との連絡にあたった役職）を代々務める西園寺《さいおんじ》家の当主西園寺公宗《きんむね》（一三一〇〜三五。建武二年〈一三三五〉に後醍醐天皇に対する謀反を企てたとして逮捕・処刑される）の家人として、京都に常駐して活動する存在でもあった。

また、元弘元年九月には、後醍醐天皇が籠もる笠置《かさぎ》山《やま》（京都府相楽《そうらく》郡笠置町）が陥落した際、後醍醐とその側近が捕縛されたなかに、後醍醐のブレーンの文観とともに名前のみえる、真言僧の峯僧正俊雅《みねのそうじょうしゅんが》とも関係を持っていた。これは、先述の正成と若松荘を知行した道祐との関係と類似するものである。

しかも、正慶二・元弘三年正月の、楠木正成軍が六波羅軍を摂津国の四天王寺（大阪市天王寺区）で破った戦いで、正成方に平野将監入道の一族であろう「平野但馬前司《たじまのぜんじ》」と子息四人が加わっていたことから（『楠木合戦注文』）、それより以前に正成とのつながりがあったとみられる。

つまり、平野将監入道は、京都の有力な貴族、後醍醐天皇側近の僧、そして畿内一円の武士・悪党、そして楠木正成といった、幅広い階層とネットワークを結ぶ存在だったのである。

さらに熊谷は、長洲荘乱入事件の張本の一人である江三入道教性が、播磨守護でもあった赤松円心《えんしん》（一二七七～一三五〇）の子の範資《のりすけ》・貞範《さだのり》とつながりを有していた可能性を指摘した（熊谷：二〇〇七）。

そこから、「楠木正成―平野将監入道―江三入道教性―赤松範資・貞範―赤松円心」といった人脈を想定し、正成・円心といった挙兵以前の実像がまったくつかめなかった両者が、なんらかの接点を有していた可能性を、想像の域にとどまらず、推定の域で論じられるまでに高めたのである。

これらの新事実から、正成も平野将監入道が有していたような、広大なネットワークを構築していたことは容易に想像できよう。正成も平野将監入道も、確実な史料では、「悪党」として登場する。平野将監入道が加わった長洲荘乱入事件のメンバーには、悪党のネットワークとも呼ぶべきものがその背景にあったのである。

今後の課題——時代の転換期と畿内の武士社会の解明を

だが、このネットワークには、摂津国の渡辺津《わたなべのつ》一帯（大阪市北区・中央区）を本拠とした渡辺党のような武士団も含まれていたことには注意を要する。渡辺党は、平安期以来、公家（朝廷）に仕えており、鎌倉幕府成立後は、御家人にもなっていた武士である。したがって、この悪党のネットワークは、単純に悪事をなす連中が寄り集まったというものではなく、彼らが悪党化する以前に形成されていた、畿内の武士団の横のつながりであったとみるのが妥当であろう。

そこには、御家人としての徴証のない平野将監入道が加わっていたことから、御家人・非御家人といった区別はなかったにちがいない。そうした枠組みを超えて、京都を中心とした畿内の武士社会が形成されていたのであり、そこに正成は身を置いていたと考えられるのである。

このような畿内の武士社会のネットワークが、どのようにして形成されていったのか。そして、楠木氏は、そうした社会にいかにして組み込まれたのか。なぜそこから正成のように倒幕へと踏み切る存在が生み出されたのか。こうした問題の追究は、楠木正成の実像にとどまらず、鎌倉から南北朝期への時代の転換を解明するための糸口となる。そのためには今一度、正成に対する先入観やロマン、ひいてはこれまで積み上げられたさまざまな説をいったん排除して、確実な史料とそこから導かれる事実と真摯《しんし》に向き合ったうえで、彼の実像を構築しなおす必要があるだろう。

〔主要参考文献〕

網野善彦「楠木正成の実像」（同『網野善彦著作集　第六巻　転換期としての鎌倉末・南北朝期』岩波書店、二〇〇七年。初出一九八六年）
同「楠木正成に関する一、二の問題」（同右書。初出一九七〇年）
新井孝重『楠木正成』（吉川弘文館、二〇一一年）
家塚智子「観阿弥と伊賀」（『伊賀市史　第一巻　通史編　古代・中世』伊賀市、二〇一一年）
生駒孝臣『中世の畿内武士団と公武政権』（戎光祥出版、二〇一四年）
同『楠木正成・正行』（戎光祥出版、二〇一七年a）
生駒孝臣編『大阪市史史料第八十五輯　楠木正成関係史料（上）』（大阪市史編纂所、二〇一七年b）
植村清二『楠木正成』（至文堂、一九六二年）
海津一朗『楠木正成と悪党――南北朝時代を読みなおす』（筑摩書房、一九九九年）
筧雅博「得宗政権下の遠駿豆」（『静岡県史　通史編2　中世』静岡県、一九九七年）

熊谷隆之「摂津国長洲荘悪党と公武寺社」（勝山清次編『南都寺院文書の世界』思文閣出版、二〇〇七年）
小西瑞恵「悪党楠木正成のネットワーク」（『日本中世の民衆・都市・農村』思文閣出版、二〇一七年）
佐藤和彦編『楠木正成のすべて』（新人物往来社、一九八九年）
中村直勝「楠木正成の祖先と後裔」（同『中村直勝著作集　第三巻　南朝の研究』淡交社、一九七八年。初出一九三四年）
林屋辰三郎「散所　その発生と展開」（『古代国家の解体』東京大学出版会、一九五五年。初出一九五四年）
藤田精一『楠氏研究』（積善館、一九一五年）

第3部

建武政権・南朝の政策と人材

9 建武政権と南朝は、武士に冷淡だったのか？

建武政権・南朝の恩賞政策

花田卓司

建武政権・南朝のイメージ

建武《けんむ》政権は公家を優遇して武士を冷遇したために、武士からの支持を得られず崩壊した。おそらく、これが建武政権に対する一般的な認識だろう。

たしかに、十四世紀後半に成立した軍記物語である『太平記』には、後醍醐《ごだいご》天皇（一二八八〜一三三九）の寵遇《ちょうぐう》を得て建武政権下で栄達した「三木一草《さんぼくいっそう》」（結城親光《ゆうきちかみつ》〈？〜一三三六〉・楠木正成《くすのきまさしげ》〈？〜一三三六〉・名和長年《なわながとし》〈？〜一三三六〉・千種忠顕《ちぐさただあき》〈？〜一三三六〉）の羽振りのよさが描かれ、さらに、護良《もりよし》親王（？〜一三三五）や寵姫《ちょうき》の阿野廉子《あのれんし》（一三〇一〜五九）、妓女《ぎじょ》・芸能者・官人にいたるまで恩賞を与えたために、武士に与える土地がなくなってしまったことなど、鎌倉倒幕に貢献した大多数の武士を顧みなかったエピソードには事欠かない。

後継政権である南朝も、武士を優遇したイメージは浮かびにくい。というよりも、戦前に誇張されすぎた南朝称揚への反動から、戦後には南朝研究が進まず、関係史料の少なさもあって南朝の実態は不明な点が多かった。

だが、一九八〇年代以降、森茂暁《もりしげあき》の建武政権・南朝研究をはじめ、新たな研究成果によって、建武政権や南朝が武士に積極的に恩賞を授与し、彼らの権益保護を図っていた点や、一部の政策は室町幕府にも影響を与え、継承されたことが明らかにされている。

本稿では、恩賞政策をめぐる近年の研究を紹介しつつ、室町幕府との比較や、その限界について論じる。

建武政権の恩賞政策

元弘《げんこう》三年（一三三三）六月五日、念願の鎌倉幕府倒幕を成し遂げた後醍醐天皇は、伯耆国船上山《ほうきのくにせんじょうさん》（鳥取県東伯郡琴浦町《とうはくぐんことうらちょう》）から京都の二条富小路内裏《にじょうとみのこうじだいり》へ還御《かんぎょ》し、「建武の新政」を開始する。

天皇は、帰京直後に持明院統《じみょういんとう》の後伏見院《ごふしみいん》（一二八八～一三三六）以下に所領を安堵《あんど》し、諸寺社への安堵・寄進に着手したが、武士への恩賞はやや遅れて七月中旬からみえはじめる。建武政権で恩賞業務を取り扱ったのは恩賞方で、元弘三年八月ごろから本格的に活動を開始したと考えられている。なお、恩賞方については本書所収の森幸夫の論考（「建武政権を支えた旧幕府の武家官僚たち」）も参照されたい。

倒幕の恩賞には旧北条氏所領が充てられた。なかでも莫大な所領を得たのが足利尊氏《あしかがたかうじ》（一三〇五～五八）・直義《ただよし》兄弟で、尊氏は伊勢国柳御厨《いせのくにやなぎのみくりや》（三重県鈴鹿市《すずか》）以下の三十カ所、直義は相模国絃間郷《さがみのくにつるまごう》（神奈川県大和市《やまと》）以下の十五カ所を与えられた（「比志島《ひしじま》文書」）。足利・新田《にった》両家に連なる出自から、倒幕戦で尊氏と義貞《よしさだ》との仲介役を務めた岩松経家《いわまつつねいえ》（？～一三三五）も、伊勢国笠間荘《かさまのしょう》（三重県いなべ市）以下の十カ所を得た（「由良《ゆら》文書」）。信濃《しなの》の小笠原貞宗《おがさわらさだむね》（一二九二～一三四七）・豊後《ぶんご》の大友《おおとも》貞宗（？～一三三三）らも綸旨《りんじ》で恩賞を獲得し、奥州《おうしゅう》では陸奥《むつ》将軍府の北畠顕家《きたばたけあきいえ》（一三一八～三八）が武士に恩賞を与えている。

また、尊氏は鎌倉期以来の上総《かずさ》・三河《みかわ》に加えて武蔵《むさし》・伊豆《いず》などの守護職を得、薩摩《さつま》の島津貞久《さだひさ》（一二六九～一三六三）も北条氏に奪われていた日向《ひゅうが》・大隅《おおすみ》を回復した。上野《こうずけ》・越後《えちご》の新田義貞（？～一三三八）、飛騨《ひだ》の岩松経家、摂津《せっつ》・河内《かわち》の楠木正成、播磨《はりま》の赤松円心《えんしん》（一二七七～一三五〇）、伯耆の名和長年、備後《びんご》の朝山時綱《あさやまときつな》、周防《すおう》の大内長弘《おおうちながひろ》（？～一三五一）、長門《ながと》の厚東武実《ことうたけざね》（？～一三四八）、伊予《いよ》の河野通綱《こうのみちつな》らのように、新たに守護に抜擢《ばってき》された者も多かった。

彼らは守護職に補任《ぶにん》されることで、それに付随する守護領の支配権をも手にしたのである。

建武政権下では、旧領主の抵抗や他者の押領《おうりょう》などによって、恩賞地を知行できない武士もいた。こうした問題に対処するため、後醍醐天皇は、恩賞拝領者へ土地を引き渡すよう第三者（おもに国司・守護）に命じる雑訴決断所牒《ざっそけつだんしょちょう》を発給し、綸旨の内容を確実に実行させる方式を案出した。

従来、これは綸旨の権威の後退と評価されてきた。しかし、近年では武士の権益保護を図ったものとして積極的に評価されるとともに、この雑訴決断所牒の機能は、室町幕府の執事（管領）施行状に継承され、幕府の恩賞政策を支える柱となっていくと指摘されている。

恩賞としての官位授与

建武政権の恩賞政策で特筆されるのは、官位が恩賞に用いられた点である。上横手雅敬《うわよこてまさたか》は、主従制を論じるなかで恩賞の時代的変化に触れ、十二世紀末の治承《じしょう》・寿永《じゅえい》の内乱までは朝廷の恩賞として官位が授与されたが、文治《ぶんじ》五年（一一八九）の奥州合戦以後、勲功に対する官位授与が行われなくなり、これが復活するのが建武政権であると指摘している。

ちなみに、鎌倉幕府の御家人が任官するには、寺社の造営に金銭を出資し、その見返りに官途《かんど》奉行が朝廷に任官を推挙する成功《じょうごう》制を基本としていた。

最も目覚ましい昇進を遂げた尊氏は、後醍醐天皇が帰京した元弘三年（一三三三）六月五日に内昇殿《ないしょうでん》を許され、鎮守府《ちんじゅふ》将軍となったのを皮切りに、左兵衛督《さひょうえのかみ》や代々北条氏が帯びていた武蔵守に任官し、参議となって公卿《くぎょう》に列した。直義も左馬頭《さまのかみ》に任じられ、相模守を兼任し、成良《なりよし》親王（一三二六～四四？）を奉じて東国の統治にあたった。位階も尊氏は従二位《じゅにい》、直義は従四位下《じゅしいのげ》に昇進している（『公卿補任』）。

鎌倉期の足利氏は、源頼朝《よりとも》（一一四七～九九）の相婿《あいむこ》足利義兼《よしかね》（？～一一九九）とその嫡男義氏《よしうじ》（一一八九～一二五四）が四位に昇ったが、以後の歴代当主は五位止まりであったことを考えれば、尊氏の急速な昇進がいかに破格だったかがわかる。

従来、尊氏は主要ポストを与えられず、政権内で疎外されたといわれてきたが、最近では、後醍醐天皇の下で、軍事を管掌する立場にいたとの指摘もある。尊氏は政権内での地位でも官位の面でも、かなり厚遇されていたのである。

その尊氏のライバルと目され、鎌倉攻略の大功を挙げた新田義貞も破格の昇進を遂げた。倒幕時には無位無官の「小太郎」にすぎなかった義貞は、元弘三年八月五日の論功行賞で上野・越後・播磨三カ国の国司となり、正四位下・左近衛中将《さこのえちゅうじょう》まで昇進している。

足利尊氏・新田義貞以外に、官位を得た武士も枚挙に遑《いとま》がない。楠木正成は倒幕戦中に左衛門尉《さえもんのじょう》に任じられ、建武政権成立後には、従五位下に叙されて摂津・河内両国の国司となり、名和長年も因幡《いなば》・伯耆両国の国司となった。鎌倉攻めに参加した小山秀朝《おやまひでとも》は下野守《しもつけのかみ》に、菊池武時《たけとき》は鎮西探題《ちんぜいたんだい》討伐の先駆けとして挙兵し、あえなく戦死したが、彼の子息たちは武重《たけしげ》が肥後守《ひごのかみ》、武茂《たけもち》は対馬守《つしまのかみ》、武敏《たけとし》は掃部助《かもんのすけ》、というように恩賞に浴した。

官位の授与は倒幕戦に限らず、建武元年（一三三四）に北九州で発生した規矩《きく》（北条）高政《たかまさ》・糸田貞義《いとださだよし》の反乱鎮圧に功のあった松浦定《まつらさだむ》は肥前守《ひぜんのかみ》に任じられ、中先代《なかせんだい》の乱《らん》を鎮圧した尊氏は従二位に昇進している。

こうした武士たちの昇進ぶりを、北畠親房《ちかふさ》（一二九三〜一三五四）は自身が著した歴史書『神皇正統記《じんのうしょうとうき》』に、「尊氏の一族ではない武士も非常に多く昇進し、昇殿を許された者もあった。それゆえに、ある人は『公家の世に返ったと思ったのに、かえって武士の世になってしまった』と言った」と記し、嫡男の北畠顕家も後醍醐天皇に捧《ささ》げた奏状で、「相応《ふさわ》しい才覚がない者には勲功があっても所領を与えるべきで、官位を与えてはならない」と批判している（「醍醐寺《だいごじ》文書」）。

公家側からこうした批判が出るほど、建武政権では大量の武士が従来の家格を超えた官位を手にしていたのである。

御家人制廃止の真意

武士の反発を招いたエピソードとして有名なのが、御家人制の廃止である。

御家人とは、鎌倉幕府将軍（鎌倉殿）と主従関係を結んだ武士のことをいう。彼らは「御家人役」と呼ばれる各種の軍事的・経済的負担（京都大番役《おおばんやく》など）を務める一方、将軍からの所領安堵や新恩給与（戦功のあった武士に土地を与える）など、非御家人にはない特権を享受しており、鎌倉時代を通じて一種の特権身分化していた。

御家人制の廃止について佐藤進一は、「幕府を廃止した以上、それを前提とする特権的な身分制度も廃止すべきである。つまり武士の身分に御家人・非御家人の別があってはならぬ。すべては一律に天皇の直接支配に属すべきである」と後醍醐天皇の意図を説明し、特権剝奪《はくだつ》により非御家人と同列になった旧御家人層は政権への反発を強めた、というのが通説だった。

ところが、後醍醐天皇は御家人特権を剝奪しようとしたわけではなく、まったく別の意図を持っていたらしい。吉田賢司が注目した建武二年（一三三五）の後醍醐天皇事書《ことがき》には、結城宗広《むねひろ》（?～一三三八）と葛《か》西清貞《さいきよさだ》の忠節を褒め称え、「彼らは鎌倉時代に陪臣《ばいしん》（＝御家人）に成り下がっていたが、現在は天皇に直接奉公し、召し使われるようになったのだから、どうして勇を成さないことがあろうか」と記されている（「結城錦一氏所蔵結城家文書」）。後醍醐天皇は、御家人制廃止は陪臣身分から天皇直属への引き上げという、武士の栄誉と認識していたのである。

この真意は旧御家人たちの理解を得られなかったが、十四世紀初頭には行き詰まりをみせていた御家人役徴収システムに代わって、建武政権が新たに構築・再編した公役・軍役賦課のあり方は、室町幕府にも影響を与えた。天皇の政策は社会の実態に応じたものだったのである。

建武政権崩壊の要因

ここまで述べてきたように、建武政権は武士を冷遇してはおらず、社会の実情に応じた対策をとり、彼らの権益を保護しようともしていた。では、なぜ短命政権に終わったのか。

建武政権は、恩賞の前提となる勲功認定に難問を抱えていた。尊氏の六波羅《ろくはら》攻略戦に参陣した証拠として御家人たちが提出した着到状《ちゃくとうじょう》を見ると、六波羅陥落後の日付がかなりある。ここからは、戦局が明らかになるまで去就《きょしゅう》に迷っていた御家人の姿が浮かび上がってくる。

特に興味深いのは、丹後国《たんごのくに》御家人の日置末清《ひおきすえきよ》が提出した着到状である。この着到状の日付は当初「元弘三年五月十六日」と書かれていたようだが、「十」の字を擦り消し、それに合わせて本文の「今月十六日馳参候《はせさんじそうろう》」(今月十六日に足利軍に馳せ参じました)の部分も、「十」を抹消して「今月自六日馳参候」(今月六日より足利軍に馳せ参じました)と書き改められている(「百鳥講《ももどりこう》文書」)。

おそらく、日置末清はぎりぎりまで去就に迷い、五月七日の六波羅陥落後に足利軍への参加を決意したが、新政権で本領安堵や恩賞を得るために、日付を六波羅陥落以前に書き改め、あたかも自身が六波羅攻略戦に参加したかのように見せたのだろう。

新田義貞の鎌倉攻めでも、百五十騎ほどで挙兵した新田軍が、連戦連勝を重ねて雪だるま式に増加していった様子が『太平記』に描かれている。これも御家人たちが敗色濃厚な幕府を見限り、「勝ち馬に乗る」かたちで新田軍に参加したことを示している。

鎮西探題を滅ぼす功績を挙げた少弐《しょうに》・大友氏ですら、その二カ月前の元弘三年三月に菊池武時から鎮西探題討伐の誘いを受けた際に、逆に武時の使者を斬って探題に味方した過去があるのである。

このように、元弘三年四月まで朝敵だった大部分の御家人たちは、幕府滅亡直前に突如官軍へと変貌《へんぼう》した。当初から奮戦した護良《もりよし》親王や楠木正成らの功績は誰の目にも明らかだが、最終段階で倒幕に参加した御家人たちの勲功をどこまで評価し、いかほどの恩賞を与えるか、これは難しい判断だったにちがいない。

元弘三年七月の官宣旨は朝敵の範囲を「北条高時《たかとき》に味方した者」と規定するが（「熊《くま》谷《がい》家文書」ほか）、これが倒幕の二カ月後に出されている点からも、「どこまでが朝敵なのか」の判断が困難だったことがうかがえる。

実際、武士への恩賞は公家や寺社への恩賞よりも遅れて開始され、現存文書によるかぎり、建武政権成立直後に武士に発給されているのは、所領安堵の綸旨が多くを占める。これは公家・寺社を優遇し、武士に対する恩賞が薄かったというより、勲功認定に時間を要したために、ひとまず現在知行している所領を安堵するので精いっぱいだった事情を物語っているように思われる。

結局、武士たちが建武政権を見放した最大の原因は、恩賞給付が遅々として進まなかったところにある。だが、その全責任が後醍醐天皇・建武政権にあるかというとそうではなく、倒幕時の御家人の去就が、建武政権の恩賞給付を困難にさせていたのではないだろうか。

室町幕府の恩賞政策

建武二年（一三三五）七月の北条時行《ときゆき》（?〜一三五三）の反乱（中先代の乱）をきっかけに鎌倉へ出陣した尊氏は、乱鎮圧後も鎌倉にとどまり、かってに武士に恩賞を与えたために、ついに討伐を受ける身となる。

朝敵となることを恐れて隠遁《いんとん》した尊氏だったが、足利軍を率いて迎撃に出た直義の危急を知ると出陣し、新田義貞率いる官軍を撃破して建武三年正月に入京した。ところが、奥州から駆けつけた北畠顕家に敗れ、二月に九州へ下向する。その途上、尊氏は三つの重要な布石を打った。

一つ目は、持明院統の光厳《こうごん》上皇院宣の獲得である。これによって、足利軍は朝敵の謗《そし》りを免れて光厳上皇院宣を奉じる官軍となり、大いに士気が上がった。

二つ目は、味方となった武士には建武政権下で没収された所領を返す、「元弘三年以来没収地返付令」の発令である。建武政権下では、朝敵ではないにもかかわらず、誤って所領を没収される武士がおり、「返付令」は彼らの支持を得るうえで効果を発揮した。

そして三つ目は、「室津《むろつ》の軍議」において、後醍醐天皇方の追撃阻止と来るべき上洛《じょうらく》のために、山陽道・四国へ足利一門の大将を配置したことである。尊氏は、四国に派遣する細川氏に「現地で勲功の軽重によって武士に恩賞を行うように」と命じたという（『梅松論《ばいしょうろん》』下）。

これは、尊氏と別行動をとる大将に行賞権を委ねることで、各国武士へのすみやかな恩賞給付を可能にしようという意図からなされたと考えられる。以後、細川氏をはじめ各地の足利一門の大将が、武士に恩賞を与える文書を発給している。武士を掌握するためには彼らの所領安堵と迅速な恩賞給付がなにより重要であることを、尊氏はよく認識していたのである。

九州で態勢を立て直した尊氏は、建武三年六月に再上洛を果たす。八月には光明《こうみょう》天皇（一三二二～八〇）を擁立し、十一月に「建武式目」を制定して室町幕府の体制は徐々に整備される。これと並行して、尊氏は幕政の大部分を直義に委譲していった。最終的に尊氏は、武士に対する恩賞給付と守護職補任のみを行い、所領安堵・裁判・軍事指揮などは直義が管掌するところとなった。

幕府の体制が整うにしたがい、恩賞給付が尊氏の下に一元化されたかというとそうではない。奥州管領・鎌倉府・鎮西管領や足利一門の大将・守護らは、引き続き指揮下の武士に恩賞や感状を与えている。大将・守護が恩賞を与えることは、幕府がたびたび制止しており、彼らの行為は正当な権限行使ではなく、あくまでも黙認されただけにすぎない。だが、全国各地で戦闘が続くなか、恩賞の遅延による武士たちの離反を回避するためにも、大将・守護による恩賞給付は現実的な措置であり、内乱初期の時点で幕府が優位を築く要因にもなった。

各地の南朝勢力と武士

一方の南朝では、どのような恩賞政策がとられたのか。当然ながら、後醍醐天皇以下、歴代の南朝天皇は、綸旨によって武士への恩賞給付を行った。それとともに、各地に派遣された親王や軍事指揮者たちも、積極的に所領や官位を与えていた。

南朝から特に大幅な権限を認められていたのが、延元《えんげん》三年（一三三八）から五年間にわたって常陸国《ひたちのくに》で南朝軍を指揮した北畠親房と、九州に派遣された懐良《かねよし》親王（？～一三八三）および後征西将軍宮《ごせいせいしょうぐんのみや》をトップとする征西将軍府である。

北畠親房は陸奥《むつ》・出羽《でわ》を含む東国の最高指揮官で、軍事指揮権はもとより、所領安堵や恩賞給付の権限を認められ、東国武士の任官には親房の推挙が必要とされた。征西将軍府についても、早くから行賞権を認められていたこと、九州武士の任官は懐良親王の推挙で行われ、国司や守護職も独自に補任するようになっていくことなどが明らかにされている。

北畠親房が、関東執事の高師冬《こうのもろふゆ》（?〜一三五一）率いる幕府軍を苦戦させ、征西将軍府が大宰府《だざいふ》を占領し、鎮西管領の一色氏《いっしき》を駆逐して九州全域を支配する勢いをみせたのは、南朝の分権策の成果にほかならない。

また、正平《しょうへい》六年（一三五一）から同十年まで、中国地方にいた常陸《ひたち》親王の活動も顕著である。特に、正平一統《しょうへいいっとう》（南朝による南北朝合一）の時期とほぼ重なる正平六年九月から翌年三月までは、十七通の令旨《りょうじ》のうち九通が所領安堵・給付で、四通が任官を認める内容であるなど、盛んに所領や官位を与えている。

任官を認める令旨については、常陸親王は武士たちの任官を南朝へ推挙しつつ、任官の正式文書である口宣案《くぜんあん》が吉野から届くまでに時間がかかるので、便宜的に官職を名乗ることを認める令旨を出し、武士たちを自陣につなぎとめようとしたものと指摘されている。

ほかにも、大塔若宮《おおとうのわかみや》・将軍宮・兵部卿《ひょうぶきょう》親王と呼ばれた興良《おきよし》親王（護良親王の子で後醍醐天皇猶子《ゆうし》、常陸親王と同一人物の可能性あり）や、関東を転戦した新田義宗《よしむね》（?〜一三六八）・義興《よしおき》（一三三一〜五八）、奥州の北畠顕信《あきのぶ》や伊勢の北畠顕能《あきよし》らが、武士への所領安堵・給付や南朝への官位推挙をしている。

南朝の恩賞政策で特徴的なのは、官位を積極的に利用している点である。これは建武政権の恩賞政策の継承であるとともに、敵方からの没収所領や自身の所領を元手にせねばならない所領給付とは異なり、官位授与には原資が不要であることも、積極的授与の背景にあったと考えられる。

後醍醐天皇以来、恩賞は勅裁《ちょくさい》事項であり、天皇のみがこれを行ったと思われがちな南朝だが、室町幕府が大将や守護に恩賞を給付させたのと同じように、親王や軍事指揮者に行賞権を分与することで各地の武士たちの結集を図り、成果を挙げていたのである。

先進的だった南朝の恩賞政策

南朝が官位を恩賞として積極的に利用していた一方で、室町幕府では当初恩賞としての官位授与は行われず、直義管轄の官途奉行の下、鎌倉期以来の成功制により武士の任官が行われていた。

ところが、観応《かんのう》の擾乱《じょうらん》（一三五〇～五二年）で足利直義が没落すると成功制は消滅し、代わって尊氏・義詮《よしあきら》（一三三〇～六七）父子や奥州探題・九州探題などが、軍功に基づいて武士の任官を推挙するようになる。

山田貴司は、擾乱後の幕府が行った軍功に対する任官推挙の淵源《えんげん》が建武政権にあること、各地の南朝勢力が恩賞として官位を授与し、一定の成果を挙げていたために、これに対抗する目的で幕府も恩賞としての官位授与を開始したことを指摘している。

室町幕府が南朝の政策を取り入れたのはこれだけではない。

戦闘が恒常化した南北朝期には、幕府・南朝とも戦費調達のために公家や寺社の所領を「兵粮料所《ひょうろうりょうしょ》」という名目で武士に与えている。兵粮料所といって想起されるのは、室町幕府が観応三年（一三五二）に発した半済令《はんぜいれい》だろう。半済令では「当年一作」、すなわち一年限定で兵粮料所を武士たちに与えることが認められた。兵粮料所を与える際に年限を明記する事例は、幕府側では半済令の四年前、貞和《じょうわ》四年（一三四八）からみられるようになる。

一方の南朝では、延元三年（一三三八）に後醍醐天皇が、興国《こうこく》六年（一三四五）・同七年には南朝二代の後村上《ごむらかみ》天皇（一三二八～六八）が、「当年」限定で武士に兵粮料所を与えている（「名和文書」ほか）。これらは、幕府が年限を明記しはじめるよりも早く、兵粮料所給付を一年に限定する方策は、内乱初期に後醍醐天皇が創始したものと考えられる。

そもそも、公家・寺社領を兵粮料所として武士に給付することは、戦闘継続のために必要ではあったが、収益の一部を失う公家・寺社からの反発を招きかねない措置だった。その点、これを一年限定と明示する後醍醐天皇の方策は、兵粮料所を必要とする武士の需要に応えつつ、公家や寺社には一年限りの措置であることを約束して、その反発を和らげる効果が期待できた。

貞和四年以降の畿内《きない》の戦況激化や、観応の擾乱の勃発とその後の京都争奪戦により、兵粮料所を確保する必要があった幕府は、南朝の政策に倣《なら》って一年限定での兵粮料所給付を開始し、さらに半済令で「当年一作」と明示することで、公家や寺社の不満を軽減しようとしたのである。

南朝の限界

南朝にとって幕府打倒の千載一遇の好機は、観応の擾乱とそれに続く正平一統・京都争奪戦の時期であった。事実、観応の擾乱後の十年間で南朝軍は四度の京都占領を果たしている。

この時期の後村上天皇綸旨には、恩賞は「一同の時、沙汰あるべし」という特徴的な文言が記されている（「小野寺文書」ほか）。これまで、「北朝を併合し、天下一統を成し遂げた暁に恩賞を与えよう」と解釈されてきたが、三浦龍昭《たつあき》は、「他者と同時に（一緒の時に）恩賞を与えよう」と解釈すべきだと主張している。つまり、武士が勲功を挙げた時点で逐次《ちくじ》恩賞を与えるのではなく、一斉に論功行賞する方針を示したものだというのである。

これは抜け駆け的な恩賞獲得を抑制し、他者と「公平」「平等」に恩賞を与えると約束することで、綸旨拝領者を安心させる意図からなされたらしい。とはいえ、必要とあれば戦闘中でも即座に手ずから恩賞を与え、武士たちを鼓舞した尊氏のやり方とは対照的といわねばならない。

また、窮乏の度合いを強めていった南朝は、武士に与えた所領所職を朝用分（朝廷財源）として召し返すこともあった。和泉国《いずみのくに》の和田《みきた》氏は、後醍醐天皇から大歌所《おおうたどころ》十《と》生長《しょうちょう》官職《かんしき》（催馬楽《さいばら》・神楽などを司《つかさど》る役所）を与えられ、それに付随する所領を知行していたが、正平十五年（一三六〇）前後に朝用分として召し返され、収益の大部分を失ってしまった。生駒孝臣は、和田氏が幕府に帰順したのはこれが原因であると想定する。

南朝は地方分権を進め、官位・所領ともに積極的に授与し、武士に公平な恩賞を約束して安心感を与えようと努めていた。

しかしながら、南朝が置かれた状況は厳しく、軍事面で主柱となるべき人材や各地の拠点を次々と失い、朝廷を維持するために、南朝を支えている武士たちに不利益を強いるという矛盾した行為もせざるをえなかった。

こうした点が、武士が南朝から離れていく要因となり、南朝の弱体化にいっそう拍車をかけることになったのである。

〔主要参考文献〕

新井孝重「興良・常陸親王考」(同『日本中世合戦史の研究』東京堂出版、二〇一四年、初出二〇〇一年)
生駒孝臣「南朝と畿内武士」(同『中世の畿内武士団と公武政権』戎光祥出版、二〇一四年)
伊藤喜良『東国の南北朝動乱』(吉川弘文館、二〇〇一年)
上杉和彦「鎌倉幕府と官職制度」(同『日本中世法体系成立史論』校倉書房、一九九六年、初出一九九〇年)
漆原徹『中世軍忠状とその世界』(吉川弘文館、一九九八年)
上横手雅敬「封建制と主従制」(『岩波講座　日本通史　第9巻　中世3』岩波書店、一九九四年)
金子拓『中世武家政権と政治秩序』(吉川弘文館、一九九八年)
亀田俊和「建武政権雑訴決断所施行牒の研究」(同『室町幕府管領施行システムの研究』思文閣出版、二〇一三年)
佐藤進一『日本の歴史9　南北朝の動乱』(中央公論社、一九六五年)
田代誠「軍陣御下文について」(『国史談話会雑誌』二八号、一九八七年)
中村直勝「米穀経済から貨幣経済へ」(同『中村直勝著作集　第三巻　南朝の研究』淡交社、一九七八年、初出一九三五年)
花田卓司「南北朝期室町幕府における守護・大将の所領給付権限」(『古文書研究』六六号、二〇〇八年)
同「初期室町幕府の所領政策と建武政権・南朝」(『立命館史学』二九号、二〇〇八年)

三浦龍昭『征西将軍府の研究』（青史出版、二〇〇九年）
桃崎有一郎「建武政権論」（『岩波講座　日本歴史　第七巻　中世二』岩波書店、二〇一四年）
森茂暁「建武政権の構成と機能」（同『増補改訂　南北朝期公武関係史の研究』思文閣出版、二〇〇八年、初出一九七九年）
同『皇子たちの南北朝』（中央公論社、一九八八年）
同『南朝全史』（講談社、二〇〇五年）
山田貴司「南北朝期における武家官位の展開」（『古文書研究』六六号、二〇〇八年）
吉田賢司「建武政権の御家人制「廃止」」（上横手雅敬編『鎌倉時代の権力と制度』思文閣出版、二〇〇八年）
吉原弘道「建武政権における足利尊氏の立場」（『史学雑誌』一一一編七号、二〇〇二年）

【付記】本稿は、平成二十七年度科学研究費補助金（特別研究員奨励費）による研究成果の一部である。

10 文書行政からみた〈南朝の忠臣〉は誰か？

南朝に仕えた廷臣たち

杉山 巖

南朝の文書行政を支えた貴族たち

天皇家が分立状況にあった南北朝時代、南朝に仕えた貴族たちは、どのような理由から南朝に仕え、またどのように行動したのであろうか。本稿では、この問題を考えていくことにしたい。

戦前、南朝と北朝という二つの朝廷をどのように位置づけるかをめぐる論争が行われ、明治四十四年（一九一一）には「南北朝正閏《せいじゅん》問題」という政治的問題に発展した（廣木：二〇一二）。その結果、本書の別稿でも取り上げられているように、南朝を正統とする公式見解が確立し、〈南朝の忠臣〉を顕彰する動きが盛んになった。

しかし〈南朝の忠臣〉として注目を集めたのは、楠木正成《くすのきまさしげ》（?〜一三三六）や新田《にった》義《よし》貞《さだ》（?〜一三三八）など南朝方の武士たちであった。数少ない例外が、『神皇正統記《じんのうしょうとうき》』を著した北畠親房《きたばたけちかふさ》（一二九三〜一三五四）やその子息の顕家《あきいえ》（一三一八〜三八）であるが、彼らにしても南北朝時代という動乱期にあって、南朝を支えた〈闘う貴族〉としての側面が強調された。

南朝に軍事的に貢献した人物だけが脚光を浴びる一方で、南朝を行政面で支えた貴族たちについては顧みられることがなく、その傾向は戦後も続いたのである。

このような研究状況の背景には、南朝研究そのものの立ち遅れがある。戦前の議論の多くは、南朝を正統として南北朝時代を「吉野朝時代」と呼称するような大義名分論に傾き、文献史料によって南朝・北朝の実態を分析するという研究からは程遠いものであった。

一方、戦後の歴史学においては、戦前の歴史観の否定やその裏返しにとどまり、本格的な南朝の研究は立ち遅れていたのである。南朝の比較対象となるべき北朝に関しても、室町幕府に擁立されただけの存在として軽視され、朝廷の政治機構を一次史料によって検討する研究は比較的近年まで見られなかった。

だが近年、南朝と北朝という二つの朝廷に関する研究が大きく進展した。まず北朝の政治システムやその発給文書について、森茂暁《しげあき》による詳細な研究がなされ（森：二〇〇八）、さらに建武《けんむ》政権・南朝の発給文書のうち「宮令旨《みやりょうじ》」と呼ばれる文書の様式や機能が、森茂暁・三浦龍昭《たつあき》らによって明らかにされた（森：二〇〇六、三浦：二〇〇九）。筆者も、建武政権期から南朝が発給した綸旨《りんじ》について検討し、南朝の文書行政を支えた貴族たちの性格を明らかにした（杉山：二〇一四）。

こうして文献史料に基づく南朝の研究が積み重ねられるなかで、北畠親房の歴史的イメージも再考され、鎌倉時代から南北朝時代にかけての朝廷の政治システムのなかに位置づける研究も現れたのである（本郷：二〇一〇）。

そこで本稿では、これらの研究成果を受けて、南朝の宮廷の人的構成を復元し、彼らがどのような理由で南朝に仕えたのかを考えることにしよう。

建武政権と南北両朝の訴訟制度

天皇の命令を伝える綸旨は、建武政権・南朝が発給する文書のなかで最も主要な文書であり、建武政権・南朝の文書行政について考えるうえで欠かせない史料といえる。

建武政権や南朝が発給した綸旨は、大きく二つの性格のものが残されている。一つは、軍勢催促状のような発給者本位の文書である。もう一つは、さまざまな権利を保障する文書である。こうした文書は、文書の受給者、すなわち権利者の側が発給者に働きかけ、さまざまな交渉と妥協を経た結果として発給される。例えば、所領安堵《あんど》の綸旨などの場合は、発給者の申請、すなわち訴訟に応じて発給されるのである。

その際、正規の訴訟手続きの受け入れ窓口となり、さらにはその訴訟案件の担当奉行を務め、判決書にあたる綸旨を自筆で執筆する書記官の役をも務めるのが職事《しきじ》、すなわち〈天皇の秘書室〉たる蔵人所《くろうどどころ》に参仕《さんし》する蔵人である。職事＝蔵人は、訴訟の奉行として、室町幕府の訴訟制度における担当の奉行人と同様の役割を果たしていた（杉山：二〇一四）。

ここで、森茂暁によって明らかにされている、北朝と南朝における訴訟の処理の過程を概観しておきたい。まず北朝の訴訟については、多くの史料が残されており、おおよそ次のような過程を経て判決にいたったことが明らかにされている。

まず、①職事・弁官《べんかん》によって案件が受理されると、②評定《ひょうじょう》が行われ、③評定の結果を伝奏《てんそう》が院（天皇親政期は天皇）に奏聞《そうもん》して仰詞《おおせことば》を受け、④それによって判決が確定し、確定判決書としての院宣《いんぜん》（または綸旨）が発給される。

院宣や綸旨のなかには、審理の途中で発給されたものもあるが、確定判決書としての院宣や綸旨は年号を記した「書《か》き下《くだ》し年号」であるのに対し、途中経過のなかで出されたものは無年号であることが多い。

このような北朝の訴訟制度に対し、南朝のそれは、史料が乏しいため未解明な部分が多い。しかし、評定目録が残されていることから考えると、①案件の受理、②評定、③奏聞、④判決の確定、という基本的なシステムは、北朝と同様であったと考えられる。

「綸旨」を書いたのは誰か？——南朝の蔵人を探る

南朝の宮廷を構成した公卿《くぎょう》や蔵人の人的構成、さらに彼らがどのような形で文書の発給に関わったかという問題は、従来ほとんど検討されてこなかった。

これは、鎌倉時代や建武政権期、さらには北朝の朝廷で文書行政を担当した人々については、『公卿補任《ぶにん》』『弁官補任』『職事補任』などの職員録によって、その文書を作成した人（奉者）をある程度特定することができるのに対し、南朝においてはそのようなツールがないことによるものであった。

そうしたなかで、東京大学史料編纂所《へんさんじょ》編『花押《かおう》かがみ』南北朝時代（全四冊、吉川弘文館、二〇〇二〜一〇年）が刊行された。これは、南北朝時代の人々のサイン（花押）を集めた花押集である。この刊行により、花押の〈絵合わせ〉を行う基盤が提供され、綸旨をはじめとする、南朝の発給文書の発給者を分析することも可能となった。

ここで、一通の綸旨を取り上げて、その作成者を特定する〈謎解き〉のプロセスを簡単に紹介しておこう。

次に示す文書は、興国《こうこく》元年（一三四〇）八月二十二日の「後村上《ごむらかみ》天皇綸旨」で、島根県の「鰐淵寺《がくえんじ》文書」に伝えられているものである。

出雲《いずも》国三所《みところ》郷の地頭職は、以前の綸旨に従い、鰐渕寺の根本南院の支配を間違いなく安堵すると、天皇のお考えはこのとおりである。このとおりにするように。そこでこの文書を出す。

　興国元年八月廿三日　勘解由次官《かげゆのすけ》（花押）

（出雲国三所郷地頭職、先度《せんど》の綸旨に任《まか》せ、鰐渕寺根本南院知行、相違あるべからずてえれば。天気かくのごとし。これを悉《つく》せ。以《もっ》て状《じょう》す）

　この文書は、出雲国三所郷の地頭職を鰐淵寺（島根県出雲市に所在）の南院に安堵したものである。

　当時、鰐淵寺の南院は、北朝に近い立場を取っていた北院に対し、南朝に近い立場を取っており、南院の僧である頼源《らいげん》は、吉野に赴いて活動していた。奉者の署名は、単に「勘解由次官」と記されているのみで、これだけでは具体的な人名はわからない。

　そこで、署名の下に記されている花押を手がかりとして、花押の〈絵合わせ〉を行うと、この文書の花押は、高倉朝任《たかくらともとう》という人の花押と一致する。さらに、本文書が出された時期に程近い興国元年十一月二十四日の「後村上天皇口宣案写《くぜんあんうつし》」によれば、「蔵人勘解由次官藤原朝任〈奉《うけたまわる》〉」との署名があることから、「鰐淵寺文書」に残された綸旨の奉者は、高倉朝任と確定されるのである。

　こうして個々の綸旨の奉者を確定し、奉者が確定された文書と他の文書について花押の「絵合わせ」を行うことで、南朝の蔵人の補任の沿革を復元することができる。
さらに、その人物の昇進の過程を探ることで、南朝の宮廷の特質を考え、これまで正しく理解されてこなかった文書についても、正確な位置づけを行うことができるようになる。

南朝を支えた廷臣たちとその家系

次に、そのような事例をみてみよう。

当寺で、特に先帝の御菩提《おんぼだい》を弔い申し上げるよう、内々に命じられました。謹んで申します。

八月十一日（花押）

久米多寺僧衆等中

（当寺に於《お》いて、殊に先朝の御菩提を訪《とぶら》ひ奉るべきの由、内々に仰せ下され候なり。謹言）

この文書は、和泉《いずみ》国（大阪府南西部）の「久米田寺《くめだでら》文書」として伝来したものである。
この文書には、「先帝光厳院《こうごんいん》の御菩提を訪ひ奉るべきの旨、光明《こうみょう》帝綸旨」という貼紙が付けられており、その記述から、北朝の光厳上皇（貞治《じょうじ》三年七月七日没。一三一三〜六四）の供養を命じた光明天皇（光厳天皇の弟。一三二一〜八〇）の綸旨とされてきた。「久米田寺文書」を紹介した『久米田寺の歴史と美術』（岸和田市立郷土資料館、一九九九）は、さすがに北朝の光明天皇の綸旨ではないことに気づいたものと思われるが、それでも「某奉書」とされ、本文書の正しい位置づけはなされていなかった。

日付の下には奉者の署名はなく、花押が記されているのみで、誰が作成した文書なのか、にわかにはわからなかったのである。

そこで、この花押型を探ると、本文書は吉田光任《みつとう》という南朝の廷臣が奉じた文書と判断することができる。すなわちこの文書は、実は吉田光任が奉じた後村上天皇（後醍醐《ごだいご》天皇の皇子。一三二八〜六八）の綸旨で、延元《えんげん》四年（一三三九）八月十六日に死去した後醍醐天皇の忌日《きにち》に先立ち、その供養を命じた文書ということになる。

花押の〈絵合わせ〉によって明らかになるのは、それだけではない。それぞれの廷臣たちがどのように昇進したのか、その沿革をたどることで、南朝の宮廷の性格を明らかにすることができるのである。

以上に実例を示したような基礎的な分析を経て、建武政権・南朝の蔵人の補任沿革を探ると、鎌倉時代末期に後宇多《ごうだ》上皇（後醍醐天皇の父。一二六七〜一三二四）によって取り立てられた人々の子孫が、引き続き後醍醐天皇の親政（建武政権）、さらには南朝に仕えて文書行政に参画していたとみることができる（左表「南朝の蔵人たち」を参照）。
具体的には、次のような人々である。

〔坊門《ぼうもん》〕俊輔―清忠―親忠
〔一条（世尊寺《せそんじ》）〕行房―伊実
〔中院《なかのいん》〕光忠―具光┬具忠
　　　　　　　　　└具氏
〔六条〕有忠―〔千種《ちぐさ》〕忠顕―顕経
〔日野〕俊光―資朝―邦光―資茂
〔吉田〕為経┬経任┬為俊―光方―光任―経高
　　　　│　　└経守┬光守―経国
　　　　│　　　　└朝任
　　　　└経長―定房┬宗房
　　　　　　　　　└守房
〔葉室《はむろ》〕光顕―光資

また、十四世紀の中ごろ、後村上天皇親政期の後半以後になると、同一の官職に一人の人物が在任する期間が長くなり、さらに兼官も多くなる傾向にある（杉山：二〇一四）。これは、南朝の宮廷の人材不足を背景とするものであろう。

ところで、建武政権や南朝の人材登用について、かつての研究では、後醍醐天皇は身

天皇	蔵人頭	蔵人
後醍醐	葉室長光 千種忠顕 坊門清忠 中院具光 吉田宗房 源持定 一条行房 吉田光任 坊門親忠	中御門経季 中御門宣明 岡崎範国 高倉光守 冷泉定親 甘露寺藤長 御子左為忠
後村上	源通博 中院具忠 日野邦光 御子左為忠 藤原家氏 洞院公夏 藤原宗教 阿野実為 千種顕経 藤原顕方 中院具氏 八条実興 藤原実秀 一条伊実 菅原時長 藤原経清 平成棟	高倉光守 吉田光任 坊門親忠 高倉朝任 藤原正雄 藤原光有 吉田守房 徳大寺実篤胤 葉室光資 高倉経国 平時経 藤原兼頼 押小路惟季
長慶	八条実興 平惟長 源忠雄 日野資茂	葉室光資 平成棟 平時熙
後亀山	平惟長 藤原兼氏	葉室光資 平時熙 日野資茂

南朝の蔵人たち

分や家柄にとらわれない抜擢《ばってき》人事を行った、と積極的に評価する向きもあった。

しかし近年、鎌倉時代後期の朝廷と南北朝時代の朝廷とを比較することによって、そのような考え方はしだいに否定されつつある（本郷：二〇一〇など）。綸旨の奉者の昇進過程からみた南朝の廷臣たちの官職とその昇進からみても、後醍醐天皇や南朝の人材登用のほとんどは、鎌倉時代後期以来の近臣の子孫を先例にしたがって任用するものであったといえよう。

朝廷の実務を担う蔵人の構成をみても、建武政権は鎌倉時代後期の朝廷社会のあり方をそのまま引き継いだものと評価することができる。さらに、南朝においては、その建武政権期の特質をそのまま引き継ぎ、それが〈縮小再生産〉しながら、時に北朝から参じてくる廷臣たちがいたことで、人的基盤を確保していたのである。

蔵人と上卿——「綸旨」を得るための二つのルート

以上のように、まず〈天皇の秘書室〉にあたる南朝の蔵人所の人員構成を復元したのであるが、もう一つ考えておかなくてはならない存在に、「上卿《しょうけい》」がいる。

「上卿」とは、朝廷内の案件ごとの責任者のことで、大臣クラスの上級廷臣である公卿が担当した。南朝の上卿は、訴訟に際し、評定の決定などにも大きな影響を与えている。

前掲の興国元年（一三四〇）八月二十二日の「後村上天皇綸旨」を与えられた頼源と

いう僧侶は、のちに自身が南朝から賜った文書の目録を作成した際、例えば「一通、同所（三所郷）安堵の綸旨、〈興国元年八月廿三日、大和国吉野御所においてこれを下さる。上卿、四条大納言隆資《たかすけ》卿。職事、中御門《なかのみかど》勘解由次官《かげゆのすけ》光任《みつとう》朝臣〉」のように記し、「上卿」と「職事」の名を挙げている。

「職事」すなわちその訴訟を担当する蔵人が、どのような形で綸旨の発給に関与したかは、すでに述べた。それでは、一方の「上卿」は、綸旨の発給にどのように関与したのであろうか。

上卿は、訴訟を担当する奉行である職事に指示をする立場にあるため、訴訟に大きな影響力を持つ。そのため、綸旨を受給する権利者が、訴訟の表の窓口である職事ではなく、上卿に直接働きかけ、綸旨を獲得した事例がみられる。その経緯を次に紹介しよう。

正平《しょうへい》十二年（一三五七）四月、河内国の観心寺《かんしんじ》（大阪府河内長野市に所在）は、開基である実恵《じちえ》（?～八四七）という僧侶に贈号《ぞうごう》を賜るよう、南朝から東寺長者に補任されていた頼意《らいい》をとおして申請を行った（「観心寺文書」）。申請先は、もちろん南朝である。

このとき、観心寺から依頼を受けた頼意は、蔵人・勘解由次官の吉田経高《つねたか》をとおして、その父である吉田光任に働きかけている。

次いで五月、後村上天皇の観心寺への臨幸《りんこう》が行われたが、観心寺の側では、頼意をとおして実恵に対する僧正の贈号を再び申請している。

こうした働きかけが功を奏し、同年六月七日、実恵に僧正《そうじょう》の号を追贈する旨を記した綸旨が下される。このとき、綸旨を書き下した者、すなわち担当の奉行を務めた職事は、蔵人・左少弁《さしょうべん》の藤原兼頼《かねより》であった。こちらがいわば〈表の担当者〉ということになるだろう。

以下にその綸旨を掲げる。

観心寺の本願である実恵僧都《そうず》に、僧正の号を贈られる。それぞれ承知するよう、寺家(観心寺)に(頼意から)命じられるよう、天皇のお考えです。そこでこのとおり申し上げます。兼頼が謹んで申し上げます。

正平十二年六月七日　左少弁(花押)〈奉〉

進上　東寺長者僧正(頼意)御房

(観心寺本願実恵僧都、僧正を贈らるるところなり。かつがつ存知すべきの旨、寺家に下知せしめ給ふべきの由、天気候ふところなり。仍《よ》って言上件《ごんじょうくだん》の如《ごと》し。兼頼恐惶謹言《きょうこうきんげん》)

このとき、同日付で次の吉田光任書状が綸旨に添えて、頼意に送られた。頼意は、この書状を「上卿中御門大納言奉書」と記している。

「中御門大納言〈観心寺本願贈号事、／正平十二　六　七〉」（端裏書）

観心寺が申請していた本願の実恵僧都に僧正の号を贈ることについて、重ねて（後村上天皇に）伺い申し入れましたところ、間違いなくお許しが出ました。そこで、綸旨が下されました。ご承知おきください。謹んで申し上げます。

六月七日　光任

護持院僧正（頼意）御房

（観心寺申す本願実恵僧都贈号僧正の事、重ねて伺ひ申し入れ候ふところ、勅許相違なく候ふ。仍《よ》って綸旨を下さる。存知せしめ給ふべく候ふなり。恐々敬白《きょうきょうけいびゃく》）

この文書は、頼意をとおして観心寺よりなされた実恵に対する贈号の申請が、以下のような人的ネットワークのもとになされたことを示している。

すなわち、頼意より吉田経高に働きかけ、経高の父である上卿の吉田光任を経て後村上天皇に奏上され、贈号が勅許されたのを受けて、職事の藤原兼頼が綸旨を書き下したというものである。

この場合、職事はもっぱら書記官としての役割のみを果たし、実際の働きかけは吉田経高→吉田光任というルートで行われたことがわかる。

上卿にいたる二つの道

綸旨を獲得しようとする権利者にとっては、奉行の職事という訴訟の正規の窓口に訴状を提出するルートのほかに、奉行の職事に指示する上卿に対して直接働きかけるというもう一つのルートが存在していたことがうかがえる。

そして、正平十一年（一三五六）より観心寺が運動してきた実恵に対する贈号が、正平十二年になって上卿のルートに働きかけたことによって約二カ月で実現したことは、この上卿に働きかけるというルートが、綸旨を獲得するうえで大きな意味を持っていたことを示しているのではあるまいか。

そして、このような南朝の「上卿」の立場に立った公卿には、次のような二つの類型が見られる。一つは、すでに取り上げた〈天皇の秘書室〉である蔵人所に勤め、弁官・蔵人として文書行政に長く携わってきた人物である。例えば、本稿で取り上げた吉田光任などはその典型的な人物ということができる。

第二に、近衛府《このえふ》の少将・中将を経て、蔵人頭《くろうどのとう》から公卿となった者である。彼らは、すでにみたように、後宇多上皇以来、後宇多—後醍醐の皇統に仕えたものが多いが、なかには、この皇統とはそれほど深い関わりがないにもかかわらず、なんらかの理由で南朝にやってきた廷臣たちもいる。

そこで、南朝の廷臣たちは、どのような理由で南朝に仕えたのかを探ることにしよう。

「南朝生え抜き組」と「北朝からの転向組」

まず、弁官・蔵人として昇進し、公卿になったあとも南朝の文書行政を支えた人物として、吉田光任の経歴をみてみよう。その昇進の過程をたどると、おおよそ次のようなものとなる。

光任は、延元《えんげん》元年（一三三六）に蔵人・勘解由次官として後醍醐天皇に参仕し、後醍醐の没後も引き続き後村上天皇の蔵人を務めた。その後も昇進を続け、後村上天皇の蔵人頭・右大弁《うだいべん》を経て公卿に列した。このような昇進のルートは、吉田家を興した鎌倉時代の公卿、藤原経房《つねふさ》（一一四二～一二〇〇）の先例に倣《なら》ったものと考えられる。

さらに光任は、公卿に昇進したあとも、後村上天皇に近侍し、その文書行政に参画する。本稿で取り上げた「上卿」を媒介とした綸旨の発給ルートの存在がそれを示している。彼らは、いわば文書行政によって南朝を支えた〈南朝の忠臣〉である。

一方、北朝に仕えていた人物が、なんらかの理由によって南朝に参じてくる場合もあった。こうした貴族や官人らは、南朝の文書行政や儀式、さらには学問的な側面を補強することとなった。

北朝から南朝に参仕してきた貴族としては、後醍醐との親密な関係や一族内の対立から建武四年（一三三七）四月に吉野に出奔した北朝の関白近衛経忠《つねただ》（一三〇二～五二）や、家学の問題から南朝に赴いたと考えられている御子左為忠《みこひだりためただ》らがいる。

さらに、北朝から南朝に参仕した貴族の動向を探ると、それまで必ずしも後宇多―後醍醐の皇統と密接であったわけではない者たちもみえる。冷泉定親《れいぜいさだちか》や平時経《ときつね》といった蔵人・弁官を歴任して北朝の公卿に昇進していた人物たちがそれである。

まず、そのうちの一人である冷泉定親の官歴をたどってみよう。

冷泉定親は、鎌倉末期の元徳《げんとく》三年（一三三一）三月、後醍醐天皇の蔵人となる。同年九月、鎌倉幕府の申請により光厳天皇が即位し、翌年三月には後醍醐が隠岐《おき》に配流されるが、定親はそのまま京にとどまって弁官として昇進する。

次いで建武政権期に入ると、建武元年（一三三四）正月に改めて後醍醐天皇の蔵人となり、綸旨の発給に職事として関与する。そして建武三年八月に光明天皇が即位して南北朝時代を迎えると、そのまま北朝に仕えている。ここから、定親は後醍醐に対して特別な忠誠心を抱いておらず、その時々の天皇に仕えていたにすぎないことがわかる。

その定親が南朝に祗候《しこう》する契機となったのは、観応《かんのう》二年（一三五一）のいわゆる「正《しょう》平一統《へいいっとう》」である。

室町幕府内部の政治的な抗争を受けて、南北両朝が一時的に一体となった際、定親は後村上天皇に仕えることとなり、その後はそのまま南朝に祗候し、康暦《こうりゃく》二年（一三八〇）以前に出家していることが知られる。

冷泉定親のように、京都で長く文書行政に携わってきた公卿が、南朝に祇候するにいたった背景はどのようなものであろうか。

当時、北朝の院宣の発給は、もっぱら柳原資明《やなぎわらすけあきら》・油小路隆蔭《あぶらのこうじたかかげ》・高階雅仲《たかしなのまさなか》・勧修寺経顕《かじゅうじつねあき》が主導し、他の職事・弁官を経て昇進してきた公卿が参与する余地が少なかった。また、父母の死去などもあって、参議に昇進して以後、定親の昇進は滞っていた。定親のように北朝への不満から南朝に祇候してくる公卿らが一定数おり、後宇多以来の「忠臣」の家系の人々とともに南朝の行政に参与したのである。

どのような人物が〈南朝の忠臣〉か？

以上みたように、南朝に仕えた貴族たちの基本的な性格は、鎌倉末期の後宇多院政期、さらには建武政権期に後宇多・後醍醐に仕えた人々と、その子孫を中核とする集団であったということができる。それが縮小再生産をしながら、南朝という皇統を支えていたのである。

南朝にも北朝にも、また室町幕府にも特に思い入れのない一般的な都市の荘園領主は、その時々の政治的・軍事的な動向に敏感に対応して、政権からの安堵を求めた（杉山：二〇一四）。

すなわち政権にとっては、都市の荘園領主に対してその権利を保障するだけの軍事的・政治的勢力を確保することが重要であった。その際、軍事力の裏づけとなるのが、武士の帰趨《きすう》であったことは言うまでもない。しかしその一方で、南朝が朝廷として機能するには、文書行政に携わる廷臣が不可欠であった。

本稿で取り上げた吉田光任のように、弁官・蔵人を経て公卿に昇進し、その後も上卿として文書行政を支えつづけ、「先朝の御菩提」すなわち後醍醐天皇の菩提を弔うための法会《ほうえ》を行ってほしい、という後村上天皇の命令を記した綸旨を発給するような人物こそ、文書行政からみた〈南朝の忠臣〉ということができよう。

〔主要参考文献〕

杉山巖「綸旨にみる南朝」（高橋典幸編『生活と文化の歴史学5　戦争と平和』竹林舎、二〇一四年）
廣木尚「南北朝正閏問題と歴史学の展開」（『歴史評論』七四〇「特集　南北朝正閏問題一〇〇年」、二〇一一年）
本郷和人『天皇の思想――闘う貴族　北畠親房の思惑』（山川出版社、二〇一〇年）
三浦龍昭『征西将軍府の研究』（青史出版、二〇〇九年）
森茂暁『中世日本の政治と文化』（思文閣出版、二〇〇六年）
同『増補改訂　南北朝期公武関係史の研究』（思文閣出版、二〇〇八年）

11

中世の宗教と王権

後醍醐は、本当に〈異形〉の天皇だったのか？

大塚紀弘

両手に密教の法具

専制的な政治体制を志向した後醍醐《ごだいご》天皇（一二八八～一三三九）に、それまでの天皇を上回るカリスマ性があったことは疑いない。かつて網野《あみの》善彦《よしひこ》は後醍醐を〈異形《いぎょう》〉の天皇と呼んだが、彼が議論の根幹として取り上げたのが、宗教的な側面での特異性である。その象徴と位置づけられるのが、清浄光寺《しょうじょうこうじ》（神奈川県藤沢市）の所蔵する後醍醐の肖像画（231ページ参照）である。この肖像画は、後醍醐の没後間もなく、その信任が厚かった弘真《こうしん》（一二七八～一三五七。文観房殊音《もんかんぼうしゅおん》）という僧侶によって制作されたと考えられている。そこで後醍醐は、天皇でありながら袈裟《けさ》を身にまとい、両手に密教《みっきょう》の法具を持っている（右手に五鈷杵《ごこしょ》、左手に五鈷鈴《ごこれい》）。

網野は、こうした外見的な〈異形〉に、密教に関わる後醍醐の特異な性格を見て取った。しかしながら、〈異形〉の定義は必ずしも明確ではなく、いかなる点で〈異形〉であったのか、再検討する余地が残されている。また、後醍醐あるいはその政権の宗教的な特質に近づくには、密教以外の要素を含めて総合的に考察する必要があろう。

そもそも、後醍醐はなぜ〈異形〉の天皇になったのだろうか。

本稿では、こうした疑問を念頭に、社会的な規範から大きく逸脱することを〈異形〉と捉えたうえで、近年の研究成果をふまえつつ、後醍醐が推進した宗教政策の全体像を見直していきたい。

天皇家と密教

中世の人々は、身分の上下を問わず仏教を信仰しており、朝廷の中心たる天皇も例外ではなかった。仏教の教えは、大きく顕教《けんぎょう》と密教に分けられ、両方を習得した僧侶は高く評価された。宗派でいうと、密教は真言宗、顕教は天台宗、法相宗《ほっそう》など、それ以外の諸宗ということになる。後醍醐天皇は、仏教のなかでもとりわけ密教に傾倒したのである。

顕教も密教も、宗教的な学問体系に立脚しつつも、呪術《じゅじゅつ》的な要素を含めて実用的な役割を果たしたからこそ社会に広く受容された。

朝廷でも、例えば正月には国家安穏《あんのん》の祈禱《きとう》として、顕教の御斎会《ごさいえ》と密教の後七日御修法《ごしちにちのみしほ》が行われた。天皇の病に際しては、密教の修法《しゅほう》や陰陽道《おんようどう》の祭祀《さいし》に、病気平癒につなが

後醍醐天皇像（清浄光寺〈遊行寺〉所蔵）

る効果が期待された。

また天皇は、密教を修得し、加持祈禱《かじ》に長《た》けた「護持僧《ごじそう》」と呼ばれる宗教的なガードマンに日々護《まも》られていた。

一方で天皇は、記紀神話に基づく神祇《じんぎ》信仰における最高の祭祀者、あるいは祭祀の最高責任者として神聖視される存在でもあった。そこで在位中の天皇は、神仏隔離、神事優先の原則から穢《けが》れを遠ざけて神祇の祭祀に専念すべきとされた。

そのため天皇は、退位して上皇となることで初めて、積極的に仏教と関われるようになった。天皇家の家長として朝廷の政治を動かした上皇は、法勝寺《ほっしょうじ》（白河天皇の創建）をはじめとする大規模な御願寺《ごがんじ》を造営し、そこでの仏事を主催した。そのように仏教の外護者《げごしゃ》として振る舞うことによって、天皇位を退いたことで減退した宗教的な権威を補ったのである。

ところが、鎌倉時代後期（十三世紀末～十四世紀初頭）には、天皇が在位中から仏教、特に密教に接近し、退位後さらにのめり込む事例が確認できるようになる。

これは、天皇家が持明院統《じみょういんとう》と大覚寺統《だいかくじとう》の両統に分裂したことにより、権威を著しく低下させた天皇が、宗教的な権威の源泉を密教に求めたことによると考えられる。密教の修法は当時、顕教の読経法会《どきょうほうえ》や神祇や陰陽道の祭祀以上に、現実的な効力を果たす祈禱と位置づけられており、その権威は絶大であった。

後醍醐の父である後宇多《ごうだ》天皇（一二六七～一三二四）は、退位後に、二度にわたって伝法灌頂《でんぽうかんじょう》（密教の奥義を伝授する儀式）を受けた。伝法灌頂は受法《じゅほう》ともいい、密教の行者《ぎょうじゃ》として、師から法流を継承し、弟子に灌頂を授ける資格、すなわち阿闍梨《あじゃり》となることが認められたことを意味する。

受法した上皇としては、後宇多の父である亀山上皇（一二四九～一三〇五）やその兄の後深草《ごふかくさ》上皇（一二四三～一三〇四）が挙げられ、鎌倉時代後期の天皇家では通例となっていた。後宇多は、在位中から「護持僧」の道宝《どうほう》（一二一四～八一）や勝信《しょうしん》に密教の小野流（勧修寺《かじゅうじ》流）を学んだとされ、受法後は、自ら阿闍梨として伝法灌頂を授与するまでになった。

密教行者としての後醍醐

日本の密教には、円仁《えんにん》（七九四～八六四）や円珍《えんちん》（八一四～九一）から始まる台密《たいみつ》、空海《くうかい》（七七四～八三五）から始まる東密《とうみつ》の二つの流れがある。後者は、それぞれ聖宝《しょうぼう》（八三二～九〇九）、益信《やくしん》（八二七～九〇六）を流祖とする小野流、広沢流に分かれた。

後宇多上皇は、醍醐寺《だいごじ》報恩院《ほうおんいん》の憲淳《けんじゅん》、仁和寺《にんなじ》真光院《しんこういん》の禅助《ぜんじょ》から、小野流（三宝院《さんぼういん》流）、広沢流（仁和寺御流《ごりゅう》）を受法した。しかも、真木隆行が指摘しているように、憲淳からの受法は出家以前のことで、三宝院流の正統的な継承者としての地位も認められている。

後宇多の影響を強く受けた後醍醐天皇もまた、父の路線を引き継いで密教を熱心に学び、東密小野流・広沢流や、台密の許可《こか》灌頂を受けるのみならず、嘉暦《かりゃく》二年(一三二七)に弘真から小野流の伝法灌頂を受けている。

先述の肖像画で後醍醐のまとう袈裟は、空海が唐からもたらし、東寺で秘蔵されてきた「乾陀穀子《けんだこくし》之袈裟」で、灌頂の際に着用したと推測される。

しかも後醍醐は、自ら密教修法を執行したとされる。すなわち、元徳《げんとく》元年(一三二九)に御所で聖天供《しょうてんぐ》(除災・富貴を祈る修法)を、元弘《げんこう》三年(一三三三)の挙兵時には、伯耆《ほうきの》国船上山《くにせんじょうさん》で一字《いちじ》金輪法《きんりんほう》(息災・長寿を祈る修法)を修したという。前者は幕府調伏《ちょうぶく》の祈禱ともされるが伝聞情報であるし、後者は『太平記』の記事が根拠にすぎないが、受法後の後醍醐が自ら執行するに不足はなく、網野善彦の言うとおり史実の可能性が高い。『増鏡《ますかがみ》』によると、配流先の隠岐島でも密教修法を行ったという。

聖天供では、象頭人身の抱合・和合の様をかたどった聖天(歓喜天《かんぎてん》)像を前にして、火中に種々の供物《くもつ》が投じられる。網野は、聖天が持つ性愛の要素に注目し、在位中の天皇が、ほかならぬ聖天供を選んだ点に後醍醐の〈異形〉性を見いだした。だが聖天供自体は当時、特殊とはいえども、正統な修法として認められており、立川流のような異端的な教義に基づくものではない。

また網野は、後醍醐が在位中に修法を自ら執行するという空前絶後の行動に出たことに、密教に傾倒した父を陵駕《りょうが》しようという対抗意識を読み取った。しかしながら、有力寺院に祈禱を依頼できないような、特殊な状況あるいは環境に置かれた後醍醐が、密教の呪術的な効力に期待して行った苦肉の策とも考えられる。

とはいえ、後醍醐が密教の行者としての能力に自信を持っていたのはたしかなようである。そして、それを支えたのが、弘真という特異な律僧であった。これに関しては後述する。

後醍醐の軍事基盤は寺院だった？

鎌倉時代後期、皇統は持明院統と大覚寺統に分かれ、両統は天皇家の家長および皇位の継承をめぐって絶えず対立関係にあった。

そのなかで、中継ぎの天皇として即位した大覚寺統の後醍醐天皇は、自らの皇統を築くことを目指して討幕へと舵《かじ》を切った。当時の朝廷は直属の兵力をほとんど失っており、後醍醐は幕府に対抗するため、中央の有力寺院が持つ軍事的な力を頼った。

中世の朝廷は、顕教では延暦寺《えんりゃくじ》、園城寺《おんじょうじ》、興福寺《こうふくじ》、東大寺の「四箇大寺《しかだいじ》」、密教では延暦寺、園城寺、東寺（醍醐寺・仁和寺）の「三門真言」と密接な関係を結び、これらの寺院の僧侶に顕教の法会や密教の修法による祈禱を委ねた（延暦寺、園城寺は両者を兼ねる）。

「四箇大寺」「三門真言」に代表される中央有力寺院は、荘園領主として経済的な基盤を持つとともに、諸国に末寺を展開し、朝廷や幕府とともに政治的な権力を保持していた。その裏づけとなったのが兵力で、「四箇大寺」で僧侶の大半を占めた衆徒《しゅと》は、非常時には武装して戦闘に参加した。

そのうち、後醍醐が特に期待をかけたのが、比叡山《ひえいざん》延暦寺の軍事力である。中世の延暦寺は、青蓮院《しょうれんいん》、梶井《かじい》、妙法院《みょうほういん》の「三門跡《もんぜき》」が権勢を誇り、多くの衆徒を擁していた。後醍醐は皇子の尊雲《そんうん》（護良親王《もりよししんのう》。一三〇八〜三五）、尊澄《そんちょう》（宗良親王《むねよし》。一三一一〜八五）をそれぞれ梶井門跡、妙法院門跡に門主《もんしゅ》として送り込み、相次いで天台座主《ざす》に任命した。

青蓮院門跡は、亀山天皇の皇子で後醍醐と関係の深い慈道《じどう》（一二八二〜一三四一）が門主を務めており、「三門跡」の門主は後醍醐の近親者で固められたことになる。特に尊雲は還俗《げんぞく》し、軍事面で後醍醐に多大な貢献をした。とはいえ延暦寺の衆徒は、全体として統率の取れた武力集団とはなりえず、武士団との戦闘では敗北を重ねることとなった。

元徳《げんとく》二年（一三三〇）、後醍醐は東大寺、興福寺、春日社《かすがしゃ》に次いで日吉社《ひえしゃ》、延暦寺に行幸《ぎょうこう》した際、東塔《とうとう》の前唐院《ぜんとういん》で重宝を拝見し、その一部を御所に運び込んだ。同じく討幕前には、空海が唐からもたらし、東寺の重宝となっていた仏舎利《ぶっしゃり》（釈迦《しゃか》の遺骨あるいはその代用物）のほぼすべてを御所に移している。これらは、後醍醐が延暦寺や東寺の一部勢力と密接な関係を築いたことを示している。

有力寺社の掌握

建武新政期（一三三三〜三六年）の後醍醐天皇は、中央有力寺院を通じて仏教界全体を味方に付けようとした。

それを考えるうえで見逃せないのが、正統的な仏典を集成した一切経《いっさいきょう》の書写事業である。『太平記』によると、元弘《げんこう》三年（一三三三）に中宮と皇太子が相次いで死去し、これを怨霊《おんりょう》のためと考えた後醍醐は、一切経を書写することにした。そして「四箇大寺」に依頼し、一日に五千三百巻もの仏典を書写し、京都白河の法勝寺で供養したという。

この記事は、史実と合致しないところがあることから、ほとんど注目されてこなかったが、高野山金剛峯寺《こうやさんこんごうぶじ》、金剛寺、神護寺《じんごじ》に伝わる計四通の文書から、法勝寺での一日一切経の書写事業自体については、実行されたことが確認できる。『太平記』は「四箇大寺」とするが、仁和寺分として千人の僧侶が集められたこと、東寺長者を通じて金剛峯寺に対して百五十人の僧侶の上洛《じょうらく》が求められたことからすると、実際には「三門真言」の寺院からも徴集されたと考えられる。

中央の有力寺院は、地方の末寺から僧侶を動員する力を持っており、そうした寺院を掌握することで、後醍醐は僧侶の大量上洛を実現させたのである。これは軍事面にも応用可能だったはずである。後鳥羽上皇《ごとば》（一一八〇～一二三九）も鎌倉幕府に反旗を翻した承久の乱《じょうきゅうらん》（一二二一年）の前に、一万三千二十五人もの僧侶を京都に集め、同様の一日一切経の書写事業を実行している。

後醍醐は討幕後、多くの寺社に対して綸旨《りんじ》を発給し、所領の保有を保証した。これは、寺社側の要求に応え、滅亡した鎌倉幕府の統治者としての役割を引き継いだものといえる。

本書の執筆者の一人である中井裕子の研究によると、後醍醐は、それまでの天皇よりも多くの勅願寺を認定しており、特に建武新政期には支配地域の拡大にともなって、認定が広範囲に及ぶようになったという。後醍醐の勅願寺には、鎌倉幕府の祈願所も多く含まれ、認定の前提には、祈禱の見返りとして、新政権と結びつこうとする地方寺院の動向があったと考えられる。

このほか、建武新政期には、諸国の神社を代表する一宮《いちのみや》・二宮に対する優遇処置として、中央の荘園領主がその上に立って経済的に支配することを停止《ちょうじ》したことがよく知られる。また後醍醐は、大和《やまと》の西大寺《さいだいじ》がかねてより進めていた諸国国分寺の復興事業を支援し、長門《ながと》や周防《すおう》の国分寺復興を推進した。

一宮や国分寺の復興は、弘安《こうあん》七年（一二八四）に鎌倉幕府がモンゴル降伏《ごうぶく》の祈禱を全国的に展開する方針のなかで打ち出しており、それとの類似性が認められる。しかしながら後醍醐は、その著とされる『建武年中行事』などから、神祇の祭祀への関心はうかがえるものの、積極的な政策を打ち出してはいない。神事の基盤となる、所領の復興という意図は想定しがたいのである。

したがって、あくまでも地方統治策の一環として、各国の権威ある寺社から荘園領主の影響力を排し、国衙《こくが》を通じて自らのもとに把握しようとしたものと考えられる。

後醍醐が寺社の重宝を収集する理由

後醍醐天皇が格別に待遇した有力寺院として、摂津《せっつ》の四天王寺と紀伊《きい》の高野山金剛峯寺が挙げられる。

建武二年（一三三五）、後醍醐は両寺から相次いで、それぞれ『四天王寺縁起』『高野山御手印縁起《ごしゅいんえんぎ》』を一時的に召し上げて筆写し、その上に朱で自らの手形を押している。前者の縁起は聖徳太子、後者の縁起は空海の筆とされる重宝《じゅうほう》である。後醍醐は聖徳太子、空海を篤《あつ》く敬い、両者の再来を自任することで、仏教の外護者、密教の行者としての自覚を深めたと考えられる。

後醍醐から強力な後援を受けた金剛峯寺は、『高野山御手印縁起』の記述を根拠として、周辺寺領の回復・獲得を果たしていった。

先に述べたように、後醍醐は延暦寺や東寺からも重宝を召し上げたが、その対象には地方の有力寺社も含まれていた。すなわち、討幕運動中に出雲《いずも》一宮の杵築社《きづきしゃ》（現在の出雲大社）や播磨《はりま》の円教寺《えんぎょうじ》、建武新政期に河内《かわち》の観心寺《かんしんじ》から、神宝や仏像などを献上させている。それでは、なぜ後醍醐は重宝を自らのもとに置こうとしたのだろうか。

従来は、有力寺院を統制する政策の一環と考えられてきたが、坂口太郎は近年、重宝の収集によって宗教的な権威を補強しようとしたのではないかと指摘した。たしかにそうした側面があったことは否定できないが、重宝の召し上げは、あくまで一時的なものと考える余地もあり、強引な奪取は、逆に権威を低下させることにもつながる。

重宝を召し上げられた寺社は、いずれも後醍醐と密接な関係にあり、勅願寺認定の場合と同様、むしろ重宝を献上することで、後醍醐と結びつこうとする一部の僧侶、神官の動向が前提にあったと考えることができる。

平安時代後期（十二世紀後半）の天皇家は、自らの所有する重宝を、上皇の御願寺である鳥羽の勝光明院《しょうこうみょういん》や白河の蓮華王院《れんげおういん》の宝蔵《ほうぞう》に納めて厳重に管理した。これは、摂関家において宇治《うじ》の平等院《びょうどういん》の経蔵《きょうぞう》が果たした役割と共通する。

ところが、後醍醐は討幕運動中、蓮華王院の宝蔵から多くの収納物を取り出し、御所に運び込んだことが知られる。持明院統への対抗心からの挙とみられるが、重宝を自らの近くに置こうとする強い欲求があったことは否定できない。

異例とも見受けられる寺社重宝の収集には、権力者としての強引さは認められるものの、やはり密教修法の場合と同様、宗教的な重宝がもたらす呪術的な効力にすがる思いがあったのではなかろうか。

尊敬を集めた禅僧・律僧

建武元年（一三三四）、後醍醐天皇の御所から近い二条河原に落書《らくしょ》が掲示された。そこには、「此比《このごろ》都ニハヤル物」が列挙されており、当時の世相をまざまざと伝えている。そのなかには、「夜討強盗」「謀綸旨《にせりんじ》」などのほか、「禅律僧《ぜんりつ》」が見いだせる。同三年に足利《あしかが》氏政権が定めた『建武式目』には、「権貴ならびに女性・禅律僧の口入《くにゅう》（仲介・斡旋《あっせん》）を止めらるべき事」との項目がある。ここで禅律僧すなわち禅僧と律僧は、当時の政治権力者と深い結びつきを持つ存在として名指しされている。

中世の仏教界には、学問を重視するあまり、戒律を軽んじる風潮が広まっていた。先述の「四箇大寺」「三門真言」をはじめとする有力寺院では、僧正・法印などの僧侶特有の官位が身分体系として機能し、学問を修めた僧侶が昇進していった。また、天台座主や東寺長者といった上級の職に就けるのは、身分の高い家に生まれた僧侶だけだった。

こうした現状に異を唱えた禅僧や律僧は、戒律を重んじ、官位や職のような栄達を求めなかったため、身分の低い僧侶として扱われながらも、人々から尊敬を集めたのである。

禅僧・律僧は、禅院・律院と呼ばれる寺院を拠点に、修行のための集団を形成し、自らに特有の服装を定めることで、外見的にもその存在をアピールした。特に、それまでの僧侶とは異なり、戒律に基づく規律正しい修行生活を送ることを旨としたことから、鎌倉時代を通じて幕府や朝廷も含む多くの階層の人々から支持を受けて勢力を拡大し、東大寺、東寺などの有力寺社の造営にも関わるようになった。

後醍醐もまた、時代の趨勢《すうせい》にしたがって彼らを支援したが、特定の律僧や禅僧を重用したことは注目される。禅僧については、のちに取り上げることとし、ここではまず律僧について見ていこう。

討幕運動と律僧

中世の律僧には、大きく分けて北京系、南都系、山門黒谷《くろだに》系の三つの系統があり、それぞれ京都の泉涌寺《せんにゅうじ》、奈良の西大寺・唐招提寺《とうしょうだいじ》・東大寺戒壇院《かいだんいん》、京都の法勝寺・元応寺《げんのうじ》といった律院を拠点に勢力を広げた。

律僧は単一の宗派を専門とするのではなく、律宗を中心として、天台宗、真言宗、華《け》厳《ごん》宗などを兼学した。先述のように当時、顕教・密教を兼学する僧侶は高く評価されていたが、低い身分の律僧もそうした存在であった。

当時の人々は、来世によい影響を及ぼす持戒《じかい》の功徳《くどく》を積むため、戒律を護持する律僧から進んで戒を受け、一定の期間その規定を守った。それは、鎌倉時代中期（十三世紀中ごろ）以降の天皇も例外ではなかった。

例えば後宇多天皇は、弘安七年（一二八四）に二度にわたって御所で西大寺住持の叡《えい》尊《そん》（一二〇一〜九〇）から菩薩戒《ぼさつかい》（十重戒《じゅうじゅうかい》）を受けている。また花園《はなぞの》天皇（一二九七〜一三四八）は、正和《しょうわ》二年（一三一三）から翌年にかけて、西大寺僧の如円《にょえん》を御所にたびたび招き、不殺生戒《ふせっしょうかい》をはじめとする五戒を受けるとともに法談を交わしている。

花園の行動は周囲から批判を受けたようだが、律僧は受戒の師となることで身分の高い者にも近づくことができたのである。

討幕運動中、後醍醐が最初に密接な関係を結んだ律僧は、叡尊の門弟で西大寺出身の尊鏡《そんきょう》（智篋房《ちきょうぼう》）であった。尊鏡は御所から程近い三条大宮にあった長福寺の住持を務めており、元亨《げんこう》四年（一三二四）の正中《しょうちゅう》の変《へん》では、討幕の密議に参加したとして鎌倉幕府に捕らえられた。

『太平記』によると、元弘《げんこう》元年（一三三一）の元弘の変で鎌倉幕府は、後醍醐の依頼で、幕府調伏の密教修法を行ったとして五人の僧侶を召し捕った。このなかには、先の尊鏡以外にも、恵鎮《えちん》（円観房。一二八一〜一三五六）、慶円《けいえん》、弘真といった律僧が含まれていたという。

恵鎮は延暦寺の出身で、のちに離脱して南禅寺に入って禅僧となったが、山門系の律僧に転じると、後醍醐の支援を受けて京都白河の法勝寺を律院として復興した。後醍醐に菩薩戒を何度も授けたといい、当初は受戒の師として重んじられたと考えられる。慶円は、唐招提寺の出身で、真言宗（東密）の灌頂を受けていたことも確認できる。後醍醐の後援によってか、建武元年（一三三四）に唐招提寺住持に就任している。

律僧の本分から逸脱した弘真

弘真は、播磨の出身で、興福寺で法相宗を修学した後、西大寺住持の信空《しんくう》（一二三一～一三一六）から律宗を学んで律僧となった。すると真言宗の修学を始め、信空や醍醐寺の道順《どうじゅん》から灌頂を受けたという。信空、道順、弘真は、いずれも後宇多上皇から信任を受けており、後醍醐天皇も父の影響から弘真を重んじたと考えられる。

建武新政期、弘真は僧正に昇進するとともに、東寺一長者《いちのちょうじゃ》や醍醐寺座主に任じられた。官位制のなかに位置づけられるのみならず、西大寺の叡尊やその門弟の忍性《にんしょう》（一二一七～一三〇三）が四天王寺の別当を務めた例はあるが、これほどの有力寺院の長官となるのは、律僧として異例のことであった。

『太平記』は弘真が多くの軍勢を率いたとしており、網野善彦は、そのなかに「悪党」や「非人」といった「異類」が含まれていたと推測する。下層民を含む多様な人々との関わりは、律僧としては一般的であったが、不殺生戒に拘泥《こうでい》しなかったとすると、網野が〈異形〉の僧侶と評するように、律僧としての本分から逸脱した存在だったということになる。

以上に名前を挙げた律僧は、律宗と真言宗を兼学し、受戒の師と密教の行者の二つの属性を併せ持っていたと考えられる。後醍醐が彼らを重んじた理由はそこにあったとみられ、後者は、討幕に向かう後醍醐を祈禱で後押しする力となった。

特に後醍醐は、弘真から受法することで、在位中に修法を行うという〈異形〉を実現させたと考えられる。これは、弘真が「三門真言」のような有力寺院の枠組みから外れた律僧だったからこそなしえたといえよう。

後醍醐の帰依した禅僧

先に禅僧や律僧が規律正しい修行生活を旨としたと述べたが、実はそれは中国の寺院をモデルにしたものだった。当時の中国では、寺院は禅院、律院、教院の三種に大別されていた。僧侶の日中往来によって、中国の禅院や律院の生活規範が部分的に日本に移入され、それに依拠することで、禅僧や律僧は社会集団として成長していった。

特に日本の禅院は、中国の禅院と共通する規則を採用し、同時に椅子座や喫茶といった中国文化も取り入れた。こうした動きに先鞭《せんべん》をつけたのが、中国に留学した栄西《えいさい》（一一四一～一二一五）や円爾《えんに》（一二〇二～八〇）らで、蘭渓道隆《らんけいどうりゅう》（一二一三～七八）、無学祖《むがくそ》元《げん》（一二二六～八六）をはじめとする中国の禅僧が渡来することで本格化した。

鎌倉幕府は、鎌倉に建長寺《けんちょうじ》や円覚寺《えんがくじ》といった禅院を創建し、中国に倣《なら》って格式の高い五つの禅院を示す「五山《ござん》」を定めた。対して、後醍醐天皇の祖父である亀山上皇は、京都東山に禅院として南禅寺を創建し、後宇多上皇が鎌倉幕府の意向を確認したうえで、「五山」に準じる寺格を認めた。

以後、南禅寺住持は天皇による任命が例となり、後醍醐も自ら好む禅僧を住持に呼び寄せた。まずは正中二年（一三二五）、建武元年（一三三四）の二度にわたって、祖元の法流を引く夢窓疎石《むそうそせき》（一二七五～一三五一）を、強引に南禅寺住持に招いた。元弘三年（一三三三）には、早世した後醍醐の皇子の世良《よよし》親王（?～一三三〇）を追善するために、疎石を開山として、京都嵯峨に臨川寺《りんせんじ》を創建している。

疎石は、鎌倉幕府から鎌倉円覚寺の住持に招かれたのみならず、のちに室町幕府とも関わりを深めており、後醍醐は人気の禅僧を自らのもとに置こうとしたと考えられる。元徳二年（一三三〇）、鎌倉幕府の招きによって中国から禅僧の明極楚俊《みんきそしゅん》（一二六二～一三三六）が渡来すると、後醍醐は鎌倉に向かう途中の楚俊を引き止めて御所に迎えている。

天皇が外国人と直接会うのは異例のことであった。後醍醐は討幕後、南禅寺を「五山」の第一に指定し、住持に楚俊や清拙正澄《せいせつしょうちょう》（一二七四～一三三九）といった中国僧も迎えている。

一方で後醍醐は、宗峰妙超《しゅうほうみょうちょう》（一二八二〜一三三七）が京都紫野《むらさきの》に開いた禅院の大徳寺を、正中二年（一三二五）に祈願所、元弘三年（一三三三）には「五山」に指定している。持明院統の花園上皇は妙超に帰依《きえ》し、後醍醐に先んじて大徳寺を祈願所としており、それへの対抗処置と考えられる。

このように、後醍醐が特定の禅僧を重用したことはたしかで、彼らに帰依した部分もあったが、その教えから影響を受けて積極的な政策を打ち出した形跡はなく、密教重視の路線に揺るぎはなかったように思われる。中国僧も含めて、人気のある禅僧を取り込もうとする権力者としての強引さも感じられる。

中国仏教への関心

建武元年（一三三四）、後醍醐天皇は銅銭を鋳造し、紙幣と併用する方針を打ち出した。実行された形跡はないが、同時代の中国では銅銭とともに紙幣が発行されており、それに倣おうとしたと考えられている。

後醍醐は同時代の中国仏教にも関心を抱いていたようで、建武二年（一三三五）に中国に倣って僧侶の法衣《ほうえ》の色を黄色に改めようとしたという。後醍醐が、以下に述べる、康空《こうくう》（一二八六〜一三四六）による「教院」の興行を公認したことも注目される。

天台宗と真言宗（台密）を修学した後、浄土宗（西山義《せいざんぎ》）に転じた康空は、嘉暦《かりやく》年間（一三二六〜二九）に後醍醐に菩薩戒を授けた。その後、再び後醍醐と面会した康空は、中国に存在する寺院のうち、すでに禅院や律院は日本で定着したとしたうえで、まだ存在しない「教院」を新たに広めたいと訴えて認められたという。

その後、康空は、京都西山の往生院（のちの三鈷寺《さんごじ》）などを拠点に、浄土宗、天台宗、真言宗（台密）、菩薩戒の四宗兼学の新たな僧侶集団を形成した。後醍醐は、先項で挙げた律僧と同じく受戒の師として康空を受け入れたうえで、中国仏教に関する知識に基づいて支援に動いたのであろう。

後醍醐の求心力は一時的だった？

中世の天皇は、密教の重視、禅僧や律僧の重用、中国仏教への関心といった時代の趨勢に逆らうことはできなかった。後醍醐天皇の宗教政策もまた、これを基本路線としており、前後の政権と隔絶するほどの革新性は見いだしがたい。

だが、討幕および建武新政の推進者、あるいは権力者としての強引さに起因する特異性があったことは否定できない。特に、在位中でありながら自ら密教修法を執行した点から〈異形〉の天皇であったとする評価は妥当であろう。それを密教の行者として支えた弘真も、律僧としての規範を逸脱した〈異形〉の僧侶であった。

後醍醐の〈異形〉の天皇としての行動は従来、天皇家の危機を強力に克服する積極策として高く評価されてきたが、それとは別の側面にも目を向ける必要がある。

当時、本地垂迹説《ほんじすいじゃくせつ》に基づく神祇に対する仏教の優越化や皇統の分裂を背景に、神祇の祭祀者としての天皇の宗教的な権威は極度に低下していた。後醍醐には、密教や寺社重宝がもたらす呪術的な力にすがらざるをえない切実な事情があったのである。新権力者の後醍醐に期待し、結びつこうとする、一部の僧侶や寺社の主体性も見逃すことはできない。

後醍醐は〈異形〉の天皇として振る舞うことで、たしかに一時の求心力を得ることはできた。だが結局のところ、新たな皇統や政権を宗教的に支える権威の源泉を掘り当てることはできなかったのである。

〔主要参考文献〕

網野善彦『異形の王権』（平凡社、一九八六年）
内田啓一『後醍醐天皇と密教』（法藏館、二〇一〇年）
大塚紀弘『中世禅律仏教論』（山川出版社、二〇〇九年）
同「後醍醐天皇の一日一切経書写事業」（『日本歴史』八五八、二〇一九年）
黒田俊雄「建武政権の宗教政策」（『黒田俊雄著作集　第七巻　変革期の思想と文化』法藏館、一九

九五年、初出一九七五年）
坂口太郎「後醍醐天皇の寺社重宝蒐集について」（上横手雅敬編『鎌倉時代の権力と制度』思文閣出版、二〇〇八年）
同「鎌倉後期宮廷の密教儀礼と王家重宝」（『日本史研究』六二〇、二〇一四年）
中井裕子「後醍醐天皇による勅願寺認定について」（原田正俊編著『日本古代中世の仏教と東アジア』関西大学出版部、二〇一四年）
細川涼一「三条大宮長福寺尊鏡と唐招提寺慶円」（『日本中世の社会と寺社』思文閣出版、二〇一三年、初出二〇〇二年）
真木隆行「後宇多天皇の密教受法」（大阪大学文学部日本史研究室編『古代中世の社会と国家』清文堂出版、一九九八年）
森茂暁『後醍醐天皇』（中央公論新社、二〇〇〇年）

第4部

南朝のその後

12 関東・奥羽情勢と南北朝内乱
鎌倉府と「南朝方」の対立関係は、本当にあったのか？

石橋一展

南朝に期待する勢力

東国（ここでは、甲信《こうしん》地方と関東地方以北を指す）は、南北朝内乱が最も激しく展開された地域の一つである。

室町幕府による全国支配が進展したあとも、数々の戦乱が勃発《ぼっぱつ》し、室町幕府から関東（のちに南奥《なんおう》も）の統治を任されていた鎌倉府を悩ませた。おおむね反乱の主体は東国に蟠踞《ばんきょ》していた伝統的豪族層であるが、彼らは場合によっては南朝勢力との共同戦線を張ったといわれている。少なくとも、乱を起こす側にとって南朝は、味方になると期待された勢力でもあったわけである。

では、これらの内乱が南朝の勢力回復につながるものであったのか、またそのチャンスはあったのだろうか。そして、南朝勢力の勢いが弱まったあとも、たびたびその与党が登場するのはなぜであろうか。

本稿では、以上のような視点で南北朝期～室町前期（十四世紀）における東国の内乱を見通し、そこに関係した南朝勢力の動向をまとめたい。なお、北畠《きたばたけ》氏や新田《にった》氏に関しては別に立論されているので、深くは言及せず、本稿の趣旨に関するもののみ述べることとする。

北畠親房の東国での動向

鎌倉幕府滅亡後、関東では、中先代《なかせんだい》の乱《らん》（一三三五年）や北畠顕家《あきいえ》（一三一八～三八）と足利《あしかが》軍の合戦など、大きな戦乱がしばしば発生したが、南北朝動乱の舞台は主に畿内《きない》、西国、北陸であった。東国の南北朝動乱は、北畠親房《ちかふさ》（一二九三～一三五四）の常陸《ひたち》漂着・小田《おだ》城（茨城県つくば市）入城によって長期化、本格化したといえる。

暦応《りゃくおう》元年（一三三八）五月、北畠顕家が前年からの上洛《じょうらく》戦の末に敗死し、さらに同年閏《うるう》七月に新田義貞《よしさだ》（一三〇〇？～三八）も同様に越前《えちぜん》で敗死すると、後醍醐《ごだいご》天皇（一二八八～一三三九）は方針の見直しを迫られた。

その結果、顕家の弟顕信《あきのぶ》（一三二〇？～八〇？）を新たに鎮守府将軍に任命し、父親房とともに宗良《むねよし》（一三一一～八五）・義良《のりよし》（一三二八～六八）の二人の親王を奉じさせ、海路で奥州に下した。しかし、嵐のため船の多くは転覆、親房のみがかろうじて常陸に漂着して、同国の武士である小田氏によって保護されたのである。

さっそく親房は小田城を起点に東国の南朝諸勢力の糾合を目指したが、結果は芳しいものではなかった。そもそも東国の政治状況は複雑をきわめており、鎌倉期をとおしていわゆる「守護職」を維持してきた小山《おやま》氏や千葉氏らの武家と、それに列することができなかった佐竹《さたけ》氏や宇都宮《うつのみや》氏、常陸大掾《ひたちだいじょう》氏などの武家とが、内乱を機会に、それぞれ所領の獲得に向かっていた。

そのうえ、小山氏や千葉氏などは、一族の内部で惣領《そうりょう》や所領をめぐる抗争が起きていた。

彼らが南北朝のいずれに加担するのかは、「所領《しょりょう》・所職《しょしき》」などの恩賞の獲得を基準に決定しており、親房がいくら筆を振るって忠孝の精神を説き、官位をちらつかせても簡単に事は運ばなかった。

こうした姿勢は、親房を保護した小田氏も同様であった。鎌倉期に常陸守護職を庶家《しょけ》や北条《ほうじょう》氏に奪われた同氏は、所職獲得を第一優先に身の振り方を処していたはずであり、親房への援助も南朝への忠義というより、自身の立場を強化するための布石であったと思われる。

しかし、小田氏も暦応四年（一三四一）、常陸合戦で高師冬《こうのもろふゆ》（?〜一三五一）の攻撃を受けて降伏し、同じく親房が頼りにしていた陸奥《むつ》白河《しらかわ》の結城《ゆうき》親朝《ちかとも》（?〜一三四七）も康《こう》永《えい》二年（一三四三）、幕府方に通じてしまう。これらによって親房は東国での活動を断念し、吉野に帰還するのである。

「観応の擾乱」と南朝

親房の帰還によって、東国における南朝勢力は衰退の一途をたどると思われた。しかし、ここに勢力回復の機会が到来する。

観応《かんのう》元年（一三五〇）十月、兄の尊氏《たかうじ》（一三〇五〜五八）、執事の高師直《もろなお》（?〜一三五一）との政治的対立によって追いつめられた足利直義《ただよし》（一三〇六〜五二）が、ひそかに出京し、同年十二月には南朝に降伏するという挙に出る。

これにより、すでに前年上洛した尊氏の息子義詮《よしあきら》（一三三〇〜六七）の後任として鎌倉に入った足利基氏《もとうじ》（一三四〇〜六七）と関東執事の高師冬が鎌倉から逃亡するなど、東国の北朝勢力も大きく動揺した。

観応二年（一三五一）、尊氏と直義の表面的な講和は成るものの、八月、再び直義は京を出て兄への敵対姿勢を見せる。そして、今度は尊氏のほうがその対抗措置として十月、南朝に降《くだ》ってしまうのである。

その影響もあったのであろうか、奥州でも南朝方が多賀国府《たがこくふ》（宮城県多賀城市）を奪還する。北朝で最も力を持っている将軍足利尊氏が南朝方になったことは、南朝がその力を回復する重要な機会であったはずである。しかしその後、尊氏は、鎌倉に入った直義と戦い、薩埵山《さったやま》（静岡市清水区）での合戦（一三五一年）に勝利する。これにより、尊氏は、南朝との関係を維持する必要がなくなった。南朝は勢力拡大の足がかりを失ったことを意味する。

東国の新田氏の動向と武蔵野合戦

勢力回復の機会を逃した南朝であったが、その後の東国の動きはどのようなものだったのか。親房の帰還後、関東における南朝勢力の中心は新田氏であった。

文和《ぶんな》元年（一三五二）閏二月十五日、新田義貞の子である新田義興《よしおき》（一三三一～五九？）・義宗《よしむね》（一三三一？～六八）、また義貞の弟脇屋義助《わきやよしすけ》の子義治《よしはる》（一三三三～？）は、上野《こうずけ》で挙兵し（「赤堀文書」）、武蔵《むさし》に入って味方を募り、鎌倉に進軍した。

足利尊氏は決戦を決意し（鎌倉を防ぎきれないと考えたとも）、鎌倉を出発した。鎌倉には、先に下向していた宗良親王を奉じる形で新田義宗が入った（『園太暦《えんたいりゃく》』）。さらに、奥州の北畠顕信《あきのぶ》も白河の関（福島県白河市）に到着し、下野《しもつけ》宇都宮氏の勢力と交戦していた（『園太暦』）。

同二十日、新田氏と足利尊氏の合戦の火蓋は、武蔵国多東《たとう》郡の府中（東京都府中市）付近にある人見原《ひとみがはら》・金井原で切られた（「町田文書」「古証文二」など）。これが「武蔵野合戦」といわれる戦いの始まりである。義興・義治は敗れたものの、義宗は優勢となり、尊氏は石浜（東京都荒川区か）に陣を移したという（『太平記』）。

ただ、『鶴岡八幡宮社務記録《つるがおかはちまんぐう》』には、足利方が勝利したことや、合戦の二日後に新田方が鎌倉を出たことに関する記事が見られるので、新田方が勝利したかは疑問が残る。久保田順一は、最終的には足利方の勝利であったとの考えを示している。

いずれにせよ、その後の足利軍は武蔵国府付近に集結して、鎌倉奪還を目指す石堂氏《いしどう》らの部隊と、入間《いるま》郡小手指原《こてさしがはら》（埼玉県所沢市）、高麗《こま》郡高麗原（埼玉県日高市）にて新田氏と再戦する仁木《にっき》氏らの部隊に分かれた（「佐藤文書」「町田文書」）。

このとき尊氏がどこにいたのか、一次史料からははっきりしないが、『太平記』によると武蔵笛吹峠《ふえふきとうげ》（埼玉県比企《ひき》郡嵐山《らんざん》町・鳩山《はとやま》町）に向かった新田義宗と決戦をしたという。鎌倉・武蔵の戦いは二十八日に行われ、足利方の勝利に終わった。

武蔵野合戦は、新田氏を中心とする東国の南朝勢力がこの地域の覇権を握る最後の機会であったと評価できるであろう。田中大喜《ひろき》は、新田義興・義宗が宗良を鎌倉に迎えたことを親王中心の地域的政治権力を構築する動きであると評価し、かつて恒良《つねよし》親王（一三二四～三八）を奉じて北陸に独自の地域権力を築こうとした父義貞の動向との類似性を指摘する。

宗良は、これに先立ち閏二月六日に南朝より「征夷大将軍《せいいたいしょうぐん》」に任命されていた（『系図纂要《さんよう》』）。

また、先に述べたように、奥羽の北畠顕信も後援の構えを見せていたし、畿内でも北畠親房ら南朝勢力の攻勢を受けて足利義詮が京都を追われていたので、武蔵野合戦の行方によっては、鎌倉に九州の「征西将軍府」のような政権が誕生した可能性もあった。

さらに、石堂義房《よしふさ》・三浦高通《たかみち》・上杉憲顕《うえすぎのりあき》（一三〇六～六八）などの有力武将をはじめ、多くの東国武士が宗良親王・新田氏に加担した事実（『太平記』「清源寺文書」など）も見逃せない。彼らのなかにはそもそも新田氏や南朝と親密な家も存在したが、「観応の擾乱《じょうらん》」で直義方につき、尊氏と対立が解消していないがゆえに、南朝方に味方した者もいた。これらは、北朝や尊氏に対峙《たいじ》する勢力の受け皿として、南朝が求心力を持っていたことを示している。

しかし、この敗北をきっかけに東国における南朝の政治的地位は徐々に揺らいでいく。没落した新田氏は上野や越後《えちご》などでゲリラ活動に入ったが、延文《えんぶん》四年（三年とも。一三五九）十月、武蔵で新田義興が自害に追い込まれた（『大乗院《だいじょういん》日記目録』）。

鎌倉府の充実と新田氏の没落

一方の足利尊氏は、武蔵野合戦の勝利のあと、文和二年（一三五三）七月まで鎌倉にあり、子息の足利基氏を中心とした東国の支配体制を整えた。

この体制は、観応の擾乱の薩埵山合戦の勝利を受けて形成され、尊氏の信頼を受ける畠山《はたけやま》、高坂、宇都宮氏らを重用した体制であり、「薩埵山体制」と呼ばれている。しかし、この時点ではまだ足利氏に帰属していない武士も多くあり、尊氏の帰京とほぼ同時に、基氏は武蔵入間川（埼玉県入間市）に在陣した。

鎌倉府の主となった足利基氏は尊氏の死後、上杉憲顕を関東管領に迎えつつ、徐々に薩埵山体制を解消させ、独自の支配体制を目指していくことになる。貞治《じょうじ》六年（一三六七）に足利基氏が死去し、嫡男の氏満《うじみつ》（一三五九〜九八）が鎌倉公方となるが、氏満はまだ幼かったため、鎌倉府の支配は動揺した。

この隙をついて応安《おうあん》元年（一三六八）七月に新田義宗・義治が越後・上野国境で挙兵するものの、鎌倉府の追討を受け義宗は敗死し、義治は出羽《でわ》へ逃亡してしまう（『喜連《きつれ》川判鑑《がわはんがん》』）。

盤石となっていく足利氏の鎌倉府と、さらに減退していく南朝勢力。はたして南朝・新田氏は、このの ちどのような戦術をとったのであろうか。

小山義政の乱と南朝勢力

足利氏満の体制がある程度安定してくると、鎌倉府は東国武士への圧迫を強めた。先の薩埵山体制からの転換は、一部の東国武士への圧迫をともなうものであり、すでに基氏の段階から鎌倉府の抑圧的な支配は始まりつつあった。氏満の段階で、それがさらに推し進められることになったのである。

小山義政《よしまさ》の反乱（一三八〇〜八二年）はそのようななかで起きた。小山氏は平安中期の藤原秀郷《ふじわらのひでさと》の一族太田氏の末裔《まつえい》を名乗る名家で、鎌倉期以来、下野《しもつけ》（栃木県）の守護となっていた。ただし、関東の国々では守護の職権が、一国全体に満遍なく及んでいたわけではなかった。下野の場合も宇都宮氏、那須《なす》氏ら有力な武士が小山氏の支配に抵抗したため、小山氏の守護職権の範囲は、同氏の所領が集中する下野南部におおむね限定されていた。

このため、小山氏と宇都宮氏は歴史的に競合関係にあり、これを背景として小山義政（？〜一三八二）と宇都宮基綱《もとつな》（一三五〇〜八〇）の勢力圏をめぐる争いが発生した。その結果、基綱を討ち取ってしまった義政は、康暦《こうりゃく》二年（一三八〇）六月に鎌倉府軍の追討を受けることとなった。これを「小山義政の乱」という。

一方、『鎌倉大草紙《かまくらおおぞうし》』『千葉伝考記』などの記録類には、義政が「吉野宮方」＝南朝として挙兵したことが記されている。はたして、小山氏と南朝の共同作戦はあったのだろうか。

小山義政は追討を受けてから三カ月後の、九月に降伏を申し出て赦免される。しかし、その後永徳《えいとく》元年（一三八一）に再び挙兵する。このときも鎌倉府は即時討伐を開始するが、ここで思わぬ事態が起きる。武蔵で新田氏が挙兵したとの報が入ったのである。

延文四年（一三五九）に新田義興が武蔵で挙兵したことはすでに述べたが、これらの新田氏勢力が、まだ同国にいたと思われる。このとき鎌倉府軍は、下野に集結しつつあったが、氏満は部隊を割いて武蔵に向かわせ、鎮圧を図った。

小山義政討伐に従軍した長谷川《はせがわ》親資《ちかすけ》の軍忠状《ぐんちゅうじょう》によると、武蔵での新田勢の蜂起《ほうき》を受けて、親資は長井・吉見に転進し、岩付《いわつき》（さいたま市岩槻《いわつき》区）で敵を追い落とし、その後太田（群馬県太田市）で合戦が行われたことがわかる（「江田文書」）。

この長井・吉見は、武蔵から上野へ向かう経路である。新田勢がここを突破して、新田荘があり、上杉氏の守護管国である上野へ乱入することを警戒して、長谷川親資らが守りを固めたものと思われる。その後、岩付の合戦となったのであろう。ところで、新田勢は小山氏と当初から連携していたのだろうか、それとも小山義政の乱に乗じた独自の挙兵であったのであろうか。答えを出すには、岩付の次の戦場が太田だったことが手がかりとなろう。

太田荘は、新田氏とのつながりは確認されない一方、小山氏との関係はきわめて深い。そもそも小山氏が太田氏の一流であったことはすでに述べたが、その太田氏の名字の地がこの太田荘である。小山氏は南北朝内乱の過程で、この太田荘と隣接する下河辺荘《しもこうべのしょう》（ここも、小山氏と同族の下河辺氏の名字の地である）を手に入れた。どちらも肥沃《ひよく》な湿地帯の広がる大荘園である。

これら南北朝の内乱で拡充した小山氏の所領は、鎌倉府にとっても警戒すべきものであった。研究者のなかには、小山氏討伐の背景について、鎌倉府が小山氏の勢力を削減することを企図していた、との見解も存在する。長谷川親資の軍忠状には、その太田荘でも合戦が起きた、とあった。太田荘の来歴を考えると、新田氏の挙兵は、小山氏と示し合わせたうえで行われたと見るのが自然であろう。

けれども、小山氏の乱における新田氏＝南朝勢力の以後の動静を、一次史料から追うことはできない。小山義政は再び降伏して出家し、家督を子息の若犬丸《わかいぬまる》に譲るものの、永徳《えいとく》二年（一三八二）に三度目の挙兵を行う。

だが鎌倉府軍に追いつめられ、義政は自害した。

小山若犬丸の乱は「南朝方」の反乱？

小山義政の乱の後に起きた内乱と、南朝の関わりについて追ってみよう。

小山義政の子、若犬丸は至徳《しとく》三年（一三八六）五月、下野にて兵を起こす（『頼印《らいいん》大僧正行状絵詞』）。義政の死後、足利氏直臣で守護代の木戸修理亮《きどしゅりのすけ》が下野に駐留していたが、不意を突いたためであろうか、若犬丸は鎌倉府の管轄下にあった小山氏の居城祇園城《ぎおん》（栃木県小山市）を奪取することに成功する。

その後、若犬丸は木戸軍と合戦し、勝利を収めている（「嶋津文書」）。小山氏旧臣の勢力が下野に残存していたものと思われる。

『南朝紀伝』では「関東の宮方小山の若犬丸」が蜂起した、と評している。同記録は義政については「宮方」とはしていないが、若犬丸については「南朝方」と見なしていたのであろうか。若犬丸は鎌倉府軍と野戦を繰り広げたが、同年七月には抵抗を諦め、祇園城から没落する。

続いて鎌倉府に矛先を向けられたのは、常陸の小田孝朝《たかとも》（一三三七～一四一四）とその子息たちである。その理由は若犬丸を匿《かくま》っていたことであるが、実際に匿っていたかは不明であり、むしろ鎌倉府や上杉氏が、小山義政の乱での活躍によって所領を増やした小田氏の勢力を削減する口実を設けた、とする説もある。

なお、『南朝紀伝』には小田についても「関東の宮方」としている。

小田氏の乱でも身柄を拘束されなかった若犬丸は、奥州の田村庄司《たむらのしょうじ》を頼ったとされる。『鎌倉大草紙』では、若犬丸が「宮方の余党」に庇護《ひご》され、新田義宗の子新田相州《そうしゅう》、そのいとこの新田刑部少輔《ぎょうぶのしょうゆう》とともに兵を挙げたことになっている。

また、『南朝紀伝』では相変わらず若犬丸は「宮方」という評価をされている。田村氏は応永《おうえい》三年（一三九六）に討伐され、小山若犬丸は翌応永四年に会津《あいづ》の蘆名《あしな》氏によって攻撃され、自害したという（『鎌倉九代後記』『妙法寺記』）。

予定調和的な史料記述

今見てきたように、記録類には小山氏や小田氏が南朝と共謀していたことが記されるものもあるが、それは小山若犬丸が連携したとされる小田氏や田村氏が南朝にゆかりのある武士であったことを利用してのこじつけだろう。前述のように、小田氏はかつて北畠親房を保護して南朝のために戦った氏族である。また、田村氏も以前は奥州の南朝方だった。

これらの乱に関する一次史料には、南朝や新田氏が挙兵した事実はまったく記されていないのである。そればかりではなく、若犬丸や小田氏が南朝であったこと、また奥州に新田氏が下向したことなども一次史料からは見いだせない。そのため、これらの乱と南朝を安易に結びつけるのは注意が必要である。

遡《さかのぼ》って考えるならば、小山義政が最初に鎌倉府に討伐を受けた際、『鎌倉大草紙』などに小山氏は南朝方として挙兵したとの記事があったことを紹介したが、それらも、義政が一部新田氏との連携をしたことや、若犬丸が小田氏や田村氏の後援を受けたとされることからくる予定調和的な記述であった可能性がある。

つまり、実質的には小山氏と南朝勢力は、乱の過程で一時共同歩調をとったことは確認できるものの、それ以上の事態（例えば、南朝に帰属して戦うなど）には発展しなかったのである。

武蔵野合戦以後の関東の南朝勢力は、自力で軍勢を組織して主体的な対北朝戦争を継続する力を喪失していた。新田義興・義宗に見られるように、細々と潜伏活動・ゲリラ戦を行っていくしかなかった。場合によっては他勢力と連携することもあったが、それは一時的なものにすぎず、反鎌倉府勢力を南朝勢力に組み込むことはできなかったのである。

新田氏と「源朝臣」なる人物

小山氏の乱や小田氏、田村氏の乱を見ると、十四世紀後半の東国において、南朝は北朝・幕府と対峙する核となりうる力を失ってしまったといえる。それでは、東国の南朝勢力は完全に主体性を失ってしまったのだろうか。

否、そうともいえない、という研究成果が近年出ている。新田氏と思われる「源朝臣《みなもとのあそん》」なる人物が複数存在し、彼らが周辺の武士に所領を安堵《あんど》したり、軍勢を催促したりしているのである。南朝年号の元中《げんちゅう》十四年（応永四＝一三九七）、同十八年（応永八＝一四〇一）の文書があり、また年未詳のものも提示されている（「市河文書」「日枝神社文書」「皆川文書」）。江田郁夫はこれらについて、新田氏であることを想定しており、事実であれば応永期（十五世紀初頭）までは、発給文書《はっきゅうもんじょ》が残っていることになる。

なお、これらの文書は細部が異なるものの同一系統の花押《かおう》（サイン）があるので、同族の発給であろう。またこの花押形は、嘉吉《かきつ》の乱（一四四一年）前後に、播磨《はりま》を中心に活動していた足利義尊《よしたか》（直冬《ただふゆ》の孫。一四一三〜四二）のもの（『建内記《けんないき》』）とも似ていることが興味深い。

新田氏はそのほかにも、記録類によって名前の違いはあるものの、応永十年（一四〇三）、同十七年にも動向がうかがえる（『鎌倉大日記』など）。

東国・鎌倉府にとっての南朝

ここでもう一度、小山氏の乱と南朝勢力の関係について考えてみたい。いくつかの記録類には、小山氏が「南朝方」として挙兵したと記されたことはすでに述べた。実態がともなわなかったにもかかわらず、それが広まったのはなぜであろうか。

南朝勢力は、北朝・幕府の「公敵」であった。鎌倉府が、東国に大きな勢力を持つ藤原氏の名族であった小山氏を討伐するには、同氏を「南朝方」として公敵化することが必要だったのかもしれない。

鎌倉府は二回目の小山討伐の際に、幕府と交渉し、その合戦を公戦化することに成功した。しかし、一方で小山氏の徹底殲滅《せんめつ》に反対する武士も存在したために（『頼印大僧正行状絵詞』）、討伐の大義名分がいくつも必要だっただろう。一次史料によって証明することはできないが、『鎌倉大草紙』などの記述から、東国では小山を「南朝方」と捉える認識が広がっていたことは事実であり、右の推定は一定の蓋然性《がいぜんせい》を持つと考える。なぜなら、鎌倉府は公敵と見なされた勢力の討伐を謳《うた》って軍勢を集め、別の有力勢力を叩く、という作戦を多用したという見解があるからである。

例えば、杉山一弥によれば、小田氏の乱や田村氏の乱は、実際に両氏が小山若犬丸に積極的に加担したわけではなく、鎌倉府が小山若犬丸という謀反人とつながりがあると喧伝《けんでん》し、討伐に及んだとしている。すなわち「若犬丸討伐」は口実であり、小田氏や田村氏への攻撃が真の目的だったのである。

応永二十四年（一四一七）に上杉禅秀《ぜんしゅう》の乱が鎮圧されたあと、多数の京都扶持衆《ふちしゅう》（鎌倉府となんらかの理由で摩擦があり、幕府と近づき、連絡を取り合っている東国武士）が十把《じっぱ》一絡《ひとから》げに「禅秀与党」と断定され、鎌倉府から執拗に攻撃されたことを考えると、杉山説にもうなずける部分がある。

ちなみに、新田一族の上野岩松満純《いわまつみつずみ》（?～一四一七）は、実際に禅秀の乱に加担したため、早い段階で「岩松一類」（「皆川文書」）などと名指しで討伐が企図され、死亡する。その後は、「新田 幷《ならびに》 岩松余類」を討伐対象とした鎌倉府の軍勢催促状が散見される（「三島明神社文書」）。

岩松氏内の反鎌倉府派の代表であった満純が死んだとたんに、「新田」が軍勢催促状に併記されるのである。

禅秀の乱における新田氏の動向ははっきりしない。満純死後も岩松氏の与党をさらに叩きたい鎌倉府が、「新田」の名前を追加した可能性もあろう。つまり、鎌倉府が武力鎮圧という強硬路線を正当化するために、抵抗勢力に「南朝方」というレッテルを貼ったと考えられるのである。

東国南朝勢力の終焉

十四世紀の南北朝期東国における南朝勢力は、中央政治史と相まって、武蔵野合戦までは二極内乱の一方の核的存在であった。

北畠氏の東国経営が破綻したあとも、南朝勢力が関東から消え去らなかったのは、内乱における反北朝・反幕府の受け皿の役割を果たすことができたからである。特に、観応の擾乱の際に足利尊氏が南朝に帰順したことは、奥州でも南朝が勢いを盛り返し、勢力挽回の最大の機会であった。

しかし、乱が終息してくると幕府は再び南朝と対峙し、南朝勢力の弱体化が進む。南朝が内乱の帰趨《きすう》を握る傾向は、薄まってきたのである。

十四世紀後半に鎌倉府と敵対した武士たちが、反乱の大義名分として「南朝方」を名乗った形跡は一次史料からは認められない。皮肉なことに、関東の南朝勢力の敵であった鎌倉府の側が、抵抗勢力の討伐を公戦として正当化するために「南朝方」というレッテルを利用したように思われる。しかしそれも、十五世紀後半になると行われなくなる。
ここに東国の南朝勢力は名実ともに没落したといえる。

〔主要参考文献〕

伊藤喜良『東国の南北朝動乱』（吉川弘文館、二〇〇一年）
江田郁夫「新田武蔵守某について――室町時代初頭の東国南朝勢力」（『栃木県立博物館研究紀要』人文三十一号、二〇一四年）
小国浩寿『鎌倉府体制と東国』（吉川弘文館、二〇〇一年）
久保田順一『新田三兄弟と南朝』（戎光祥出版、二〇一五年）
黒田基樹編著『足利基氏とその時代』（戎光祥出版、二〇一三年）
同編著『足利氏満とその時代』（戎光祥出版、二〇一四年）
櫻井彦『南北朝内乱と東国』（吉川弘文館、二〇一二年）
佐藤進一『南北朝の動乱』（中央公論社、一九六五年）
佐藤博信『続中世東国の支配構造』（思文閣出版、一九九六年）
杉山一弥「田村庄司の乱の展開と小山若犬丸・小田孝朝」（黒田基樹編著『足利氏満とその時代』、戎光祥出版、二〇一四年）
田中大喜『新田一族の中世』（吉川弘文館、二〇一五年）

松本一夫『東国守護の歴史的特質』（岩田書院、二〇〇一年）
同編著『下野小山氏』（戎光祥出版、二〇一二年）

13

南朝と九州

「征西将軍府」は、独立王国を目指していたのか？

三浦龍昭

唯一成功した軍事拠点

延元《えんげん》三年（一三三八）、南朝は軍事面での主柱であった北畠顕家《きたばたけあきいえ》（一三一八〜三八）・新田義貞《にったよしさだ》（？〜一三三八）らを相次いで失ったことにより、戦略の大幅な見直しを迫られた。そこで後醍醐《ごだいご》天皇（一二八八〜一三三九）は、自らの分身である皇子たちを各地へ派遣し勢力の回復を図る。その計画とは、奥州に義良《のりよし》親王（一三二八〜六八。のちの後村上《ごむらかみ》天皇）、遠江《とおとうみ》に宗良《むねよし》親王（一三一一〜八五？）、そして九州へは懐良《かねよし》親王（一三二九？〜八三）を「征西大将軍《せいせいだいしょうぐん》」として遣わし、それぞれが地方に軍事拠点を築くというものであった。

この試みは大半が失敗に終わったが、唯一成功を収めたのが九州であった。興国《こうこく》三年（一三四二）、懐良親王は薩摩国《さつまのくに》に到着して以降、しだいにその勢力を伸張させていき、正平《しょうへい》十六年（一三六一）八月、ついに念願であった大宰府《だざいふ》（古代以来、九州統治の政庁が置かれていた）入りを果たす。そして以後、十一年間にわたり九州を統治するのである。

これは当時、全国的に幕府方が圧倒的有利な戦況だったことを考えると、特筆すべきことであった。この「征西大将軍」（懐良親王およびその後継の「後征西将軍宮」）を首班とする南朝の九州統治機関を、「征西将軍府」（以下、征西府）と称している。

本稿では、この征西府と南朝（吉野朝廷）との関係を明らかにすることを目的とするが、その際に最も重要な論点となるのは、大宰府にあった征西府が南朝から自立していたのか否か、という問題である。

そこでまず、征西府が勢力を拡大していく政治過程に即しながら両者の関係を見ていき、その後、焦点となっている、大宰府在所期における征西府による中国・明への入貢をめぐる問題について詳しく論じることにしたい。

懐良親王の派遣

後醍醐天皇が綸旨《りんじ》をもって、懐良親王の征西大将軍任命と九州への下向を伝えたのは、延元三年（一三三八）九月のことであった。さらにそこには「恩賞・賞罰等」は、すべて「将軍（懐良親王）の成敗《せいばい》」に委ねると書かれている（『阿蘇《あそ》文書』）。つまり懐良親王に九州での全権を委任していることが知られるのである。

ところで九州へ下向する以前の史料を見てみると、懐良親王には二つの呼び名があったことが確認される。一つは「鎮西宮《ちんぜいのみや》」(『高野山文書』)で、もう一つは「阿蘇宮」(『毛《も》利《う》家文書』)である。このことから、懐良親王と肥後国《ひごのくに》の阿蘇氏との間には、もともとなんらかの関係があり、この九州下向では、まず阿蘇氏を頼るつもりであったと考えられている。

なお出発時の親王の年齢は、だいたい八歳前後であった。この幼少の親王を支えたのが、側近の五条頼元《ごじょうよりもと》(一二九〇~一三六七)である。他の地域に派遣された親王の補佐役は、北陸が新田義貞、東国は北畠親房《ちかふさ》(一二九三~一三五四)であったが、これに比べると五条頼元はあまり名の知られた人物ではない。

頼元は、儒学者の清原氏の一族で、朝廷の下級官人であった。建武新政権においては、天皇に抜擢《ばってき》され、雑訴決断所《ざっそけつだんしょ》・恩賞方などで有能な事務官として活躍している。

なぜ後醍醐天皇は、頼元を補佐役として選んだのか。その理由ははっきりとはわからない。しかし、この人物の手腕が、こののち征西府の勢力拡大に大きな力を発揮するのである。正平十一年(一三五六)の後村上天皇の書状によると、このころになると、頼元は後醍醐の「叡慮《えいりょ》」を引き継ぐ数少ない遺臣となっており、後村上からも深く信頼されていたことがわかる(『五条文書』)。

この頼元の存在は、長い間、征西府と南朝とをつなぐ紐帯《ちゅうたい》となったのである。なお親王が出発時に引き連れていったのは、この頼元を筆頭としてわずか十二名であった（『忽《くつ》那《な》家文書』）。

海上ネットワークと九州上陸

九州への下向を目指した親王の一行であったが、なかなか容易に事は運ばなかった。結局、三年もの間、四国の伊予《いよ》忽那島（愛媛県松山市）に足止めされることになった。この島を根拠としたのが忽那一族である。忽那氏は瀬戸内海で活動した海上勢力であり、南朝方としては、その卓越した水軍力を駆使して瀬戸内海の制海権を確保し、そこに南朝方のネットワークを張り巡らすことを期待したと考えられている（山内：二〇一一）。

そしてようやく九州の最南、薩摩国に入ったのは、興国三年（一三四二）のことであった。この九州渡海にあたっても、忽那義範《よしのり》の率いる水軍が大きな役割を果たした。こうした海上勢力との関わりは、正平二年（一三四七）にも確認される。この年の五月には、南朝方の海賊船数十艘《そう》が北部九州、筑前国宗像《ちくぜんのくにむなかた》（福岡県宗像市）に現れている（『深堀文書』）。

そして同月、今度は日向国《ひゅうがのくに》から大隅国《おおすみのくに》の九州の東沿岸を南朝方の「四国・中国海賊等」の三十余艘が「奔通」し、翌月には「熊野海賊以下数千人」が、幕府方の守護島津氏の拠点である薩摩国東福寺城《とうふくじ》（鹿児島県鹿児島市）への攻撃を開始した（『薩藩旧記《さっぱんきゅうき》』）。

その後も、同国内の主要部で合戦を行っている。

当時の南朝は山中の吉野（奈良県吉野郡吉野町）を本拠としていたものの、相当の海上勢力を保持しており、そのネットワークをもって征西府など遠隔の地方拠点とつながっていたのである。

こうした戦況のなかで、正平二年（一三四七）十一月末、親王は、五年余り滞在した薩摩国谷山（鹿児島県鹿児島市）を出発し、翌年正月には肥後国宇土津《うとつ》（熊本県宇土市）に着いた。そして二月初めには、菊池郡《きくち》（熊本県菊池市）の菊池武光《たけみつ》（一三一九？～七三）の館に移っている。以後、十三年余りここを在所とするのである。

阿蘇氏と「直奏」問題

この時期における征西府と南朝との関係を見ていこう。

当時の征西府において、最も重要な政治的課題は阿蘇氏の誘引だった。先に述べたように、もともと懐良親王の下向は肥後阿蘇氏を頼りにしたものであったが、当時の阿蘇氏では内部の対立（惣領《そうりょう》の宇治惟時《うじこれとき》と庶子の恵良惟澄《えらこれずみ》）がみられ、一族を挙げて親王の下向を受け入れられるような状況ではなかった。

庶子の恵良惟澄は南朝方として活動していたものの、肝心の惣領の宇治惟時は、恩賞への不満などから旗幟《きし》を明らかにしなかったのである。そこで頼元は、数多くの手紙を出して惟時を説得することになる。そのなかで征西府首脳を悩ませたのが、「直奏《じきそう》」をめぐる問題であった。

「直奏」とは、征西府を介さずに、南朝（吉野朝廷）の天皇近臣らを通じて、直接恩賞・任官等を要求することである。先に見たように、征西府は南朝から恩賞の権限をすべて委任されており、本来はすべて親王の出す令旨《りょうじ》にて執り行うことになっていた。その理由は、現地の実状を知らずに恩賞を与えることによって引き起こされる混乱を避けるためであり、ひいては征西府という権力を地方において確立させるためでもあった。ところがこうした原則にもかかわらず、宇治惟時は、征西府を介さない「直奏」を頻繁に行っているのである。

実はこの問題には、東国にあった北畠親房も悩まされており、いわば遠方にある南朝の地方統治機関の宿命ともいえるものであった。もしこの「直奏」を認めてしまうと、征西府に与えられていた権限の形骸化《けいがいか》は避けられなくなるだろう。征西府はこのことに苦慮しており、恩賞は「鎮西《ちんぜい》」（九州）で沙汰すべきことを繰り返し伝えている（『阿蘇文書』）。一方の南朝側（吉野朝廷）でも、場合によっては直奏を受け入れることもあったが、基本的には征西府をとおして恩賞の申請を行うように諭しているのである。

このように、征西府と南朝（吉野朝廷）との関係は、征西府は恩賞権を行使しながら自らの権力の確立を目指し、南朝は地方武士たちの「直奏」を諫《いさ》めるなど、征西府による経略（統治・支配）を補完していたのである。

足利直冬の下向と「九州の論理」

正平三年（一三四八）、肥後菊池に移った懐良親王は、すぐさま北進を計画した。しかし、筑前には博多を本拠としていた幕府方の鎮西管領一色範氏《かんれいいっしきのりうじ》（?～一三六九）・直氏《なおうじ》父子、そして有力守護の少弐頼尚《しょうによりひさ》（一二九四～一三七一）などがあり、懐良親王方はなかなか思うような戦果を挙げることができなかった。

そうした九州の情勢に新しい展開が訪れたのは、貞和《じょうわ》五年（一三四九）の足利直冬《あしかがただふゆ》（一三二七?～一四〇〇）の下向がきっかけであった。直冬は、足利尊氏《たかうじ》（一三〇五～五八）の庶子だったが父に認められず、結局、尊氏の弟直義《ただよし》（一三〇六～五二）の養子として育てられた。

その後、中国探題として備後国鞆《びんごのくにとも》（広島県福山市）に赴任していたが、中央での政局の変化（直義と尊氏の執事高師直《こうのもろなお》との対立）により、鞆を追われ九州へ逃れている。これによって、九州は懐良親王方、幕府方、足利直冬方に三分されることになったのである。

九州下向後、足利直冬はごく短期間のうちに多くの文書を発給し、急速に勢力を拡大していった。そして幕府方から寝返った少弐頼尚の後援を得て、一色氏の勢力を圧倒するのである。この順調に見えた直冬勢力が、一転する契機となったのが、観応《かんのう》二年（一三五一）三月の鎮西探題就任であった。

直冬はここでようやく自らの存在が正式に認められることになったが、意外なことにこれが落とし穴となった。この就任を機に、直冬は急速に勢力を減退させていくのである。それは、なぜだったのか。

それまで直冬は、「第二の将軍」「新政権」として、九州の在地武士たちからの期待を集めていた。ところが、今回、一色氏に代わり鎮西探題になったことにより、武士たちは、結局、直冬も一色氏と同じく幕府方の「出先機関の長」にすぎなかった、と見なすようになった。彼にかけていた期待は急速に失われ、離反していったのである。

こうした京都から遠く離れた九州武士たちの独自性や独立性を求める特質を、森茂暁《しげあき》は「九州の論理」と説明している（森：二〇一九）。こうした志向性を持った武士たちを、征西府は自勢力に取り込んでいくことになるのである。

変質する征西府

こののちの九州における情勢変化は目まぐるしい。

まず正平七年（一三五二）には、足利直冬方に対して、懐良親王方と一色方との共同作戦が展開された。同年十二月末、苦境に立たされた直冬は、九州から脱出し長門へと移った。その後、正平八年二月には、親王方の菊池武光と少弐頼尚の連合軍が幕府方の一色範氏軍と戦い（針摺原《はりすりばる》の戦い）これを打ち破っている。

そして文和《ぶんな》四年（一三五五）十月、ついに範氏は九州経営を放棄することになる。その三年後には子息の直氏も上京している。

懐良親王方にとって、最後の難敵となったのは少弐頼尚であった。それも正平十四年（一三五九）八月、筑後《ちくご》川《がわ》の戦いにて勝利を収めている。こうして懐良親王は、まず足利直冬、そして一色父子、さらに少弐頼尚と、次々に敵対勢力を撃破していったのである。

この躍進の原動力となったのは、菊池武光を中心とする武士たちの活躍であった。そしてとうとう正平十六年八月、筑前国大宰府へと駒を進めることとなる。

さて、懐良親王方がこのように勢力を拡大していくなかで、征西府内において注目すべき変化が認められる。それは、親王の出す文書（令旨）の様式と機能が武家文書に近似したものになることである。

例えば、恩賞などで得た所領の引き渡しを命じる令旨の書き止め文言（最後の語句）の多くが「……之状、依仰執達如件《おおせによりしったつくだんのごとし》」という、鎌倉幕府でも使われていた「関東御教書《みぎょうしょ》」の様式に変わるのである。

そしてその令旨は、当時の武士たちからも「御教書」と呼ばれている。たかだか文書の細かい文言の変化だと思われる向きもあるかもしれない。しかし古文書の様式の変化は、その政権の全体的な性格の変化をも指し示すことがあるのである。

このほか、文書の命令系統や作成面（執筆者など）でも、武家文書との共通点が見られる。

こうした変化の要因であるが、その一つは、征西府が勢力を拡大していく過程で、もとは敵方であった幕府方や直冬方の守護や奉行人を自勢力に取り込んだことだろう。これにより征西府が発給する文書も、武家文書の影響をより強く受けたものに変容していったと考えられる。

こうして征西府権力の全体的な性格は、当初の親王や親王側近たちを中心とする公家的なものから、だんだんと武家的なものに変化していったのである。

対明入貢をめぐる征西府の動向

さて、この征西府が全盛期を迎えていたのとちょうど同じころ、中国大陸においても大きな動きがあった。

一三六八年、太祖《たいそ》洪武帝《こうぶてい》（朱元璋《しゅげんしょう》）が元《げん》を滅ぼし、明《みん》を建国する。洪武帝は当初より、東アジアの国々と冊封《さくほう》関係を結ぶことを望み、積極的に諸国へ朝貢《ちょうこう》を呼びかけている。

そして正平二十四年（一三六九）、ついに日本へも明からの使者がやってきた。明の建国を告げるとともに、当時、朝鮮半島・中国沿岸において猛威を振るっていた倭寇《わこう》の禁遏《きんあつ》を求めてきたのである。最初に述べたように、現在、征西府研究において最も大きな論点となっているのが、この明への入貢をめぐる問題である。

まず関係史料からその経過を確認しておこう。一三六八年十一月、洪武帝は日本に使者を派遣したが、途中で倭寇によって殺されてしまった。そこで翌年、再び使者楊載《ようさい》らを日本に遣わし、懐良親王に詔書を付して、入貢と倭寇の禁遏を求めた。

ところが、その詔書の文面に「命令に従わない場合は兵を送る」とあったことに親王は激怒し、使者五名を殺害し、楊載らを強制送還したのである。

この対応に洪武帝は激怒したが、一三七〇年三月には使者趙秩《ちょうちつ》を遣わし、再度入貢を求めている。これに対して、親王は前回と同じく拒絶する姿勢であったが、趙秩の「私を殺せばすぐにわが軍が攻めてくる」との威嚇に怯《ひる》み、明への入貢を決断したのである。

そして僧祖来《そらい》を派遣し、上表して貢物（名馬・宝刀など）を献じた。そこで洪武帝は、懐良を「日本国王」として認め、明の暦、大統暦《だいとうれき》を授けることにした。一三七二年五月、その使者僧祖闡《そせん》・克勤《こくごん》らが博多に到着している。

ところが、このときにはすでに幕府方の今川了俊《いまがわりょうしゅん》（一三二六〜？）によって博多を押さえられており、その使者は捕縛されてしまうのである。

以上はすべて、明側の史料に書かれていることである。このことについて、大正四年（一九一五）、藤田明は著書『征西将軍宮』において、二度の明の要求に対して懐良親王は断固としてそれを拒否したが、二回目の使者趙秩はその役目が果たせないことに困って、上表文・貢物などを偽作した（＝称臣虚構説）としている。

このほか、日本からの使節が上表文ならびに貢物をもたらしたことをもって、中国側が臣服の意思表示と解釈した（＝明側の誤解説）とする意見や、懐良の名が「良懐」と反転していることに着目する研究なども出されたが、いずれにせよ、親王の称臣入貢の事実はなかったと否定的に考える説が大勢を占めたのである。

南朝からの「自立化」説

こうしたなかで、新しい見解を出したのが村井章介である（村井：一九八八）。一九八〇年前後、それまでの戦後歴史学による「一国史観」（現在の「国家」「国民」「国境」、そして「日本の一体性」などを自明の前提として「一国史」を唯一の研究の単位とする歴史観）への批判が加えられるようになる。それを相対化する新たな視点として「地域」が注目された。

村井は、日本列島内外における「国境を超える地域」の空間モデルを設定したが、そのうちの一つが、懐良親王による対明入貢の舞台となった、朝鮮半島・日本列島・琉球列島・中国大陸で取り囲む「環シナ海地域」（倭寇世界）である。

村井は対明入貢に関する研究史を整理したうえで、これまでの学説は初めから〈親王が明に屈服するはずはない〉という既定の否定的な結論を引き出すための前提にすぎなかったのではないか、と全面的な疑問を投げかけたのである。

というのも、長い間通説とされてきた戦前の藤田明の著書は九州南北朝政治史の画期的な労作で、今日なお学問的生命を保っているものの、もともとは熊本県教育会から、懐良親王や菊池・阿蘇氏など南朝方の忠臣たちを鑽仰《さんぎょう》することを目的として執筆を依頼されたものであった。

したがってそこには、著者の生きた時代の制約性、水戸学派の『大日本史』に倣《なら》った南朝正統史観の影響が少なからず認められるのである。村井は、そうした同書の限界をふまえて、次のような仮説を組み立てた。

①征西府が、もし明の要求をのめば、明という巨大な軍事的後ろ盾を得て幕府方に対抗できる。さらに朝貢貿易の独占による経済基盤の充実をも期待できる。

②このとき、幕府方の新探題今川了俊の九州渡海を目前に控えていた。了俊は、従来の九州探題と異なり、渡海以前に十分な準備期間を取り相当な兵力を集めていた。懐良にとっては、今までにない軍事的脅威であったと思われる。こうした情勢は、懐良がそれまでの外交方針を一八〇度転換するのに十分な客観状況だったのではないか。

そのうえで、もし①・②のような状況であったとしても、日本を「神国」と見なし外国を見下すという従来の公家的な対外観に懐良が縛られ、南朝の指令の忠実な伝達者にとどまっているとしたら、明の使者、趙秩の言に耳を傾けるはずもなく、明への朝貢という大きな賭けに出ることもなかったのではないか、と考えたのである。

そして、征西府の南朝（吉野朝廷）に対する自立度について検討を加えている。その結果、南朝から大幅な権限委任を受けた征西府は、やがて南朝の意図した《忠実な代理人》の域を超えた「自立化への道」を歩んだとする。

そして、それは以下の指標で捉えることができるとした。

ⓐ懐良親王の令旨の様式と機能が武家文書に酷似したものになる。

ⓑ一三六五年ごろから、征西府の権限が九州のみならず四国の伊予にまで及び、そこでは征西府による令旨と南朝の後村上天皇からの綸旨が競合関係を引き起こしている。

ⓒ一三七一～七二年に「征夷大将軍宮」を自称する懐良親王の令旨が見られる。

以上の点から、征西府は、南朝に対してほぼ完全な自立性を保持していたこと、そしてその自立化のピークが、懐良が対明通交を決断した前後にあったことを指摘している。

さらにこの征西府の自立化とは、実は、菊池氏を筆頭とする九州の武士たちがそれを自前の国家権力として換骨奪胎《かんこつだったい》した結果であり、天皇の弟という懐良の尊貴性はむしろ南朝からの分離を促進したとする。そうして「懐良の対明入貢は九州国家の自主的な選択としてむしろ自然なものとさえいえよう」と述べているのである。

一変する研究状況

このように村井説は、それまでの「称臣偽作説」をはじめとする親王の入貢を否定してきた研究状況を一変することになった。

さらにそのなかで、征西府と南朝（吉野朝廷）との関係についても、中央（南朝）から離れ、自立的に存在した「九州国家」の可能性を示唆したのである。こうした九州・中国・朝鮮など「環シナ海地域」でのつながりのなかから、新たに生まれた国家・中央を相対化する動きを、地域の結合が国家支配を揺るがす「地域と国家の相剋《そうこく》」と説いている。

ちょうど村井説が提言されたころ、日本中世史学界では「地域権力論」の研究が盛んとなり、在地領主法、在地徳政、惣国一揆《そうこくいっき》などが熱心に議論されていた。村井の「九州国家」説は、そうした「地域」を重視する当時の研究動向と相まってしだいに受け入れられていった。

その後も、対外関係史の分野を中心に、「日本国王」足利義満《よしみつ》（一三五八〜一四〇八）による日明通交の前段階として懐良親王による入貢は触れられており、この村井説を継承・深化させる方向で研究が進められている。

現在においては、これが新たな通説ともいうべきものとなっているのである。

残された課題

さてこうして懐良の称臣入貢は、おおむね事実として認められることとなった。ただし、その先の「九州国家」については、いくつかの意見が出され、現在もそのまま残されている問題がある。ここではその点について触れておきたい。

まず村井説の三つの指標について改めて考えてみたい。ⓑに関してはのちに述べるとして、ⓐについては、先に見たように征西府の武家文書化はしだいに進んでいたことは間違いない。

またⓒについては、「征夷大将軍」と書いてある文書がすべて写しであったことから、「征西大将軍」の誤記だった可能性もありえるが、写されている文書が、同時期の複数の家に残されていることから、やはりこれも事実であると考えたほうがよいだろう。

なおこのとき、懐良の「征夷大将軍」がまったくの自称であったのかについては、はっきりとしたことはわからない。というのも、南朝の征夷大将軍は正平七年（一三五二）、宗良親王が任じられたが、その後は正式に誰がなっていたのかわからないのである。

次に、ⓑの四国における問題について考えてみたい。まず地理的条件を考えると、征西府は当初の目的であった、九州から畿内《きない》への東上を計画して伊予に進出したのではないか、とする意見がある。

たしかに、懐良の九州下向までを見てもわかるように、伊予は九州と吉野とを海上で結びつける重要な地域であった。また懐良親王は、正平二十四年（一三六九）、のちに征西将軍宮となる「若宮」（実名は不詳。便宜上、「後征西将軍宮」とする）を「四国大将」として伊予に派遣している（『河野家文書』）。

これも、親王の東上計画の布石だと考えることができるようにも思われる。さらにこの後征西将軍宮であるが、彼は後村上天皇の皇子の一人であった。このように懐良親王の後継者も南朝から派遣されていることから、やはり征西府と南朝との連携を重視すべきではないかとする見解も出されている。

さらに、当時の南朝（吉野朝廷）側の状況に着目してみると、この時期には南朝が九州のことに関与する史料がほとんどなくなっており、一見すると征西府が南朝から自立化したように見える。

しかし実際には、このとき南朝自体が弱体化しており、九州に宛てられたもののみならず、全国的にも史料はかなり減少しているのである。ほとんど史料が残存していないことをもって、両者の「没交渉＝征西府の自立化」、とストレートに捉えてよいのか、もう少し慎重になるべきであろう。

また正平十九年（一三六四）には、島津親忠《ちかただ》が「直奏」によって任官を求めている。南朝は本来は懐良からの「注進」をもって沙汰するとしながらも、今回は特例として「内々」に「直奏」を認め、親忠を下野守《しもつけのかみ》に任じている（『島津家文書』）。このことから南朝側では、この時期においても、征西府をとおして九州を統治するという基本方針を貫いており、征西府の位置づけに特別な変化は見られないのである。

このほか、懐良親王の心情に着目する研究もある。建徳二年（一三七一）、懐良は兄の宗良に和歌二首を送っている。そこには「日にそへて遁《のが》れむとのみ思う身に　いとどうき世のことしげきかな」（『新葉和歌集』）とあるように、俗世間の世事を逃れようとする厭世観《えんせいかん》が見られる。この和歌が作られた時期が、ちょうど称臣入貢を決断したときに当たることから、この親王の個人的な心情と政治的な行動が矛盾しているのではないか、という指摘もある。

「九州国家」の可能性は？

以上のように、征西府による明への入貢自体は事実であったと考えられるが、征西府が南朝（吉野朝廷）から自立化しようとしていたのか?という点については、やはりいくつかの問題が残されていることを理解していただけたのではないだろうか。

最後になるが、征西府、そして九州の在地武士たちは自前の国家（「九州国家」）を目指したのだろうか。

本稿で見てきたように、征西府自体は長期間、九州に基盤を置いていくうちに、当初の五条頼元をはじめとする公家たちを中心とした政権から変質し、武家政権へ近似していった。それを支えた九州の武士たちの間には、足利直冬のところで見たように、たしかに中央から自立しようとする志向性（「九州の論理」）が見られる。だが一方では、「直奏」のように、直接、南朝（吉野朝廷）とつながりたいとする動きも、やはりのちのちまで確認されるのである。この二つの相反する武士たちの動きのなかで、征西府は存在していたといえるだろう。

このうち前者の志向性がさらに高まっていき、先鋭化していけば、「九州国家」の建設ということになろう。ただ親王が明への入貢を決断した直後、今川了俊によって、征西府は大宰府を追われ勢力を失うことになる。したがって現在のところ、「九州国家」については、その可能性を指摘するにとどまるのではないだろうか。

〔主要参考文献〕

齋藤満「征西府とその外交についての一考察」（『史泉』七一、一九九〇年）
橋本雄『NHKさかのぼり日本史　外交篇［七］室町』（NHK出版、二〇一三年）
藤田明『征西将軍宮』（熊本県教育会、一九一五年。後に、一九七六年、文献出版より復刻）
三浦龍昭『征西将軍府の研究』（青史出版、二〇〇九年）
村井章介『アジアのなかの中世日本』（校倉書房、一九八八年）
森茂暁「〔書評と紹介〕瀬野精一郎著『足利直冬』」（『日本歴史』第六九四号、二〇〇六年）
同『皇子たちの南北朝――後醍醐天皇の分身』（中公文庫、二〇〇七年）
同『懐良親王――日にそへてのかれんとのみ思ふ身に』（ミネルヴァ書房、二〇一九年）
山内譲「南朝の海上ネットワーク――伊予国忽那島と忽那氏」（同『中世の港と海賊』法政大学出版局、二〇一一年）

14 南北朝合一と、その後
「後南朝」の再興運動を利用した勢力とは？

久保木圭一

南朝は六十年、「後南朝」は九十年

明徳《めいとく》三年（南朝・元中《げんちゅう》九〈一三九二〉）閏《うるう》十月、南朝の後亀山《ごかめやま》天皇（一三五〇？〜一四二四）は、「三種の神器《じんぎ》」を携えて上洛《じょうらく》した。神器は北朝の後小松《ごこまつ》天皇（一三七七〜一四三三）に譲渡され、南北朝時代はここに終結した。これを、「南北朝の合一」という。

室町幕府三代将軍の足利義満《あしかがよしみつ》（一三五八〜一四〇八）から提示された和議の条件には、①三種の神器の受け渡しは「譲国の儀」によること、②以後の皇位は南北両朝交互に継承すること、③南朝には諸国の国衙《こくが》領を与えること、などが含まれていた。

しかし周知のとおり、これらの条件は履行されず、以後の皇位は北朝が独占することになった。この状況に憤慨した南朝の皇族や旧南朝勢力による一連の南朝再興運動を、「後南朝《ごなんちょう》」と呼ぶ。

北畠氏の蜂起・禁闕《きんけつ》の変など、後南朝による一連の武力蜂起《ほうき》は、散発的かつ微弱なものであった。もともと南朝勢力が和議をのまざるをえないほど衰退していたうえに、皇位まで手放してしまったため、当然のことであろう。特にその最大の勢力であった伊勢《いせ》国司《こくし》の北畠《きたばたけ》氏（親房《ちかふさ》の子孫）が室町幕府に帰順して以後は、大名クラスによる表立った武力支援はなく、彼らの活動は今日でいうゲリラ程度の規模であったにすぎない。

しかしその活動歴は長く、応永《おうえい》十七年（一四一〇）における後亀山の吉野出奔に始まり、最後は応仁《おうにん》・文明《ぶんめい》の乱《らん》以後――終見は明応《めいおう》八年（一四九九）――にまでくだるという。

この約九十年という後南朝の活動の長さは、約六十年続いた南朝本体の歴史よりも長い。微弱な武力しか持たなかった後南朝が、このように長期間存続することができたのは、彼らが「皇族」という特殊な属性を持っていたからである。このことが北朝・室町幕府にとって心理的な脅威となり、逆にその敵対者に存在価値を認められたことが大きな要因であろう。

後南朝においては、多くの南朝皇族が悲惨な末路をたどった。そのため、特に江戸期以降、彼らに対する同情から種々の伝説が生まれた。以後近年にいたるまで、後南朝研究ではそうした面が重視されつづけてきたのが実情である。

本稿ではいったん情緒的な議論を排し、後南朝が室町時代史上いかなる立ち位置を持っていたのかという視点を念頭に、彼らが展開した活動について解説する。

南北朝の合一から後亀山の出奔まで

応永元年（一三九四）十二月、足利義満は嫡子義持《よしもち》（一三八六～一四二八）に将軍職を譲り、翌年六月に出家したが、引き続き幕府の実権は持ちつづけた。同六年には、幕府にとって最大の武力的脅威であった西国の有力大名大内義弘《おおうちよしひろ》（一三五六～九九）を敗死させた（応永の乱）。ここに室町幕府は最盛期を迎える。

当時南朝の皇族たちはおおむね幕府に友好的であり、幕府の行事に列席した事例も知られている。南北朝の合一後二十年近くもの間、彼らが幕府に対して武力闘争を試みなかったのは、幕府が皇位についての約束を履行すること――後小松の後継者が南朝から出ること――に一縷《いちる》の望みを抱いていたためといわれる。

南北朝の合一の二年後、後亀山に太上《だじょう》天皇の尊号が与えられた。しかし、北朝の朝廷内では反対意見が強かった。後亀山を太上天皇とすることは、南朝が皇位に就いていたことを認めることになるからである。このことからもわかるように、北朝朝廷は義満が南朝に提示した和議の条件に納得していたわけではなかった。

北朝の意向を無視してまで義満が南北朝の合一にこだわったのは、有力守護大名らが幕府に敵対行動をとるのを警戒してのことだった。彼らが幕府に反抗するとき、南朝に降参することで自己の正当化を図ろうとしたからである。

義満の思惑どおり、南朝は事実上皇位を手放すことにはなったものの、後南朝が執拗な再興運動を展開し、かつて南朝がそうであったように、しばしば幕府の敵対勢力と連携し彼らの正当性を担保する存在となりつづけたことは、義満にとって誤算であったことだろう。

応永八年（一四〇一）、皇子のなかった後小松に第一皇子が生まれ、三年後には第二皇子が生まれた。同十五年（一四〇八）に義満が死んだ。このころから、目ぼしい南朝皇族は次々と出家してゆく。南朝の血統を絶やすための、幕府の政策である。後亀山の出奔は、そうしたなかで起きた後南朝最初の活動である。

後亀山の吉野出奔

応永十七年（一四一〇）十一月、後亀山は隠棲《いんせい》していた嵯峨野《さがの》・大覚寺《だいかくじ》を出奔して吉野に入った。後亀山の出奔は、南朝から皇位が遠のく現実に対する焦慮の表れであるといえる。

これに呼応して、伊勢国司の北畠満雅《みつまさ》（?～一四二八）が挙兵した。満雅は、高名な親房（一二九三～一三五四）の曽孫《そうそん》にあたる。ただしこのときの伊勢国司の軍事行動は、小規模にとどまったといわれる。

同十八年十一月、後小松は十一歳になるその第一皇子を親王宣下《しんのうせんげ》し、その翌年八月譲位した（称光《しょうこう》天皇〈一四〇一〜二八〉）。後小松が院政を敷き、皇位がその皇子によって継承されたことが、南朝関係者たちを大きく失望させたであろうことは疑いない。

後亀山は同二十三年（一四一六）秋まで吉野にあったが、情勢は好転せず失意のうちに帰洛、八年後に崩御《ほうぎょ》した。

称光天皇の呪詛事件

四代将軍義持の時代（在任一三九四〜一四二三年。室町殿としては一四二八年まで）は比較的戦乱も少なく、表面上は平穏な時期であったといわれる。

しかしその一方で、天皇家も将軍家もそれぞれに、後継者問題を含む深刻な内部対立を抱えていた。特に前者の対立が表面化したのが、この称光天皇の呪詛《じゅそ》事件である。事件そのものは些細《ささい》なものであるが、背景は根が深いのでやや詳しく述べたい。

当時の北朝は、大きく二つの系統に分かれていた。時代はやや遡《さかのぼ》るが、観応《かんのう》三年（一三五二）、南朝が一時優勢になって京都を掌握し、北朝の崇光《すこう》天皇（一三三四〜九八）をはじめ二上皇らが、南朝により吉野に連れ去られるという事態が発生した。

北朝側は、僧侶となる予定だった崇光の弟（後光厳《ごこうごん》天皇〈一三三八〜七四〉）を擁立し、かろうじて断絶を免れた。南北朝の合一当時の天皇である後小松は、この後光厳の孫にあたる。

拉致《らち》された崇光らは後年帰京を許されたが、後光厳の系統に渡った皇位が崇光の側に戻ることはなかった。この崇光の系統が伏見宮家《ふしみのみや》である。後光厳の系統の天皇たちは、血統的には嫡流である伏見宮家を事あるごとに敵視し、圧迫していた。

称光は、病弱な反面気の強い性格で、父の後小松上皇とは不仲であった。称光が病弱で皇子がいないことを慮《おもんぱか》った後小松は、その弟の小川宮《おがわのみや》を皇嗣《こうし》に据えた。称光は強い不満を覚えたが、応永三十二年（一四二五）二月、小川宮は二十二歳の若さで急死した（一説に毒殺といわれる）。このため、後小松の系統で次期天皇となりうる皇子はいなくなった。

北朝内部で皇位に就くことができるのは、伏見宮だけとなったのである。

小川宮が没した二カ月後、伏見宮家当主の貞成王《さだふさ》（一三七二～一四五六）は親王宣下され、皇位継承予定者として認知された。こうした後小松の措置に対し、称光は激怒した。あくまで、自分が皇子をもうけて天皇にすることを望んでいたからである。

自暴自棄になった称光は、皇位を放棄し出家するとまで宣言し、将軍義持は上皇・天皇父子の和解のために腐心することになる。

この親子げんかのためにそばづえを食った貞成は、念願の親王となったのもつかの間、同年七月には出家せざるをえなくなった。ただし、貞成親王には王子（のちの後花園《ごはなぞの》天皇〈一四一九～七〇〉）があり、後小松と義持は、この王子の皇位継承に期待をかけていた。貞成親王出家の翌月に起きたのが、称光に対する呪詛事件である。

事の発端は、内侍所《ないしどころ》に仕える老女が病床にある称光を呪詛しているとの密告があったことである。嫌疑は当初、伏見宮にかけられた。後小松はこの嫌疑を真に受けて激怒した。一時は貞成親王を後継者に擬したとはいえ、後小松のなかにも伏見宮家への根強い反感があったのである。

義持がこの嫌疑を不審であるとして、侍所《さむらいどころ》に当事者を取り調べさせたところ、密告者は呪詛をしたのは伏見宮ではなく南朝皇族の「大覚寺殿」（小倉宮《おぐらのみや》か）であると証言した。ちょうど称光が一時危篤に陥り、南朝側が皇位継承を主張してきた直後であった。しかし大覚寺殿も嫌疑を否定し、結局真相は不明のまま直接の関係者が処罰され事態は収束した。

ここで注目すべきは、後南朝を媒体として北朝内部の確執があぶりだされたという点であろう。後小松は血統断絶（＝南朝の復活）を回避する苦肉の策として伏見宮を皇嗣《こうし》として迎える構想を持ってはいたものの、長年培われた伏見宮家に対する反感を抑えきることはできなかった。

不仲である後小松・称光ではあるが、伏見宮家に対する反感は、温度差こそあれ共有していたのである。

実はこの時期、将軍職は空位となっていた。義持の嗣子で五代将軍となった義量《よしかず》（一四〇七～一二五）が、この年二月、十九歳で死去してしまったためである。義持は室町殿として認知されて幕府の実権を握っており、将軍空位でも格別の不都合は起こらなかったといわれるが、彼には子がなく、その後継者は決まっていなかった。

このような幕府の不安定な状況も、この事件の背景として考慮に入れるべきであろう。

小倉宮と北畠満雅の武力蜂起

こと武力という点に関しては、後南朝最大規模の武力蜂起が起こる。

この蜂起の背景としては、京都の将軍とその分家である鎌倉公方《かまくらくぼう》との確執が底流にあるといわれている。足利尊氏の次男基氏《もとうじ》（一三四〇～六七）を祖とする鎌倉公方家は、代々将軍家に対して根深い対抗意識を持っていた。

前述のとおり、将軍義量の夭折《ようせつ》後、将軍職は空位の状況が続いていた。義持の弟たちはみな出家していた。その義持が後継者を指名しないまま死の床に就いたとき、鎌倉公方持氏《もちうじ》（一三九八～一四三九）は将軍職への野心をあらわにしたという。

将軍の後継者は応永三十五年（一四二八、四月に正長《しょうちょう》と改元）正月、義持の臨終の枕頭において、くじ引きという形で決定された。選ばれたのは、義持の弟の一人である青蓮院門跡義円《しょうれんいんもんぜきぎえん》である（六代将軍義教《よしのり》〈一三九四～一四四一〉）。

同年七月、今度は称光が重病に陥った。後亀山の孫にあたる小倉宮（諱《いみな》は不明）が出奔したのは、ちょうどこの時期である。

小倉宮が出奔した直後の七月二十日、称光は崩御したが、すでに幕府と後小松との間で入念な交渉がなされており、先に皇位継承候補とされた伏見宮貞成親王の王子が後小松の猶子《ゆうし》（名義上の子）として皇位に就いた（後花園天皇）。北朝はかろうじて、血統断絶の危機を乗り越えたのである。

鎌倉公方の持氏は、伊勢国司の北畠満雅に宛てて使者を発し、小倉宮の身柄確保を依頼したといわれる。満雅はこの言にしたがって小倉宮を受け入れ挙兵した。ところが意外にも、この使者は偽者であることが発覚し、逐電《ちくでん》してしまった。

時あたかも「正長の土一揆《つちいっき》」が勃発《ぼっぱつ》、畿内《きない》の物情が騒然とした時期であった。しかし幕府の対応は敏速であった。すぐに追討軍が発せられ、同年十二月に満雅は敗死してしまう。北畠氏は幕府に帰順し、後南朝は南朝時代から培ってきたこの唯一の組織的な武力と、伊勢という勢力基盤を喪失した。

使者が偽者であった以上、持氏が本当に小倉宮を次期天皇として擁立する意思を持っていたかどうかも疑問となる。ただいえることは、南朝皇族を擁立することが、天皇・将軍という権威に対抗するための有効な手段として認識されていたという点である。

帰京後の小倉宮は冷遇され、その王子は勧修寺《かんじゅじ》に入室し出家させられた。小倉宮自身も餓死に瀕《ひん》するほど窮乏し、永享《えいきょう》六年（一四三四）に出家して聖承《せいしょう》と名乗った。

大覚寺義昭の出奔

将軍義教は、自己の逆鱗《げきりん》に触れたものは守護大名であれ貴族であれ容赦せず、恐怖政治を敷いたことで知られている。その矛先が身内に対しても向けられた事件が起こる。永享九年（一四三七）七月、将軍義教の弟である大覚寺門跡義昭《ぎしょう》（一四〇四～四一）が九州に出奔したのは、義教に対する恐怖心に由来するものといわれる。南朝皇族である玉川宮や護聖院宮《ごしょういんのみや》の家臣もこれに従ったといわれ、長年南朝に仕えてきた楠木《くすのき》氏の挙兵もあった。もっとも、楠木氏にもかつての勢いはなく、程なく鎮圧されてしまっている。

永享五、六年ごろから、義教は南朝皇族に対して態度を硬化させたといわれている。この時期、伊勢国司の北畠氏を頼って出奔した小倉宮は出家し（聖承、前述）、南朝皇族のなかでも有力な一族であった護聖院宮も断絶させられている。

義昭の出奔に南朝皇族が追随する動きを示したのは、自己の存続のため反義教陣営と連携しようとしたことの表れであろうか。しかしながら、反義教派の最大勢力である鎌倉公方持氏は同十一年（一四三九）二月、将軍義教との武力闘争に敗れ自害し（永享の乱）、義昭も嘉吉《かきつ》元年（一四四一）三月に誅殺《ちゅうさつ》されてしまった。

将軍義教の弑逆と後南朝

将軍義教の恐怖政治は、唐突に終わりを告げた。

嘉吉元年（一四四一）六月、義教に討伐される危惧《きぐ》を抱いた播磨《はりま》守護の赤松満祐《あかまつみつすけ》（一三七三〜一四四一）は、将軍を自邸の宴席に呼び寄せ斬殺した。領国に戻った満祐は、足利尊氏の庶子直冬（一三二七？〜一三八七・一四〇〇？）の子孫といわれる足利義尊（一四一三〜四一）を擁立したが、同時に小倉宮の末子も擁立しようとしたという。後者については、実際に擁立しようとして未遂に終わったのか、単にうわさにすぎなかったのかは微妙なところである。

しかし、将軍を弑逆《しいぎゃく》したことで自らを正当化する必要に迫られた満祐が、足利氏の一派と並んで南朝皇族をも擁立しようとしたと観測されたことは、注目に値する。

ここでも、南朝皇族が反幕府勢力に利用価値を見いだされうる存在であったことをうかがうことができる。

再び小倉宮に反逆のうわさ

義教弑逆事件の二年後の嘉吉三年（一四四三）二月、小倉宮聖承が「大名」に支持されて反逆するとの風説が流れた。「事実ならば天下大乱」とまでいわれたが、実際には小倉宮は重病にかかっており、同年五月に没した。

義教の遺児の七代将軍義勝《よしかつ》（一四三四～四三）は、当時十歳。病弱な少年であった。まがりなりにもリーダーシップを発揮していた義教という絶対君主を失った幕府が、求心力を欠いていたことは想像に難くない。将軍を弑逆して播磨に去った赤松に対する討伐軍の編制に長期間手間どったことも、よく知られている。

小倉宮を支持したとされる「大名」の正体は不明であるが、将軍の暗殺者に対してすら足並みをそろえることのできなかった守護大名たちのなかに、野心を抱いたものがいたとしても不思議ではない。なお、将軍義勝は同年七月に病死している。

「禁闕の変」の勃発

将軍義勝が没した約二カ月後の九月二十三日夜、後南朝勢力が兵を集め、夜陰に乗じて内裏《だいり》を急襲、三種の神器のうち神璽《しんじ》と宝剣を奪って放火し、内裏が全焼した。後花園天皇の身辺にも白刃が迫り、一時は護衛が一人という状況であったという。

当時の貴族社会にあってはきわめてセンセーショナルな事件であったため、『看聞日記《かんもんにっき》』『康富記《やすとみき》』『師郷記《もろさとき》』など、当時の日記に詳細な記事が残されている。

首謀者は、金蔵主《きんぞうす》・通蔵主《つうぞうす》と呼ばれる兄弟の宮（それぞれ万寿寺・相国寺の僧、護聖院宮の子孫か）、後鳥羽《ごとば》上皇（一一八〇～一二三九）の末裔《まつえい》を名乗る鳥羽《とば》尊秀《たかひで》、従一位権大納言《じゅいちいごんのだいなごん》日野《ひの》有光《ありみつ》（当時は出家。一三八七～一四四三）らであった。彼らは比叡山《ひえいざん》に立て籠もったがその支持を得られず、衆徒《しゅと》に攻められて壊滅した。

金蔵主・日野有光は死に、鳥羽尊秀は行方不明となった。生け捕りとなった通蔵主は、配流の途次討たれたという。宝剣は事件直後に発見されたが、神璽は行方不明となった。

北朝の重臣であった日野有光が参加した背景は不明であるが、当時の宮中に大きな衝撃を与えた。彼は、将軍家と姻戚《いんせき》関係にある公家の日野家の一族である。将軍義持・義教の不興を買い圧迫を受けたことが、後南朝に参加した動機といわれる。娘は典侍《ないしのすけ》として宮中に出仕しており、三種の神器のありかなど、内裏の内部事情にも通じていたといわれる。有光の息子の参議右大弁《うだいべん》資親《すけちか》は、父とは別行動をとっていたが、召し捕られ斬首された。

十月二日、累は小倉宮にも及び、さきに死去した小倉宮聖承の息子の教尊《きょうそん》が流罪となった。教尊は、聖承が伊勢から帰洛した直後に勧修寺に入室していた人物である。

教尊捕縛の際に従者二名が殺害されたと伝わるので、多少の抵抗があったことが察せられるが、実際に禁闕の変に関与していたかどうかは不明である。息子である後花園を殺されかけた伏見宮貞成親王は、その日記のなかで「同意勿論《もちろん》なり」と決めつけているが。

数ある後南朝の活動のなかでも、この事件はきわめて興味深い。三種の神器が狙われ神璽が奪い取られたことと、北朝内部にも同調者が現れたことが、大きな特徴である。

タイミングとしては、七代将軍義勝が死去してわずか二カ月後という時期であり、新将軍義政《よしまさ》（一四三六〜九〇）の統治下での幕府の体制も、まだ強固とはいえなかった。

表立った動きは認めることができないが、細川・山名《やまな》・赤松といった有力な守護大名の間にも、後南朝に同心する動きがあったとうわさされたことも見逃せない。この事件の数カ月前にも小倉宮を支持した「大名」がいたとされたことも、まだ記憶に新しかったであろう。

このように、後南朝を支持しようとする動きは、北朝内部の有力公家・大名のなかにも存在したのである。彼らが後南朝を支持した動機は、後南朝に対する同情などではなく、単に自己の権勢を確保するために利用価値を見いだしたというのが真相に近いであろう。

文安年間の後南朝の活動

文安《ぶんあん》元年（一四四四）から同四年にかけて、南朝皇族が吉野・紀伊《きい》を中心に武力蜂起したが、紀伊守護の畠山持国《もちくに》（一三九八〜一四五五）によって討ち取られた。

この宮の系譜は、諸説あってはっきりしない。討たれた宮の首は実検に供されたが、一応は皇族としての礼遇を受けたという点で、注目される。皇族であるので獄門には懸けるべきではないとの公家の意見が通った。

長禄《ちょうろく》の変と「三種の神器」

長禄元年（一四五七）、南朝皇族の兄弟が吉野で蜂起した。一宮《いちのみや》は北山宮、二宮は河野宮と称したといわれるが、この兄弟の系譜も定かではない。同年十二月、将軍義教弑逆後に滅亡した播磨守護の赤松氏の遺臣たちが、主家再興を企図して神璽の奪取を計画し兄弟の宮を殺害した。ただし彼らは激高した郷民たちにより討ち取られ、神璽も奪い返された。

翌年別の赤松遺臣が再び紀伊に入り、殺害された宮たちの母の居所にあった神璽を強奪し、八月三十日に神璽はようやく帰洛した。

三種の神器のうち、神鏡はすでに平安時代に火災によって原形を失い、宝剣は平家滅亡のおりに壇《だん》ノ浦《うら》で失われ、伊勢神宮に古くから伝わる剣が代用されていた。神璽は原形を最もとどめるものとして、とりわけ重視されていたという。北朝はその歴史において、何度となく三種の神器を失っている。それが長く南朝に対するコンプレックスとなっていたことは、想像に難くない。

かつて将軍義教が弑逆された際、播磨に拠《よ》った赤松満祐が、南朝皇族を擁立したというわさがあった。しかし、このときには逆に、赤松遺臣は南朝皇族を殺害する側にまわっている。後南朝に加担するという行為が、南朝に対する同情や忠誠心の発露からではなく、単に自己の利害に由来していたことが、ここからも推察される。

状況しだいで敵味方が入れ替わるのがつねとなる戦乱の時代が、再び間近に迫ろうとしていた。

応仁の乱と後南朝

文明元年（一四六九）十一月、吉野と熊野で兄弟の宮が蜂起、「明応《めいおう》」という年号を称した。

北朝年号とは別個の年号を定めたという記録は、ほかの後南朝の活動には見当たらない。年号を定めることは天皇の大権に属しており、皇位を競望《きょうぼう》することや、三種の神器を強奪することと等しい性格を持つといえる。

この時期は複数の南朝皇族が活動しているが、最も重要といえるのは、応仁・文明の乱（一四六七～七七年）における西軍の将山名宗全《そうぜん》（一四〇四～七三）に迎えられ文明三年に上洛した宮（小倉宮の末孫といわれるが、系譜は不詳）であろう。天皇・将軍の双方を擁する東軍に対抗するために、西軍諸将が南朝皇族を対抗馬として持ち出したという構図である。

しかし西軍のなかでも、将軍義政の弟義視《よしみ》（一四三九～九一）など南朝皇族の擁立に同意しない者もおり、宗全の死後、この宮は姿を消す。のちにこの宮が他国を流浪した記事など、このあとも後南朝の動静は諸書に散見される。

やや内容が曖昧であるが、明応八年（一四九九）、伊豆《いず》国三島に来た宮を北条早雲《ほうじょうそううん》（一四三二・五六?～一五一九）が諫《いさ》めて相模《さがみ》国に送った記事が、終見といわれる。

後南朝と室町時代

以上見てきたように、後南朝の動きは北朝・室町幕府内部のさまざまな確執とリンクして位置づけることができる。

天皇家は血統断絶の危機が迫るなかで皇位継承問題に苦慮し、幕府体制もしばしば、鎌倉公方家や有力守護大名との確執や後継者問題で動揺した。守護大名同士の不協和音も、無視しえない根深さを持っていたらしい。

後南朝はその間隙《かんげき》を縫って皇位を望んだが、天皇・将軍と対抗しようとした勢力に利用された面も少なくなかった。彼らが後南朝を擁立しようとしたのは、南朝に対する同情ではなく、自身が政治的に有利に立ち回るためであった。このように後南朝の皇族たちは、当時の政局に翻弄《ほんろう》されながら擁立され、討ち取られ、ないしは見捨てられていった。

後南朝は、室町幕府最盛期に活動を開始し、その内包する対立の構図をあたかも鏡のように映し出す存在として出没を繰り返す。それは、幕府崩壊の端緒となった応仁・文明の乱のころまで続き、幕府の存在そのものが危殆《きたい》に瀕《ひん》すると、あたかも鏡のなかの像がぼやけるようにして、その姿を消していったのである。

研究史の到達点と護聖院宮

本稿の最後に、後南朝史研究の到達点について付言する。

森茂暁《しげあき》著『闇の歴史、後南朝――後醍醐流の抵抗と終焉』は、残存する史料をほぼ網羅し、後南朝の実像を浮き彫りにした決定版ともいうべき名著である。ただし発表から二十年以上が経過し、その間の新知見も少なくない。特に南朝皇族の有力な系統である護聖院宮についての考察は、大きく進展している（小川：二〇〇〇、小風：二〇〇〇、田代：二〇〇四）。

護聖院宮は後南朝関係の史料に頻繁に登場する皇族であるが、後亀山の弟で南朝最後の東宮であったといわれる惟成親王の子孫らしいことが、最近明らかになった。森の同書は角川ソフィア文庫から再刊されており、これらの新知見についても若干付加されているが、詳細は上記論考にあたるべきであろう。

なお、同前著『南朝全史』における後南朝についての言及は、南朝史全体を俯瞰《ふかん》したうえで後南朝の位置づけを模索しており、示唆に富んだものとなっている。森の言うごとく、従来の後南朝研究は、個別の事象についての解明が主題となりがちであり、室町時代における政治社会史のなかでの位置づけが、今後急務とされるであろう。

〔主要参考文献〕

小川剛生「伏見殿をめぐる人々――『看聞日記』の人名考証」(科研報告書『伏見宮文化圏の研究――学芸の享受と創造の場として』、二〇〇〇年三月)
小風真理子「山門使節と室町幕府――永享・嘉吉事件と護正院の台頭」(『お茶の水史学』四四号、二〇〇〇年九月)
田代圭一「南朝皇胤についての一考察――『看聞日記』応永三十年二月二十二日条をめぐって」(『古典遺産』五四号、二〇〇四年九月)
森茂暁『闇の歴史、後南朝――後醍醐流の抵抗と終焉』(角川選書、一九九七年。角川ソフィア文庫、二〇一三年)
同『南朝全史　大覚寺統から後南朝へ』(講談社選書メチエ、二〇〇五年)
渡邊大門『奪われた「三種の神器」――皇位継承の中世史』(講談社現代新書、二〇〇九年)

15　戦前の南北朝時代研究と皇国史観

平泉澄と史学研究

生駒哲郎

明治天皇の勅裁

本稿に与えられた課題は、戦前の「南朝研究」がどうなされてきたか、である。明治維新後の日本の社会は、現在とは比べものにならないほど歴史に敏感であった。なかでも天皇家が分裂した十四世紀の南北朝時代に関しては、きわめて神経質に扱われていた。

その点については、昭和四十年（一九六五）に刊行された概説書、佐藤進一著『日本の歴史9　南北朝の動乱』（中央公論社）の「はじめに」でまとめられている。同書は、「足利尊氏《あしかがたかうじ》は人間的にはすぐれた人物だ、と書いたばかりに、大臣を棒にふった人がある」と衝撃な事実で始まる。

当時の商工大臣であった中島久万吉《なかじまくまきち》（一八七三〜一九六〇）は、「足利尊氏」を雑誌『現代』に掲載したが、その内容が昭和九年（一九三四）、議会で問題になった。結局中島は、大臣辞職に追い込まれてしまったのである。天皇に刃《やいば》を向けた足利尊氏は、日本国にとって歴史上「逆臣」の代表格であった。その人物を褒《ほ》めるなどということは、当時ありえないことであった。

それでは、尊氏を逆臣とする見方は、いつごろから形成されたのであろうか。

画期となったのは、佐藤進一（一九一六〜二〇一七）が指摘するように、明治四十四年（一九一一）に勃発した「南北朝正閏《せいじゅん》」問題である。同年一月十九日の『読売新聞』は、文部省編纂《へんさん》の国定教科書『尋常小学校日本歴史』が南北両朝を並立させていることを問題とした記事を掲載した。また、代議士の藤沢元造《ふじさわげんぞう》は、議会でも国定教科書の南北朝並立の記述を問題にしようとしたのである。

当時の桂太郎《かつらたろう》内閣は、問題を重視し、事前に藤沢の質問を撤回させた。その結果、藤沢は議員を辞めてしまったのである。しかし、藤沢の辞任が火に油を注ぐ結果となり、かえって世間では問題視された。

政府は、一方を正統、他方を閏位《じゅんい》（正統でない天子の位）とする論などを上奏し、明治天皇の勅裁《ちょくさい》でこの時代（南北朝時代）における南朝を正統、北朝の天皇を歴代に数えないことで決着したのである。

南北朝問題が『読売新聞』に掲載された前年、社会主義者の幸徳秋水《こうとくしゅうすい》（一八七一〜一九一一）らが、明治天皇暗殺計画を企てた大逆《たいぎゃく》事件の裁判があった。

その裁判で秋水は、現在の天皇は南朝から皇位を奪った北朝の子孫である、と発言し、裁判長が言葉に詰まるという事態が起こっていた。このこともあって、明治天皇の勅裁という形で「南北朝正閏」問題を決着させたと思われる。

幸徳秋水の発言ではないが、明治という時代、後醍醐《ごだいご》天皇と生死をかけて戦った尊氏など、とうてい日本の社会で認められず、その「逆臣尊氏」が擁立した北朝、さらにはその北朝の系譜を引く明治天皇という、当時の南北朝正閏論争における関係者の混乱ぶりは相当であったと想像される。

明治天皇の系譜問題があるにもかかわらず、南朝を正統とした正閏問題の決着は、国定教科書が両朝それぞれの大義名分を明らかにしなかったので、大逆事件のような国家を揺るがす事件が起こったという極論があったからでもある。

さて、南朝が正統とされると、「南北朝」という名称は「吉野の朝廷」と変更された。都《みやこ》を追われた南朝の後醍醐天皇は、奈良の吉野を拠点としたからである。国定教科書は、すぐに「南北朝」から「吉野の朝廷」に改訂された。改訂前の教科書を執筆していた編修官の喜田貞吉《きたさだきち》（一八七一～一九三九）は、休職処分となったのである。

教育の現場では、「吉野朝」に改められたが、研究の現場では、そうした規制は緩く、わりと自由であった。「南北朝時代」という名称は、研究者の間では使われつづけたのである。しかし、佐藤進一は先の書で、それが「犯されるのである」と述べる。

そうした「超歴史的歴史家の代表」が、「大正十五年(一九二六)から敗戦まで東大で中世史を担当した平泉澄《ひらいずみきよし》であった」とやり玉に挙げたのである。

東京大学を追われた平泉澄

以上、佐藤の概説書に則《のっと》って、戦前の南北朝時代の問題認識を概観した。

しかし、佐藤が一般向けという性格の同書で、南北朝研究が停滞した元凶として、一人の研究者の名をあげつらうことは、やはり尋常ではない。平泉澄(一八九五〜一九八四)は軍部と結び政治活動にも積極的であったこともあるが、それほどに平泉が歴史研究の世界では大きな存在だったからでもある。

ところで、戦前の歴史研究は、「皇国史観《こうこくしかん》」という歴史観が大きな比重を占めていた。「皇国」とは、天皇が統治する国というような意味で、天皇のための歴史観が皇国史観である。この皇国史観に基づいた研究の代表者として平泉澄は語られる場合が多い。

だが、戦後こうした歴史観は一新された。そして、平泉は東京大学を追われた。

戦後、平泉澄の研究は、多くの研究者に無視されたといっても過言ではない。中世史の研究者で、平泉澄の名を知らない者はいない。それは、「平泉澄＝皇国史観」というイメージで知っているのである。

したがって、名前は知っていても、平泉の研究を丹念に跡づけた中世史研究者はほとんどいないというのが現状である。近年、研究者によって平泉の研究成果が見なおされているといっても、たかが知れているのである。

こうした現状をふまえて、本稿では、平泉澄の史伝ではなく、平泉が研究書や論文で何を語っていたのかを確認したい。その前提として、南北朝正閏問題を当時の研究者はどう捉えていたのかを再検討する。それをとおして、戦前の南朝研究の問題点を考えたいのである。

「南北朝正閏」問題と史学研究

佐藤進一は、「南北朝正閏」問題について、教育と研究とで区別して記述している。しかし、問題となった国定教科書のみで考えても、教育と研究とを切り離すことは当然できない。なぜなら、東京帝国大学に所属する研究者は、国定教科書の編纂にも携わっていたからである。

東京帝国大学教授で文学博士でもある三上参次《みかみさんじ》（一八六五〜一九三九）は、国定教科書の起草委員を務めていた。その三上が、教科書編纂の当事者として「南北朝正閏」問題について語っている。

それは、『太陽』第十七巻第五号に掲載された「教科書に於ける南北正閏問題の由来」である。この文章をとおして、研究者にとって南北朝の歴史研究と教育との狭間《はざま》で、何が問題になったのかを浮き彫りにしたい。

内容を簡単にまとめると次のようである。

(1)三上参次の立場　三上参次は、国定教科書による南北朝並立の記述について、あくまで皇室、および国民のために書かれたものであるとする。しかし、天皇の歴代を明記していないことは、史学研究上、議論の余地があるため、現段階では明記すべきではないと述べている。結果、「南北朝正閏」問題が起こったというのが、三上の考え方である。

さらに、政府が南朝正統とした以上は、三上はそれに服従するという。ただ、正閏問題にともなう国定教科書の記述に関する報道等は、誤って伝えられているので、その経緯は説明するということである。

(2)史実としては南北朝並立　三上の研究上の考えは、あくまで南北朝並立である。持明院《じみょういん》・大覚寺《だいかくじ》両皇統の御方々《おんかたがた》は、ともに天皇であった。それは歴史上の事実であり不動であるという。

また、三上は、現代人＝明治期の人々が、皇室の御事《おんこと》、将士の心事・言動に批評を加えることによって忠奸《ちゅうかん》・邪正《じゃせい》、もしくは正閏の問題が起こるとする。

(3)史学研究上の問題　三上は、北朝の光厳《こうごん》天皇は正統だが、他の北朝歴代については、正統とするには議論の余地があるとする説を紹介している。

北朝を否認する学者でも、光厳天皇は皇太子になり、花園《はなぞの》上皇の院宣《いんぜん》により神器《じんぎ》を受けて即位しているので、天皇と認めざるをえないという。また、北朝正統を主張する者にも、後光厳《ごこうごん》・後円融《ごえんゆう》の御二代には、真物《しんもつ》はもちろん、偽器《ぎき》もなく、御二代には「まことに困るという説の人」もいるとも述べている。

これらのことは、史学上の問題として冷静に考え、種々の点から十分研究すべきであるというのが三上の意見である。

つまり、国定教科書における南北朝の記述は並立だが、それぞれの天皇が何代にあたるのかは明記しないという方針は、北朝天皇の問題によるのである。

(4) 教育上の歴史と、史学研究上の歴史は別　三上は研究上の問題点を指摘したうえで、研究と教育とは「別物」で、教育では南北両朝が並立した事実のみを教えればよいとする。その主たる理由は、王政維新後の今日、臣民、なかでも小学の児童らが皇室のことについて口出しなどするのはもっての外であるからという。

教育では、南北朝が並立した歴史的事実のみを教え、この時代の忠奸・邪正は、楠木《くすのき》正成《まさしげ》・新田《にった》義貞《よしさだ》・足利尊氏・足利直義《ただよし》らで語るというのが三上の主張であった。

こうした点に配慮し、三上は南北朝並立の国定教科書の原案に同意したのであった。

以上四点のように「教科書に於ける南北正閏問題の由来」から、三上参次の立場、研究・教育上の問題を抽出した。

三上は、北朝天皇について自分の説は述べないというが、光厳天皇には「天皇」を付し、他の北朝天皇については「天皇」を付していない。三上は、後光厳・後円融の御二代を歴代として数えるには「まことに困るという説の人がいる」という書き方をしているが、三上の「天皇」の付し方からして、三上自身も同様の考えであったのではないだろうか。

以上、「南北朝正閏」問題を三上参次の文章をとおして、主に研究者の立場から検討した。三上の文章は、南朝正統論について政府に従うとしながら、南朝を正統とすることが、かえって皇室には不敬になるということを暗に述べているようでもある。

教育では、南北朝が並立した歴史的事実のみを教え、この時代の忠奸・邪正は正成・尊氏らで語るというのが三上の主張であった。しかし、三上は、「(現代人が) 批評を加えることによって忠奸・邪正、もしくは正閏の問題が起こる」とも述べているので、結局、堂々巡りでもある。

三上参次からみた南朝正統論

三上参次の「教科書に於ける南北正閏問題の由来」の後半には、同問題が起こった経緯、特に代議士の藤沢元造とのやりとりが記載されている。

そもそも藤沢が騒いだ事の発端は、文部省が毎年、全国の師範学校長を集めて開催している講習会の講師を担当した国定教科書編修官の喜田貞吉の講演内容であった。喜田の演説は、北朝のみが正統であることを述べたように聴衆に誤解された。それが、代議士の藤沢元造の耳に入ったのである。

藤沢は、議会に質問を提出するにあたって、学者側の説明を受けたいと訴えた。文部省では、講演者の喜田のみではなく、国定教科書の起草委員であった三上に依頼したという。その会談が文部省内で実現した。

しかし、藤沢は種々の理由で遅参した。こうした状況下で、三上の説明を藤沢は理解しなかった。それが、藤沢が議員を辞める際の議会での事実誤認の演説や、新聞の誤報につながったという。

これらの経緯は、三上の弁である。三上の立ち位置は、繰り返すが、政府が南朝正統と決めたならそれに従う、というものであった。

しかし、南朝を正統とする問題点も三上は指摘している。

①あまりに北朝をおとしめて、御系図を教科書に載せた場合、児童はこれをみて皇族の方々がその御子孫であらせられることに「異様の感」を起こすのではないか。

②南北合一以後は、また南北の区別などないのはもちろんだが、児童がそれを十分に理解するであろうか。

③今後南朝を正統とすることによって、過去の事実を曲解するような事があってはならない。

つまり、三上の指摘は、あくまでも南北朝並立が正しく、それが、南朝正統となってしまった場合、という前提での問題提起なのである。

したがって、三上は「将来にも二日あるのではないか（将来も天皇が二人たつのか）」などと杞憂《きゆう》する人がおり、将来、尊氏のような権姦《ごんかん》が出現し、皇族を擁立し奉るような変事があったと仮定しても、皇室典範《こうしつてんぱん》の規定に符合しないはずなので、正邪・真偽の別はすぐにわかるのである、と述べる。

以前の武家政権ではなく、現在は王政維新後で皇室典範があるのだから、それに則れば、教科書に南北朝並立で記載されていても、それが将来の先例となることはない、というのが三上参次の主張なのである。

ただし、明治という時代である。三上参次の歴史観は皇国史観である。三上の著書には『尊皇論発達史《そんのうろん》』（冨山房、一九四一年。三上死亡後の編纂）があり、大正十二年（一九二三）には、神武天皇聖蹟調査委員会会長に就任し、東京帝国大学定年退職後は、臨時帝室編修官長、公刊明治天皇御紀編纂長にそれぞれ任じられている。三上はしっかりと「皇国」の文字を自身の言葉として使っているのである。

つまりは、国民＝天皇の臣民なのであるから、その臣民が北朝の皇族を軽んじることを防ぐために、教科書には南北朝並立で記載する、というのが三上の一貫した主張であった、といったら言いすぎであろうか。

平泉澄と三上参次は同質か？

三上参次が東京帝国大学を定年退職した年の大正十五年（一九二六）、平泉澄は、助教授に昇進した。

平泉の研究は実証主義的な成果がある一方、国粋主義・神秘主義的な一面を持つと現代の研究者から評価されている。この落差から、平泉は最初、実証主義史学で、のちに国粋主義・神秘主義に傾倒したという見方もある。

この点については今谷明《いまたにあきら》（一九四二〜）が整理しており、平泉が右傾化した時期は諸説あり、それらは、平泉の海外留学（昭和五年〈一九三〇〉）を契機とする説、平泉の研究書で最も精神論的な著書とされる『国史学の骨髄』（至文堂、昭和七年〈一九三二〉）が刊行された時期などの説である。

また、今谷は、他方で平泉の思想は一貫していたとする大隅和雄《おおすみかずお》（一九三二〜）の説などを紹介している。今谷自身は、大隅とは異なる部分もあるが、「平泉の歴史学には幅広いしかも力強い実証主義的手法と、狭隘《きょうあい》な神秘主義・精神主義とが初期の段階から同居している点を強調したいのである」と述べている。

それでは、平泉の研究には転換があったのか、それとも終始一貫していたのか、どちらであろうか。筆者は、今谷らと同じく初期の段階から実証主義と国粋主義とは同居していたとするのが妥当と考える。ただし、平泉の実証史学研究と精神論的な面は区別すべきである。なぜなら、平泉の研究のスタンスは、先にみた三上参次と基本的には同じであると考えるからである。

三上は、史学研究として実証主義を勧めている。しかし、研究と教育上とは「別物」と述べている。つまり、三上が別物として区別した、南北朝の忠奸・邪正は楠木正成・足利尊氏らで語る、という部分を平泉は過激に発展させたといえるのである。三上は教育と言ったが、平泉の場合、それが教育の現場にとどまらず国民全体にわたるものであった。

平泉の研究はきわめて実証的で鋭い。しかし、それを現在進行形の問題として社会に還元するとき、平泉の歴史観はきわめて国粋主義的となる。その点が戦後では受け入れがたく、実証主義と精神主義とが混在するといわれる理由なのではないだろうか。

現実社会と平泉澄

ただ、三上の歴史観と平泉のそれとは明らかに異なる。平泉は南朝の後醍醐天皇および建武中興《けんむのちゅうこう》を最高に評価するが、三上と比べても、自らの言葉として南北両朝のことは語らない。語りたがらないといったほうが正確かもしれない。

平泉にとっては、天皇の臣民として皇族のことを云々《うんぬん》するのは三上以上に憚《はばか》られたのではないだろうか。その一方で、南北朝時代のいわゆる臣下である北畠親房《きたばたけちかふさ》、楠木正成、足利尊氏らのことは、三上以上に過激に語るのである。

皇国史観といっても平泉にとっての課題は、天下の臣民は天皇＝国家をどうお護《まも》りするか、ということであったと思われる。平泉はそれを「国家護持《ごじ》」と述べているのである。天皇の臣民として、理想とするのが後醍醐天皇に忠誠を尽くした北畠親房であり、楠木正成なのである。一方、許されない逆臣が、足利尊氏とその一派なのである。

平泉は「北条にそむいて官軍に降参し、又官軍にそむいて朝敵となつたのは、いづれも武士の風上《かざかみ》に置けない奴で、足利尊氏といふのが、その風上に置けない武士の親分であつたのです。この連中の動くのは全く利害損得の打算によるのです」「武士らしい武士は鎌倉幕府と共に死んで了《しま》つて、足利の下についてゐるのはカスばかりであります」と述べ、こうした文章が平泉による尊氏の評価なのである。

ただしこれは、平泉が南北朝時代を現実社会（戦前）に還元したときの歴史観である。

平泉澄の歴史観の基調

平泉澄の足利尊氏らに対するカスという評価は、極端ではある。しかし、その評価は平泉の妄想ではなく根拠がある。武士が戦いにともない恩賞を求めたことは史実である。それでは、平泉の歴史観はどのような理屈で形成されているのであろうか。その点について、平泉の研究書のなかで、精神的と評価される『国史学の骨髄』から考えてみたい。

平泉は、歴史とは単なる時間経過ではないとする。人格・自覚があり、志《こころざし》を立てる人にこそ歴史の発端はあるという。ただし、それだけでは歴史の意義に欠け、その人が進歩・発展しなければならないとする。

つまり、平泉にとっては、過去の人物全員に歴史があるわけではなく、志があり、それを達成するために努力し発展した人にのみ歴史はあるのである。

北畠親房や楠木正成には志があり、目的達成のためには死をも恐れず奮闘した。平泉にとって彼らにはたしかな歴史がある。しかし、平泉にとって私利私欲で戦った足利尊氏らは、カスで歴史的意義などないのである。

さらに、平泉のいう歴史とは、それだけでは足らず、過去の歴史を持つ人物に対して、現代人の認識があってこそ成立するという。平泉が述べる認識とは、ただその人物を知っているというレベルではなく、過去の人物の偉大さを知るには、現代人も同じレベルでなければならないとする。

そうでなければ、過去の人物の偉大さを本当には理解できないからだというのである。歴史を認識することによって、過去の偉人が復活する。「復活」は「永世《えいせい》の確信」を得ることであるという。それが平泉の歴史認識である。こうした歴史を二つの段階で捉える考え方が、平泉の歴史観の基調となっているのである。

建武中興と明治維新の大業

平泉は、承久《じょうきゅう》の乱《らん》（一二二一年）について、後鳥羽《ごとば》・順徳《じゅんとく》上皇らの理想は王政復古であり、目標は醍醐《だいご》・村上《むらかみ》両天皇の天皇親政《しんせい》（天皇が直接政治に関わる）が行われた十世紀の延喜《えんぎ》・天暦《てんりゃく》時代であったと述べる。

後醍醐天皇については、その大改革は「延喜天暦の古《いにしえ》にかへす」というのが根本精神であったという。さらに平泉は、維新の大業が、初め延喜・天暦の昔に帰ることを理想としたと述べるのである。しかも、こうした平泉の記述は、史料に基づいて述べられているのである。

この考えの延長線上に、平泉は建武中興が維新の大業につながったとも述べる。つまり、歴史は同じレベルの人が現れ、認識することによって復活しつづけるということなのである。

ところで、平泉をめぐる有名なエピソードとして、中村吉治《きちじ》（一九〇五〜八六）とのやりとりがある。学生の中村が卒論演習に何をやるのかを決める際、中村が「百姓の歴史をやります」というと、「百姓に歴史がありますか」と平泉から言われた。中村が詳細を訊《き》こうとしたら、「豚に歴史がありますか」とたたみかけられたという話である。

平泉が、百姓を蔑視《べっし》していたことは事実であろう。しかし、それは、百姓という身分制からのみ考えてよいものであろうか。百姓は志がなく、進歩・発展しないから豚だというのが平泉の意見だったのではないか。それは、尊氏らをカスと発言したことと、ある意味同じレベルなのである。身分云々ではなく、歴史がない者は平泉にとって、豚でありカスなのである。

平泉のこのエピソードについて私は、現在伝わっている平泉の単なる百姓身分に対する差別意識とは微妙に違う気がしている。

歴史をみる目

先にみた平泉の歴史観は、あくまでも歴史観で、平泉による実証研究とはある意味別の次元である。また、平泉は実証によって明らかになった事実を、日本の歴史のなかに的確に位置づけている。例えば、五味《ごみ》文彦《ふみひこ》（一九四六〜）の『体系　日本の歴史5　鎌倉と京』（小学館、一九八八年）の序では、次のように述べられている。

一つは、通常は源頼朝の挙兵からはじまる叙述を、保元《ほうげん》の乱《らん》からはじめることで、従来の鎌倉時代史の固定した枠から離れてみたい。（中略）これまでの通史において占めていた、頼朝の存在と頼朝によって推進された地頭制の比重を弱める結果につながってくるが、そのぶん、頼朝とその前後の政治史をきっちりとみる必要が生まれる。また従来では鎌倉前期と後期ではまったく分断されていたのが、本書では有機的につながることとなり、中世前期史は一つの流れとして一貫してみることができよう。

それでは次に、平泉著の『国史学の骨髄』の一節を引用する。

即《すなわ》ち保元の乱より中世は現出したもの丶、それは未だ盲目的進出であつて、それが頼朝に至つて、始めて眼をあけて、自覚的意識的行動に移つて来た。いはゞ頼朝は中世の開眼者であつたのである。

この意味に於いて中世史を見るとき、保元の乱より頼朝の開府に至る三十余年の間は一すぢの道に相つながり、到底之《とうていこれ》を離して考へる事の出来ないものである。（中略）この二者は、その間三十余年を隔て丶、緊密に相《あい》結合して、以《もっ》て中世の発端を成して居る。

平泉は、中世の萌芽《ほうが》として保元の乱（一一五六年）を捉え、源頼朝の鎌倉幕府までを一連のものとして考える必要性を述べている。

私は、平泉のこの記述が、平泉自身の説かどうかよりも、この文章が昭和七年（一九三二）に発表されたもので、『国史学の骨髄』に収録されているという歴史的事実が重要であると考える。平泉の記述と、昭和六十三年（一九八八）刊行の概説書の記述とは類似している。

問題は、中世の始まりについて、平泉の認識と昭和六十三年に執筆された概説書での認識とが一緒であるということである。しかも、昭和六十三年の概説書では、従来「源頼朝の挙兵からはじまる叙述」であったのに、保元の乱から中世の始まりを考えるのが有効的であると、最新の研究成果のような書き方をしている。換言すれば、平泉の歴史をみる目は鋭いということである。

また、平泉は、同書において、南朝については「南朝」と記述している。南北朝時代については「南北朝」とも記述しているのである。「吉野朝」なる言葉は使っていない。さらに、同書において、「皇国」も自らの言葉としては使用していないことを指摘したい。

「国家護持」と「天皇親政」

平泉澄の研究と、「皇国史観」の申し子として語られる平泉像とには落差がある。阿部猛《たけし》（一九二七～二〇一六）は、皇国史観を研究の面で支えた人物として平泉澄、平泉の同僚で東京帝国大学教授の中村孝也《こうや》（一八八五～一九七〇）、平泉の門下生平田俊春《ひらたとしはる》（一九一一～九四）らを挙げている。

現在語られる皇国史観のイメージは、昭和十八年（一九四三）に刊行された平田俊春著『吉野時代の研究』（山一書房）などの影響が大である。皇国史観を語る際、彼らはひとくくりで語られる場合が多いので、その親玉とされる平泉の説と混同されがちである。この点については、阿部も指摘している。

同書で平田は、天皇が政治の実質的中心である「天皇親政」に絶対的な価値を置く。この視点は平泉にもあり、平田の解釈はそれをさらに拡大させたものである。

平田はまず、摂関政治を否定する。平田は「この摂関政治は臣下たる藤原氏が　天皇の御名に於いて　天皇の大権を専断《せんだん》実行したものであり、天皇は殆《ほと》んど有名無実のものとならせ給うのでありまして、天皇親政の根本義はこゝに崩れてしまつたのであります」と述べる。平田は天皇親政が崩れた最初の原因を摂関政治に求める。

さらに平田は、天皇の父上皇が実権をとる院政までも否定する。平田は「院政は　天皇をさしをいて上皇が政治をおとりになることであり、天皇に政治の実権なく……全くあるべからざることであります」と述べる。平田は院政もありえないことと述べ、さらに院政が朝廷内に軋轢《あつれき》を生み、それが、保元・平治の乱へとつながり、武士が台頭するきっかけとなったという評価である。

したがって、平田にとって武士の幕府などは、さらにありえない。平田は「やがて源頼朝により幕府政治が開かれるに至つたのでありました。……摂関政治・院政に比して遥かに重大なる変革であり、我が国体上、空前の変態政治であります」と述べる。平田は、頼朝の鎌倉幕府など認めることができずに、「変態政治」とまで言い切っている。平田は、摂関政治が天皇親政を崩して院政を生み、院政は朝廷内の軋轢を生じさせ武士を台頭させた、武士が開いた幕府は変態政治、という論法である。平田の歴史観は、平泉から出発しているといっても過言ではない。しかし、平泉とは明らかに異なっている。

平泉の歴史観の主体は「国家護持」である。天皇を護る立場として、武家政権を否定しない。平泉は源頼朝を高く評価する。また、『大日本史』の編纂を開始した徳川光圀《とくがわみつくに》も高く評価しているのである。平泉の尊氏批判は、あくまで臣下として私利私欲で動いたという点であった。

さらに、平田は、平泉の学術論文にはみられなかった院政批判をしている。つまり、皇室も批判の対象となるのである。それは、平田が「天皇親政」に絶対的な価値を置くからである。

皇国史観を単純化する問題点

平田俊春は、時代を超えて「天皇親政」に絶対的な価値を置いたので、南北朝時代においては南朝の後醍醐天皇の親政を絶対的に評価する。つまり「吉野朝時代」なのである。

平田と同じく、南北朝時代において後醍醐天皇を最高に評価する平泉澄は、明治維新に絶対的な価値を置く。したがって、平泉は、維新に到達するためのプロセスとして日本の歴史を位置づける。明治維新への到達過程としては、平泉にとって南北朝時代は研究上「南北朝」なのではないだろうか。繰り返すが、平泉の主眼は皇室を云々することではなく「国家護持」にある。

皇国史観について長谷川亮一《りょういち》（一九七七～）は、そもそも皇国史観とは、研究者ではなく文部省が設定した歴史観であることを指摘する。つまり、国定の歴史観である。長谷川は、この歴史観と一部特定の研究者による歴史観とを同一視することに疑問を呈している。

長谷川の指摘は重要である。つまり、研究者の皇国史観を考える際、私は戦前の研究者の業績を個別に再検討する必要性を感じている。私たちが平泉史学＝皇国史観という単純な枠組みで捉えるならば、私たちこそ「凡庸の悪」といえるのではないだろうか。

本稿をまとめると、戦前の南北朝時代の研究は、南朝を正統とする場合が多い。ただし、北朝の光厳天皇のことを考えると南北朝並立が正しい。南北朝時代においても「天皇親政」を絶対視すれば、南朝が正統であることはもちろんだが、「吉野朝時代」となるのである。

〈主要参考文献〉

阿部猛『歴史学と歴史教育――歴史を彷徨う』（日本史史料研究会、二〇一二年）

今谷明『天皇と戦争と歴史家』（洋泉社、二〇一二年）

長谷川亮一『「皇国史観」という問題』（白澤社、二〇〇八年）

若井敏明『平泉澄――み国のために我つくさむ』（ミネルヴァ書房、二〇〇六年）

あとがき

本書は、日本史史料研究会が一般読者を対象にした企画である。本会は日本史学の研究団体で、研究発表会や研究書の刊行を行っている。こうした活動成果を一般の皆さんにどう発信するか、というのは、本会が抱える課題である。いろいろと試行錯誤しているなかで、洋泉社編集部の藤原清貴氏のご尽力で、一般書として、『信長研究の最前線』『秀吉研究の最前線』『戦国時代の天皇と公家衆たち』を刊行し好評を得た。

今回は、本会主任研究員の呉座勇一氏の企画・編集で氏を含む十六名の研究仲間に執筆していただいた。本書は洋泉社から刊行する四冊目ということになるが、戦国時代ではない時代を扱った初めての本である。天皇が南朝・北朝に分かれるという戦国時代とは異なった激動の時代が本書では描かれている。ある意味、特別な時代である。

読者の皆さんには、編者の呉座氏が描く「南朝研究」をご堪能《たんのう》いただき、忌憚《きたん》のないご批判と一層のご教示を賜ることができれば幸いである。

二〇一六年六月

日本史史料研究会代表　生駒哲郎

文庫版あとがき

朝日新聞出版の長田匡司氏より、『信長研究の最前線』に引き続き、二〇一六年に洋泉社から刊行された『南朝研究の最前線』の文庫化のお話をいただいた。本書は『信長研究の最前線』と同様すでに絶版になっていたので、本会としては大変ありがたい話であった。

南北朝時代は二人の天皇が並び立つ、日本史上、特異な時代である。南朝の後醍醐天皇と北朝の天皇を擁立した足利尊氏との対立の時代であるが、日本史を勉強するなかで、なかなか理解しづらい時代といえよう。また戦前には、後醍醐天皇と戦った足利尊氏を逆賊とする見方もあった。その逆賊が擁立した北朝の天皇をどう理解するか、なかなか触れにくい時代でもあった。戦後、そうした天皇を中心とした見方も改まり、足利尊氏の評価も変わったのであるが、南北両朝が並び立つ時代は、現代人には理解の難しい時代であることに変わりはない。

本会は、一般読者に向けて『信長研究の最前線』のように、日本史のなかでも人気の高い戦国武将を扱った新書を刊行してきた。戦国時代以外を初めて扱ったのが『南朝研究の最前線』であった。

戦前の南北朝時代の評価は、南朝を正統とする見方が主であった。かつての国定教科書では、北朝の天皇が系図から削除されたこともあった。逆賊が擁立した北朝の天皇には、「天皇」ではなく「院」を使用したこともあったのである。とはいえ、史実はどうかというと、歴史は皆さんがご存知のように足利尊氏が勝利し、京の都に武士の幕府が開かれた。室町幕府である。南朝はいわゆる負けた側であり、そうした史料は残りにくいという現実がある。したがって、実は実態がよくわかっていないことが多い南朝に焦点をあてた一般書があったら面白いのではないか、ということで企画されたのが本書である。

たしかに、天皇制の長い歴史のなかで、よくわからない時代の天皇の歴史を知りたいという要望は理解できる。しかし、南北朝時代の南朝をテーマにした一般書を新書で刊行するという試みは類書がなく、それには理由があり、まとめるのが難しいからである。こうした難問に対し、この時代の研究者に最新の研究成果を平易にまとめてもらい紹介しようということになったのだが、その舵取りを呉座勇一氏に依頼し承諾を得た次第である。

それは、呉座氏がベストセラーとなる中公新書の『応仁の乱』を世に出す前の話であった。呉座氏がすでに刊行していた『一揆の原理』『戦争の日本中世史』などを読んでいたので、研究を一般読者向けに面白く執筆する能力がとても魅力的に感じたからでもある。また、呉座氏がまだ、京都ではなく、本会の事務所（東京都練馬区石神井町、近くに都立石神井公園があるところ）の近所に住んでいたことも大きい。頻繁に顔を合わせる機会があったからである。

本書は四部からなり、十五のテーマが設定されている。南朝をなるべくわかりやすくするためにと呉座氏が考えた構成である。各執筆者の選定も呉座氏によってなされた。つまり、呉座氏が考える南朝研究を十五人の研究者で一般読者向けに執筆したという内容である。

旧版『南朝研究の最前線』は、数カ月後に呉座氏の『応仁の乱』が世に出たことも理由の一つであろうが、結構部数が伸びたようで版を重ねた。しかし、現在は絶版になってしまっているので、再版してほしいという意見を多くの方々からいただいていた。とはいえ、「研究」と名のつく本が文庫化するとは思ってもみなかった。これは、『信長研究の最前線』が文庫化されたときにも述べたことである。ただ、織田信長は日本史上とても人気の高い人物で、色々な書籍やドラマなどにも登場するので、信長をテーマにしたものならあり得なくもない気がする。しかし、最近中世史の人気が高いとはいえ、「南朝」をテーマにしたものが文庫化されることになるとは、大変ありがたい時代になったものである。一般の方々の歴史への探求心に大変感謝申し上げる次第である。

すでに『信長研究の最前線』を文庫化した経験があるとはいえ、自分も含めて執筆者は研究者なので、必ずしも読みやすい文章ではないことは今回も同様である。したがって、文庫版の編集担当の大原智子氏には、その点、色々とご指摘をいただき、校正にあたって助言をいただいた。研究者である執筆者には、それぞれこだわりがあり、大原氏にご迷惑をおかけしたことも前回と同様である。本書は基本的に旧版の内容を踏襲し、誤字・脱字等は修正した。さらに、二〇一六年以降に刊行された参考文献を加えたところもある。

このような大変な書籍をお引き受けいただいた朝日新聞出版の方々には、感謝申し上げる次第である。また、読者の皆様には忌憚のないご批判を賜れれば幸いである。

二〇二〇年十月

日本史史料研究会代表　生駒哲郎

関連年表

＊（　）内の南北朝の元号は上が南朝、下が北朝

一二二一年（承久三年）	後鳥羽上皇は鎌倉幕府執権・北条義時追討の官宣旨を発給し討伐の兵を挙げたが敗北（**承久の乱**）。幕府、六波羅探題を設置する。
一二七四年（文永十一年）	一度目の蒙古襲来（**文永の役**）。九州北部が戦場となる。
一二八一年（弘安四年）	二度目の蒙古襲来（**弘安の役**）。
一二八五年（弘安八年）	平頼綱、安達泰盛一族を滅ぼす（霜月騒動）。
一二九三年（永仁元年）	幕府、鎮西探題を設置する。北条貞時、平頼綱を討つ（平禅門の乱）。
一三〇一年（正安三年）	幕府、皇位継承に介入。後二条天皇（大覚寺統）即位。富仁親王（のちの花園天皇、持明院統）が皇太子に（**両統迭立**）。
一三一八年（文保二年）	花園天皇が後醍醐天皇（大覚寺統）に譲位。量仁親王（のちの光厳天

	皇、持明院統）が皇太子に。
一三二一年（元亨元年）	後宇多上皇、院政を停止。後醍醐天皇の親政開始。記録所を再興。
一三二二年（元亨二年）	後醍醐天皇、造酒司に洛中酒鑪役を徴収させる。
一三二四年（正中元年）	後醍醐天皇による討幕計画が事前に発覚し関係者が処分される（**正中の変**）。
一三三一年（元弘元年／元徳三年）	再び後醍醐天皇による討幕計画が事前に発覚し関係者が処分される（**元弘の変**）。後醍醐天皇、三種の神器を持って笠置山へ逃れる。楠木正成、挙兵。幕府、光厳天皇を擁立。
一三三二年（元弘二年／正慶元年）	後醍醐天皇を隠岐に配流。護良親王、吉野に挙兵。
一三三三年（元弘三年／正慶二年）	足利尊氏、後醍醐方に転じる。鎌倉幕府が滅亡。後醍醐天皇は京へ戻り、光厳天皇と正慶年号を廃して**建武の新政**を開始（建武政権成立）。
一三三五年（建武二年）	北条時行、信濃で挙兵、足利直義が護良親王を殺害して鎌倉から撤退

一三三六年（延元元年／建武三年）

（中先代の乱）。乱を平定した尊氏は鎌倉に留まり建武政権から離反。尊氏は京都に進撃したが九州へ敗走。四月、九州落ちしていた尊氏は持明院統の光厳上皇から院宣を受けて再び東上。五月、湊川の戦いで勝利（楠木正成戦死）。後醍醐天皇は比叡山に逃れる（建武政権崩壊）。八月、光明天皇（持明院統）が践祚して北朝が成立。尊氏、建武式目を制定。十二月、後醍醐天皇は吉野へ逃れる**（南北朝分立）**。後醍醐天皇は、新田義貞に恒良親王、尊良親王を奉じさせて北陸へ派遣。

一三三八年（延元三年／暦応元年）

石津の戦い（北畠顕家戦死）。藤島の戦い（新田義貞戦死）。八月、足利尊氏、北朝から征夷大将軍に任じられる。北畠親房は常陸国へ赴き南朝勢力の結集を図る。九月、後醍醐天皇は懐良親王を九州へ派遣（征西将軍府）。

一三三九年（延元四年／暦応二年）

後醍醐天皇死去。南朝は後村上天皇が即位する。北畠親房、『神皇正統記』執筆。

一三四八年（正平三年／貞和四年）

楠木正行らが四條畷の戦いで高師直に敗北。さらに吉野も奪われ、後村上天皇は賀名生へ移る。

一三四九年（正平四年／貞和五年）

足利尊氏の執事高師直のクーデターにより足利直義が失脚。直義に代わって政務をとるため、尊氏の息子の義詮が鎌倉から上洛。義詮の後任として義詮の弟の基氏が京都から鎌倉に下る（鎌倉公方）。足利直義の養子の直冬が、長門から九州に逃れる。

一三五〇年（正平五年／観応元年）

足利直義、京都を脱出して高師直討伐のため挙兵（**観応の擾乱**）。北朝は直義追討の院宣を発し、直義は南朝に帰服する。

一三五一年（正平六年／観応二年）

二月、足利尊氏・高師直が打出浜の戦いで足利直義に敗れ、講和する。直義、師直を殺害。七月、足利尊氏・直義兄弟が再び不和となる。巻き返しを図る尊氏が南朝に講和条件を出して和睦。十月、尊氏が政権返還を約して南朝に降る。一時的に北朝が消滅して年号の統一が行われる（**正平一統**）。南朝が直義追討の綸旨を発する。

一三五二年（正平七年／文和元年）

正月、足利直義、足利尊氏に降伏。閏二月、新田義興ら関東の南朝勢力が蜂起、足利尊氏に敗れる（武蔵野合戦）。南朝軍が足利義詮を京都から追放（正平一統破れる）。三月、足利義詮、京都奪回。九州において少弐氏に擁立されていた足利直冬は九州から駆逐され、南朝に降る。

一三五四年（正平九年／文和三年）	四月、北畠親房が死去。十月、後村上天皇は河内金剛寺へ移る。
一三五八年（正平十三年／延文三年）	足利尊氏が死去。二代将軍足利義詮は本格的な南朝掃討をはじめる。
一三五九年（正平十四年／延文四年）	懐良親王が筑後川の戦いに勝利する（九州の南朝勢力が拡大する）。
一三六一年（正平十六年／康安元年）	懐良親王が大宰府に征西将軍府を開く。
一三六七年（正平二十二年／貞治六年）	義詮死去。義詮の息子の義満が将軍家の家督を継ぐ。
一三七〇年（建徳元年／応安三年）	足利義満、今川了俊を九州探題に任命し、征西将軍府の攻略を命じる。
一三七四年（文中三年／応安七年）	「太平記作者」の小島法師死去。

一三八二年（弘和二年／永徳二年）	南朝方ともいわれる小山義政が鎌倉府の討伐を受け自害（小山義政の乱）。
一三八三年（弘和三年／永徳三年）	征西将軍懐良親王死去。九州の南朝勢力が弱体化。
一三九一年（元年八年／明徳二年）	足利義満が有力守護大名の山名氏清・満幸を討つ（明徳の乱）。
一三九二年（元中九年／明徳三年）	後亀山天皇が京都に帰り神器を返還（**南北朝合一**）。
一三九七年（応永四年）	小山義政の子、若犬丸が鎌倉府の討伐を受け自害（小山若犬丸の乱）。
一三九九年（応永六年）	足利義満が有力守護大名の大内義弘を討つ（応永の乱）。
一四二八年（正長元年）	後南朝小倉宮、伊勢に逃亡。伊勢国司北畠満雅が小倉宮を擁して挙兵するが、幕府軍に敗れ、満雅は戦死、小倉宮は帰京。
一四四一年（嘉吉元年）	室町幕府六代将軍足利義教、播磨守護赤松氏に殺害される。幕府軍、

	赤松氏を討伐する（嘉吉の乱）。
一四四三年（嘉吉三年）	後南朝勢力が内裏を夜襲し、三種の神器のうち神璽と宝剣を奪う（**禁闕の変**）。
一四五五年（康正元年）	鎌倉公方足利成氏、関東管領上杉房顕と争い、本拠地を古河に移す（古河公方）。
一四五七年（長禄元年）	赤松氏の遺臣が南朝皇胤を殺害し、神璽を奪い返す（長禄の変）。足利義政、足利成氏を討伐するため足利政知を伊豆堀越に派遣（堀越公方）。
一四六七年（応仁元年）	八代将軍足利義政の継嗣争いに端を発し、有力守護大名の細川勝元（東軍）と山名宗全（西軍）が対立し、諸大名が両軍に分かれて争う（**応仁・文明の乱**）。乱中、後南朝勢力が蜂起する。

執筆者一覧（執筆順）

中井裕子　なかい・ゆうこ
一九七七年大阪生まれ。関西大学大学院文学研究科博士後期課程修了。博士（文学）。現在、相国寺史編纂室研究員。「後醍醐天皇――影響を与えた後宇多の教え」（久水俊和・石原比伊呂編『室町・戦国天皇列伝』戎光祥出版、二〇二〇年）ほか。

亀田俊和　かめだ・としたか
一九七三年秋田生まれ。京都大学大学院文学研究科博士後期課程修了。京都大学博士（文学）。現在、国立台湾大学日本語文学系助理教授。『南朝の真実――忠臣という幻想』（吉川弘文館、二〇一四年）、『高師直――室町新秩序の創造者』（吉川弘文館、二〇一五年）ほか。

森　幸夫　もり・ゆきお
一九六一年神奈川生まれ。國學院大學大学院文学研究科博士課程後期単位取得退学。博士（歴史学）。現在、國學院大學非常勤講師。『中世の武家官僚と奉行人』（同成社、二〇一六年）ほか。

細川重男　ほそかわ・しげお
一九六二年東京生まれ。立正大学大学院文学研究科史学専攻博士後期課程満期退学。博士（文学）。現在、國學院大學非常勤講師、中世内乱研究会総裁。『頼朝の武士団――将軍・御家人たちと本拠地・鎌倉』（洋泉社・歴史新書y、二〇一二年）ほか。

鈴木由美　すずき・ゆみ
一九七六年東京生まれ。帝京大学文学部史学科卒業。現在、中世内乱研究会会長。「建武三年三月の「鎌倉合戦」――東国における北条与党の乱の事例として」（『古文書研究』七九号、二〇一五年）ほか。

谷口雄太 たにぐち・ゆうた
一九八四年神戸生まれ。東京大学大学院人文社会系研究科博士課程単位取得退学。博士（文学）。現在、東京大学大学院人文社会系研究科研究員。『中世足利氏の血統と権威』（吉川弘文館、二〇一九年）ほか。

大薮 海 おおやぶ・うみ
一九八二年千葉生まれ。慶應義塾大学大学院文学研究科史学専攻（日本史学）後期博士課程単位取得退学。博士（史学）。現在、お茶の水女子大学基幹研究院人文科学系准教授。『室町幕府と地域権力』（吉川弘文館、二〇一三年）ほか。

生駒孝臣 いこま・たかおみ
一九七五年三重生まれ。関西学院大学大学院文学研究科博士課程後期課程単位取得退学。博士（歴史学）。現在、花園大学文学部専任講師。『中世の畿内武士団と公武政権』（戎光祥出版、二〇一四年）ほか。

花田卓司 はなだ・たくじ
一九八一年福岡生まれ。立命館大学大学院文学研究科博士課程後期課程修了。博士（文学）。現在、帝塚山大学文学部准教授。「南北朝期室町幕府における守護・大将の所領給付権限」（『古文書研究』六六号、二〇〇八年）ほか。

杉山 巖 すぎやま・いわお
一九七六年新潟生まれ。東京大学大学院人文社会系研究科博士課程単位取得退学。現在、東京大学史料編纂所学術支援専門職員。「綸旨にみる南朝」（高橋典幸編『生活と文化の歴史学5 戦争と平和』竹林舎、二〇一四年）ほか。

大塚紀弘 おおつか・のりひろ
一九七八年岐阜生まれ。東京大学大学院人文社会系研究科博士課程修了。博士（文学）。現在、法政大学文学部准教授。『日宋貿易と仏教文化』（吉川弘文館、二〇一七年）ほか。

石橋一展　いしばし・かずひろ
一九八一年栃木生まれ。千葉大学大学院人文社会科学研究科博士後期課程単位取得退学。現在、野田市教育委員会指導主事。編著に『下総千葉氏』（戎光祥出版、二〇一五年）ほか。

三浦龍昭　みうら・たつあき
一九七五年鹿児島生まれ。大正大学大学院文学研究科史学専攻博士後期課程修了。博士（文学）。現在、大正大学文学部准教授。『征西将軍府の研究』（青史出版、二〇〇九年）ほか。

久保木圭一　くぼき・けいいち
一九六二年東京生まれ。現在、中世内乱研究会会員。「王朝貴族としての惟康親王——鎌倉期における皇族の処遇について」（阿部猛編『中世政治史の研究』日本史史料研究会、二〇一〇年）ほか。

生駒哲郎　いこま・てつろう
一九六七年東京生まれ。立正大学大学院文学研究科史学専攻博士後期課程満期退学。現在、日本史史料研究会代表。「中・近世移行期における在地支配と地方寺院の展開」（阿部猛編『中世政治史の研究』日本史史料研究会、二〇一〇年）ほか。

［編者］
呉座勇一　ござ・ゆういち
一九八〇年東京生まれ。東京大学大学院人文社会系研究科博士課程修了。博士（文学）。現在、国際日本文化研究センター助教。日本史史料研究会顧問。『戦争の日本中世史——「下剋上」は本当にあったのか』（新潮選書）、『一揆の原理』（ちくま学芸文庫）ほか。

＊＊＊

日本史史料研究会の案内

当会は歴史史料を調査・研究し、その成果の公開を目的に設立されました。その目的を達成するため、①研究会の開催、②専門書の刊行、③史料集の刊行を主な事業として取り組んでおります。また、最近では一般の皆様を対象として歴史講座などを開講し、同時に最新の研究成果を伝えるべく、一般書の刊行にも取り組んでいます。歴史講座の参加資格はとくになく、歴史の好きな方なら、どなたでも参加することができます。

当会で刊行している書籍や歴史講座の詳細につきましては、ホームページからご確認いただけますと幸いです。詳細は、下記までお問い合わせください。

代表　生駒哲郎
住所　〒一七七―〇〇四一
東京都練馬区石神井町五―四―一六
日本史史料研究会石神井公園研究センター
電話番号　〇九〇―三八〇八―一二六〇
HP　http://www13.plala.or.jp/t-ikoma/index.html
メール　nihonshi-shiryou@zpost.plala.or.jp

南朝研究《なんちょうけんきゅう》の最前線《さいぜんせん》
ここまでわかった「建武政権《けんむせいけん》」から後南朝《ごなんちょう》まで
朝日文庫

2020年11月30日　第1刷発行

監修者　日本史史料研究会《にほんししりようけんきゅうかい》

編　者　呉座勇一《ござゆういち》

発行者　三宮博信
発行所　朝日新聞出版
〒104-8011　東京都中央区築地5-3-2
電話　03-5541-8832（編集）
03-5540-7793（販売）

印刷製本　大日本印刷株式会社

ISBN978-4-02-262034-7

朝日文庫

日本史史料研究会編
信長研究の最前線
ここまでわかった「革新者」の実像

「楽市楽座」は信長のオリジナルではなかった！　信長は朝廷との共存を望んでいた！　一次史料の検証により、従来の信長観が一変する一冊。

本郷　和人
日本中世史の核心
頼朝、尊氏、そして信長へ

中世を読み解く上で押さえておきたい八人のキーパーソン列伝。個々の人物を描き出すことで、濃厚でリアルな政治史の流れが浮き彫りになる。

永井　義男
本当はブラックな江戸時代

江戸は本当に人情味にあふれ、清潔で安全だったのか？　当時の資料を元に、江戸時代がいかに〝ブラック〟な時代だったかを徹底検証。

網野　善彦／鶴見　俊輔
歴史の話
日本史を問いなおす

教科書からこぼれ落ちたものにこそ、この国の未来を考えるヒントがある。型破りな二人の「日本」と「日本人」を巡る、たった一度の対談。

海音寺　潮五郎
西郷と大久保と久光

明治維新の中心に立ち革命に邁進した西郷隆盛と、大久保利通、島津久光との関係性を浮き彫りにした史伝的小説。《解説・高橋敏夫》

伊東　潤
江戸を造った男

海運航路整備、治水、灌漑、鉱山採掘……江戸の都市計画・日本大改造の総指揮者、河村瑞賢の波瀾万丈の生涯を描く長編時代小説。《解説・飯田泰之》